図説

一冊で学び直せる日本史の本

オールカラー

後藤武士　監修

本書の使い方――まえがきにかえて

本書は、先史時代から現代まで、日本の歴史を一気に学び直すことを目的として編《あ》まれた。膨大《ぼうだい》な日本史の知識の中から、「これだけは知っておきたい」という事柄を取り上げ、やさしい文章と図版で紹介した本である。ときの政権、支配者たるリーダーを中心とし、それぞれの時代の法律や社会制度を軸に、文化を織《お》り交《ま》ぜながら展開している。

コンセプトは、一冊で極力過不足なく必要事項を網羅《もうら》すること。また、コンパクトな文の中でも、「なぜそうなったか、なぜそう決めたか」という因果関係や理由をできるだけ語るよう心がけた。さらに流れをわかりやすくするため、時代をさかのぼる形での記述は避《さ》け、ページが先に行くほど時代も先に行くように気を配った。

また、最近とみに多い通説の変化についても、できるだけふれることとした。かつて学校で学び教科書で読んだ出来事の名称や人物の評価が、大きく変わっていることに、驚いたり感心したり、ときには怒ったりされるのではないだろうか。

どの章、どのページから読みはじめられても問題ないけれども、できれば、これまであまり関心のなかった時代にも、目を通していただきたいと願っている。

日本史がブームになって、すでに10年を超えるが、話題の中心になるのはいつも戦国時代と幕末だというのも事実。たしかにそれらは、保守的な傾向のあるこの国の歴史において、例外的に混沌《こんとん》が支配するダイナミックな時代であり、傍観者《ぼうかんしゃ》からすると魅力あふれる時代だといえる。下剋上《げこくじょう》があり、多くの人物のドラマがあり、自分を投影できる人物を探しやすい時代でもある。しかしながら、戦国時代や幕末もいきなり到来したわけではない。また、地味で動きがないように思われがちな時代にも、壮烈《そうれつ》な権力争いや、生きるための戦いは必ずある。

現在は、日本人が1000年以上かけて培《つちか》ってきた価値観が崩壊しつつある、静かなる激動の時代。と同時に、さまざまな業界や職種・分野で世襲《せしゅう》が進み、人脈やいわゆるコネの力が増し、階層が固定してきている時代でもある。この二面性をもつ時代を生きるにあたり、激動の時代と安定の時代の双方を俯瞰《ふかん》することには、少なからぬ意義があるだろう。

また歴史には循環《じゅんかん》性がある。通史を一気に読む中で、「これはさっきも読んだ気がする」といった感を抱かれることがあるかもしれない。もしそれを感じたなら、何と何が似ているのかを見直してみてほしい。異なる時代、異なる為政者、異なる政策の間に、思いもよらなかった共通点を見出《みいだ》すことができるかもしれない。そんな共通点をいくつか見つけられたら、歴史のもつ循環性の存在と向き合うことも可能だろう。

冒頭からいろいろ述べたが、要は本である。本というものは知性ある娯楽。肩の力を抜いて、活字タイムトラベルを楽しんでいただければ幸いである。

日本史略年表

約1万3000年前	縄文文化が成立
前4世紀頃	弥生文化が成立
2世紀末	倭国大乱
239年	卑弥呼が中国の魏に使いを送る
3世紀頃	ヤマト政権が形成される
5世紀	倭の五王が中国の宋に朝貢
6世紀	飛鳥地方に次々と王宮が建設される
587年	蘇我馬子が物部守屋を滅ぼし権力を掌握
592年	推古天皇即位。翌年厩戸王が摂政に
607年	小野妹子が隋に派遣される（遣隋使）
643年	蘇我入鹿、山背大兄王（厩戸王の子）を滅ぼす
645年	乙巳の変
646年	改新の詔（大化改新が始まる）
663年	白村江の戦いで倭国軍が唐・新羅連合軍に大敗
670年	庚午年籍の作成
672年	壬申の乱。翌年天武天皇即位
701年	大宝律令の完成

７１０年　平城京に遷都
７２３年　三世一身の法の発布
７４３年　墾田永年私財法の施行、大仏造立の詔
７６４年　この頃、道鏡が台頭。恵美押勝の乱
７６９年　宇佐八幡神託事件、翌年に道鏡は失脚
７９４年　平安京に遷都
８０５年　唐から帰国した最澄が天台宗を開く。空海は真言宗を開く
８５８年　藤原良房、臣下として初めて摂政となる
８８４年　藤原基経が関白となる
８９４年　遣唐使の廃止
９０１年　菅原道真、藤原氏との政争に破れて大宰府に左遷
９３９年　承平・天慶の乱（～９４１年）
９６９年　安和の変により源高明が左遷され、藤原氏北家の勢力が不動のものに
１０８６年　白河上皇が院政を開始する
１１５６年　保元の乱
１１５９年　平治の乱、平氏政権が誕生
１１８０年　源頼朝・源義仲が以仁王の令旨に応じて挙兵
１１８５年　平氏の滅亡、源頼朝が守護・地頭の任命権を獲得

１１９２年　源頼朝が征夷大将軍となる
１２０３年　源頼家、北条時政に将軍を廃され、弟の実朝が将軍となる
１２１９年　源実朝が鶴岡八幡宮で甥の公暁に殺され、源氏将軍が断絶
１２２１年　承久の乱
１２３２年　御成敗式目の制定
１２７４年　元軍の来襲（文永の役）
１２８１年　元軍の再度の来襲（弘安の役）
１２９７年　永仁の徳政令
１３３１年　後醍醐天皇の挙兵に各地の武士が呼応
１３３３年　鎌倉幕府が滅亡（建武の新政）
１３３５年　親政を開始した後醍醐天皇に対し、足利尊氏が反旗を翻す
１３５０年　観応の擾乱（～１３５２年）
１３９２年　南北朝合一により両統迭立に終止符が打たれる
１３９９年　応永の乱、大内義弘が討たれる
１４０４年　中国の明との間で勘合貿易が開始される
１４２８年　正長の土一揆
１４３８年　足利義教が鎌倉公方の足利持氏を討つ（永享の乱）
１４６７年　応仁の乱（～１４７７年）

1493年　明応の政変。伊勢宗瑞が堀越公方を滅ぼす
1543年　鉄砲の伝来
1549年　ザビエル、キリスト教を宣教
1551年　大寧寺の変、大内義隆が陶晴賢に討たれ日明貿易が断絶する
1553年　川中島の合戦、武田信玄と上杉謙信が信濃の支配権を巡って争う（～1564年）
1560年　桶狭間の戦い
1568年　織田信長、足利義昭を奉じて上洛
1570年　石山合戦（～1580年）
1571年　織田信長、比叡山を焼き討ち
1573年　織田信長が足利義昭を追放。室町幕府が滅亡
1575年　長篠の戦いで織田・徳川連合軍が武田勝頼を破る
1582年　本能寺の変。織田信長を倒した明智光秀を、羽柴秀吉が破る（山崎の戦い）
1583年　賤ヶ岳の戦いで羽柴秀吉が柴田勝家を破る
1586年　羽柴秀吉、豊臣の姓を賜わる。翌年島津氏を下して九州を平定
1590年　小田原攻めと奥州仕置により豊臣秀吉が全国統一を完成
1592年　豊臣秀吉、朝鮮に侵攻軍を送る（文禄の役）
1597年　和平が決裂し、再度豊臣秀吉が侵攻軍を送る（慶長の役）
1600年　関ヶ原の戦い

1603年　徳川家康が征夷大将軍となる
1614年　大坂冬の陣
1615年　大坂夏の陣。豊臣氏が滅亡
1637年　島原の乱（〜1638年）
1641年　オランダ商館を長崎の出島に移す。いわゆる「鎖国」の状態に
1685年　徳川綱吉による「生類憐れみの令」（〜1709年）
1709年　正徳の政治。朱子学者新井白石が執政となる
1716年　徳川吉宗が将軍となり、享保の改革を開始（〜1745年）
1767年　田沼意次が側用人となり、執政を開始（〜1786年）
1787年　松平定信、老中となり寛政の改革を開始（〜1793年）
1841年　老中水野忠邦が天保の改革を開始（〜1843年）
1853年　アメリカのペリーが浦賀に、ロシアのプチャーチンが長崎に来航
1858年　日米修好通商条約を締結
1860年　桜田門外の変
1862年　和宮降嫁。生麦事件が発生、翌年には薩英戦争に発展
1864年　禁門の変。第1次長州戦争
1866年　薩長連合の成立。第2次長州戦争が失敗に終わる
1867年　大政奉還。王政復古の大号令

1868年　戊辰戦争（～1869年）。五箇条の誓文が公布される
1871年　廃藩置県。岩倉使節団が欧米を歴訪（～1873年）
1873年　明治六年の政変。徴兵令、地租改正条例が発布
1874年　佐賀の乱
1876年　廃刀令と秩禄処分に対する不満により、士族反乱があいつぐ
1877年　西南戦争
1879年　琉球藩を廃し、沖縄県が設置される（琉球処分）
1881年　明治十四年の政変。国会開設の勅諭が発布される
1884年　秩父事件
1885年　内閣制度が制定される
1889年　大日本帝国憲法が発布される
1890年　最初の衆議院議員総選挙。第1回帝国議会
1894年　日清戦争（～1895年）。日英通商航海条約の調印（治外法権の解消）
1895年　下関条約の調印と三国干渉
1902年　日英同盟の成立
1904年　日露戦争（～1905年）
1910年　韓国併合。大逆事件
1911年　日米通商航海条約の調印（関税自主権回復）

1914年　第1次世界大戦（〜1918年）
1915年　中華民国に対して二十一カ条の要求
1918年　米騒動。原敬内閣成立（初の本格的政党内閣）
1923年　関東大震災
1925年　治安維持法、普通選挙法の公布
1928年　普通選挙実施
1931年　柳条湖事件、満州事変
1932年　満州国建国。五・一五事件
1933年　国際連盟を脱退
1936年　二・二六事件
1937年　盧溝橋事件、日中戦争が勃発。日独伊防共協定
1939年　第2次世界大戦（〜1945年）
1940年　日独伊三国同盟。大政翼賛会発足
1941年　太平洋戦争の開戦
1942年　ミッドウェー海戦で大敗
1943年　ガダルカナル島撤退
1944年　本土空襲が本格的に始まる
1945年　広島・長崎に原爆投下。ポツダム宣言を受諾、敗戦

1946年　極東国際軍事裁判（〜1948年）。日本国憲法公布（翌年施行）
1951年　サンフランシスコ講和条約・日米安全保障条約に調印
1954年　自衛隊発足
1955年　分裂していた社会党の統一と保守合同で、55年体制が成立
1956年　日ソ共同宣言。国際連合に加盟
1960年　日米新安全保障条約
1964年　東京オリンピック開催
1965年　日韓基本条約
1968年　全共闘運動・大学紛争がピークに
1972年　沖縄返還。日中国交回復
1973年　第1次石油危機
1978年　日中平和友好条約
1985年　プラザ合意
1989年　「平成」に改元。消費税実施
1995年　阪神・淡路大震災。地下鉄サリン事件
2009年　民主党政権誕生
2011年　東日本大震災
2012年　自由民主党が政権に復帰

Contents

図説 一冊で学び直せる日本史の本

目次

※本書は２０１９年2月に学研プラスから刊行されたものです。

第1章

古代史のロマンと謎

旧石器〜飛鳥時代

縄文時代と弥生時代

歴史に記される以前の日本の姿とは？

13万年以上前？～	旧石器時代
1万3000年前～前4世紀	縄文時代
前4世紀～紀元3世紀	弥生時代

日本の旧石器時代

人類が、石を打ち砕《くだ》いて作った打製石器《だせいせっき》を使って**狩猟《しゅりょう》・採集生活**を送っていた**旧石器時代**は、一般に13万年以上前（諸説ある）の前期、13万～3万6000年前の中期、3万6000年前以降の後期に分けられる。

日本にも旧石器時代があったと明らかになったのは、1949年のことだった（**岩宿《いわじゅく》遺跡**の調査）。日本に存在する旧石器時代の遺跡の多くは後期のものだが、近年は、中期や前期のものと考えられる遺跡の研究も進んでいる。

土器が作られた縄文時代

旧石器時代のあと人類は、石を磨《みが》き研《と》いだ磨《ま》製《せい》石器や土器《どき》を作り、農耕《のうこう》・牧畜《ぼくちく》を行う**新石器時代**に入った。日本でこれに対応するのが、1万3000年前から（諸説ある）の**縄文《じょうもん》時代**である。縄目《なわめ》の文様《もんよう》のついた土器が作られていた。

本格的な農耕は始まっていなかったが、植物を栽培《さいばい》・管理して増やしていたことが、近年の**三内丸山《さんないまるやま》遺跡**の研究などでわかってきている。人々の生活は安定し、**竪穴《たてあな》住居**を作って定住するようになった。

Point 打製石器を用いる旧石器時代から、土器を作りはじめた縄文時代を経て、稲作が本格化した弥生時代へ。

旧石器・縄文・弥生時代の代表的な遺跡

▲縄文時代の遺跡からは土偶《どぐう》などが、弥生時代の遺跡からは銅鐸《どうたく》などが出土《しゅつど》。

稲作と弥生時代

長い縄文時代の終わりに、中国大陸から朝鮮半島を経《へ》て、**稲作《いなさく》**や**金属器**が日本に伝わった。そして紀元前4世紀、水稲耕作《すいとうこうさく》を生産力の基盤《きばん》とする**弥生《やよい》文化**が成立。以後を**弥生時代**という（この名は、東京の弥生町で発見された土器にちなむ）。

縄文から弥生への移行は、ゆっくりと進んだ。稲は保存がきくため、財産の蓄積《ちくせき》が一般化。貧富《ひんぷ》や身分の差を拡大しながら、**高床倉庫《たかゆか》**をもつ大規模な**環濠集落《かんごうしゅうらく》**なども形作られ、集落間の衝突《しょうとつ》も起こりはじめる。

邪馬台国のミステリー

呪術的な力をもつ謎の女王の実態は？

2世紀末	倭国大乱
239年	卑弥呼が魏の皇帝に使者を送る
247年？	卑弥呼没

「クニ」の成立と外交

やがて、強い集落が周囲の集落を吸収し、**「クニ」**というまとまりを形成するようになる。当時の日本には文字がなかったが、中国の歴史書からその頃の様子を推測することができる。

1世紀に書かれた**『漢書《かんじょ》』地理志《ちりし》**には、「倭《わ》人《じん》」と呼ばれる日本人が、100以上の国に分かれて暮らしているとの記述が見られる。

また5世紀の史書**『後漢書《ごかんじょ》』東夷伝《とういでん》**には、倭（日本）の**奴国《なこく》**というクニの王が57年、中国**後《ご》漢《かん》**王朝の**光武帝《こうぶてい》**に使者を送ったとある。福岡県志賀島《しかのしま》で1784年、「漢委奴国王」と刻《きざ》まれた金印が発見されたが、これは奴国の王が光武帝から授《さず》かったものだと考えられている。当時の小国の中には、文明の進んだ中国の王朝に使者を送り、権威《けんい》や文物《ぶんぶつ》を得るものもあったのだ。

邪馬台国連合と卑弥呼

2世紀終わりの日本で、**倭国大乱《わこくたいらん》**という戦争が勃発《ぼっぱつ》。これをおさめるため、諸国は**邪馬台国《やまたいこく》**の女王**卑弥呼《ひみこ》**を中心に、小国連合を形成した。

卑弥呼は、中国**魏《ぎ》**王朝の**明帝《めいてい》**と使者をやり取

Point ２世紀終わりの倭国大乱をおさめるために邪馬台国連合が結成され、卑弥呼がそのリーダーに。

3世紀の東アジアと邪馬台国連合

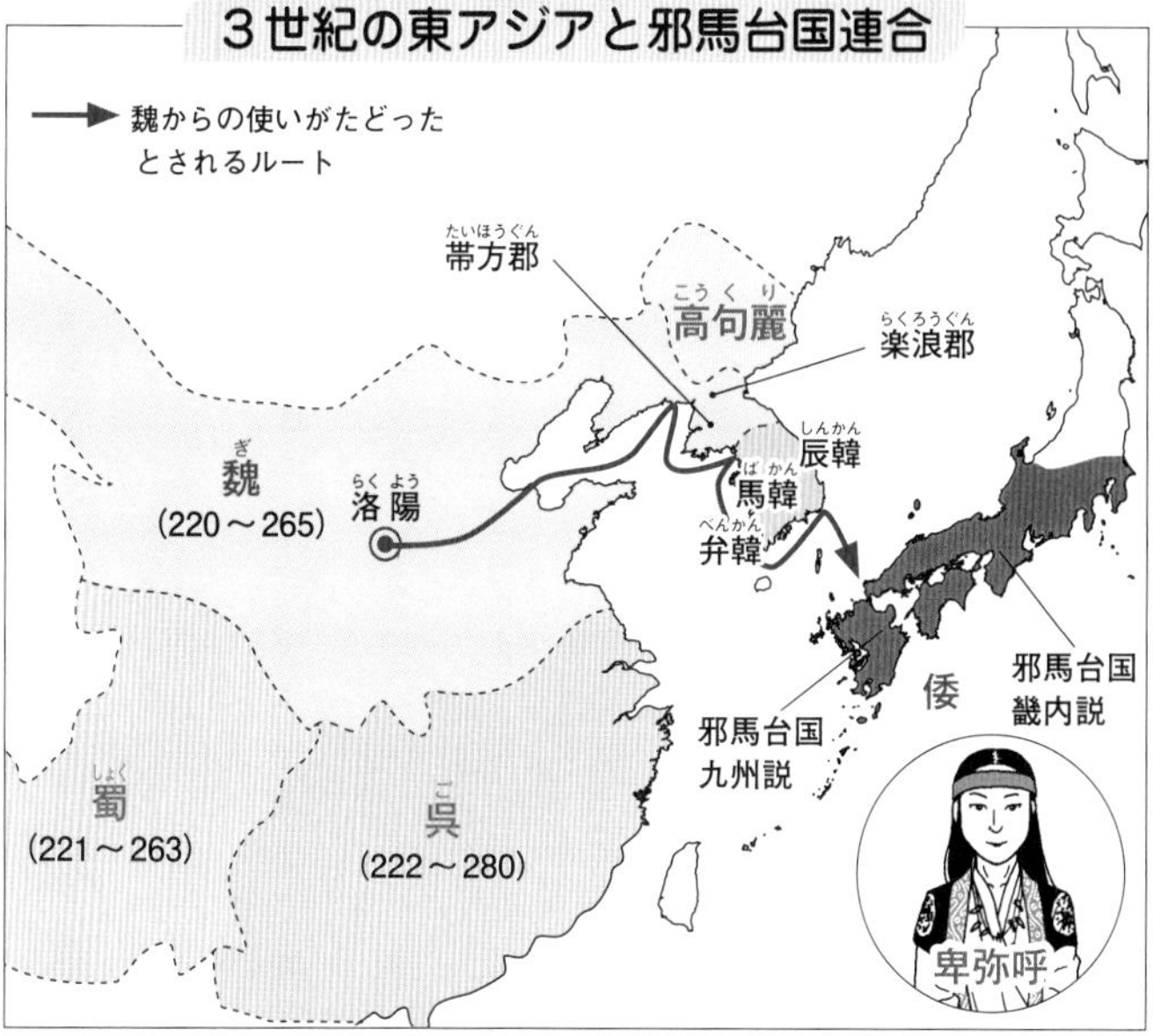

▲邪馬台国の所在地について有力なのは、九州説と畿内《きない》説である。

りしており、**『三国志《さんごくし》』魏志倭人伝《ぎしわじんでん》**（3世紀編纂《へんさん》）などに記述がある。巫女《みこ》としての呪術的な力をもつ指導者だったようだ。かつては宗教的権威にすぎなかったと考えられていたが、現在は、実際の政治的な権力も有していたとの説が力をもっている。邪馬台国の位置については、今日《こんにち》も結論が出ていない。

3世紀半《なか》ばに卑弥呼が没すると、男の王が立つも、再《ふたた》び内乱状態になった。卑弥呼と同族の女性**壱与《いよ》**が王となってこれをおさめたというが、そののちのことは、中国の歴史書から記述がなくなってしまい、歴史の闇《やみ》に包まれている。

ヤマト政権と古墳の謎

巨大な墳墓を作れる権力の登場

3世紀頃	ヤマト政権が形成される
4世紀末	高句麗と争う
5世紀～6世紀初頭	倭の五王が宋に朝貢

◎古墳はだれの墓だったのか?

3世紀半ばから、大和《やまと》地方（現在の奈良県）を中心に、**古墳**《こふん》と呼ばれる巨大な墓が作られるようになった。丸い円墳《えんふん》や四角い方墳《ほうふん》など、いくつかの形があるが、鍵穴《かぎあな》形の**前方後円墳**《ぜんぽうこうえんふん》は、日本独特のものである（朝鮮半島の一部にも見られるが、日本の影響を受けたものだと考えられている）。古墳が作られていた3世紀中頃から7世紀を、**古墳時代**という。

中でも有名なのは、世界最大級の古墳**大仙陵**《だいせんりょう》**古墳**だ。かつては「仁徳天皇陵《にんとくてんのうりょう》」（5世紀初め

▼大阪府堺市《さかい》にある、日本最大の大仙陵古墳。前側が四角形（方《ほう》形《けい》）、後ろ側が円形の前方後円墳である。

Point　大和地方にヤマト政権が興り、古墳を作ったり海外に進出したりできるだけの力をつけていった。

の天皇とされる仁徳天皇の墓）といわれていたが、これが学術的に正しいかわからないため、現在は地名にちなむ名称で呼ばれている。

ヤマト政権の登場

　このような大規模な古墳の存在は、これらを作れるだけの強大な力をもつ政権があったことを示している。大和を中心に勢力を誇《ほこ》ったこの政権を、**ヤマト政権**または**大和朝廷**《やまとちょうてい》という。もともとは、各地の支配者の一族である**豪族**《ごうぞく》の連合政権だったようだ。その王は**大王**《おおきみ》と呼ばれ、現在の皇室の先祖だとされる。

　このヤマト政権と邪馬台国との関係は、明らかになっていない。邪馬台国が豪族や諸国を従えてヤマト政権に発展したとする**同一政体説**と、ヤマト政権が邪馬台国を滅ぼした、または九州での邪馬台国滅亡と大和地方でのヤマト政権勃《ぼっ》興《こう》が別々に起こったとする**別政体説**がある。

　4世紀、**高句麗**《こうくり》という国が朝鮮半島に勢力を広げると、ヤマト政権は4世紀末に兵を送り、これと交戦した（高句麗の**好太王碑**《こうたいおうひ》という石碑《せきひ》に記録が残る）。このときは敗れたようだが、海外に出兵できるだけの力はあったのだ。

　中国の歴史書『**宋書**《そうじょ》』**倭国伝**《わこくでん》によると、ヤマト政権の大王たちだと考えられる「**倭の五王**《ごおう》」が、5世紀から6世紀初頭にかけて、中国の**宋**《そう》王朝に**朝貢**《ちょうこう》（皇帝に貢物《みつぎもの》を贈ることで属国《ぞっこく》の王として認められ、返礼品を受け取ること）している。またこの頃、大陸や半島から多くの**渡来人**《とらいじん》とともに、さまざまな技術や文化が伝わった。

仏教伝来の衝撃

国を二分する争いを制したのは？

6世紀半ば　仏教公伝
587年　蘇我馬子が物部守屋を滅ぼす
592年　推古天皇即位

蘇我氏の台頭

朝鮮半島には4世紀後半から**百済**《くだら》と**新羅**《しらぎ》という国があったが、北から進出してきた**高句麗**に圧迫されて勢力を南へ向け、6世紀の間に、半島南端の**伽耶**《かや》**諸国**を支配下に置いていった。

伽耶諸国とつながりのあったヤマト政権は、このことから朝鮮半島への影響力を失い、有力豪族**大伴**《おおとも》**氏**が責任を問われて権勢《けんせい》を弱めた。代わって6世紀半ばから**蘇我**《そが》**氏**が台頭し、大伴氏とともに政治を主導してきた**物部**《もののべ》**氏**と争うようになった。

崇仏論争の果てに

その頃すでに倭国には、**八百万**《やおよろず》**の神々**に対する独自の信仰があったが、6世紀半ば、百済から公式に**仏教**が伝来した（民間レベルではそれより前に伝わっていたと考えられる）。渡来人と手を結び、中国や朝鮮の技術・文化の取り入れに積極的な蘇我氏は、仏教を受け入れようと主張した。これに対し、神事にかかわる物部氏は、仏教の受容に反対する。この対立を**崇仏**《すうぶつ》**論争**という。

仏教をめぐる論争は、権力争いや皇位継承《こういけいしょう》争

Point　6世紀半ばから台頭してきた蘇我氏は、仏教受容を主張し、物部氏を滅ぼして権力を握った。

蘇我氏と物部氏の抗争

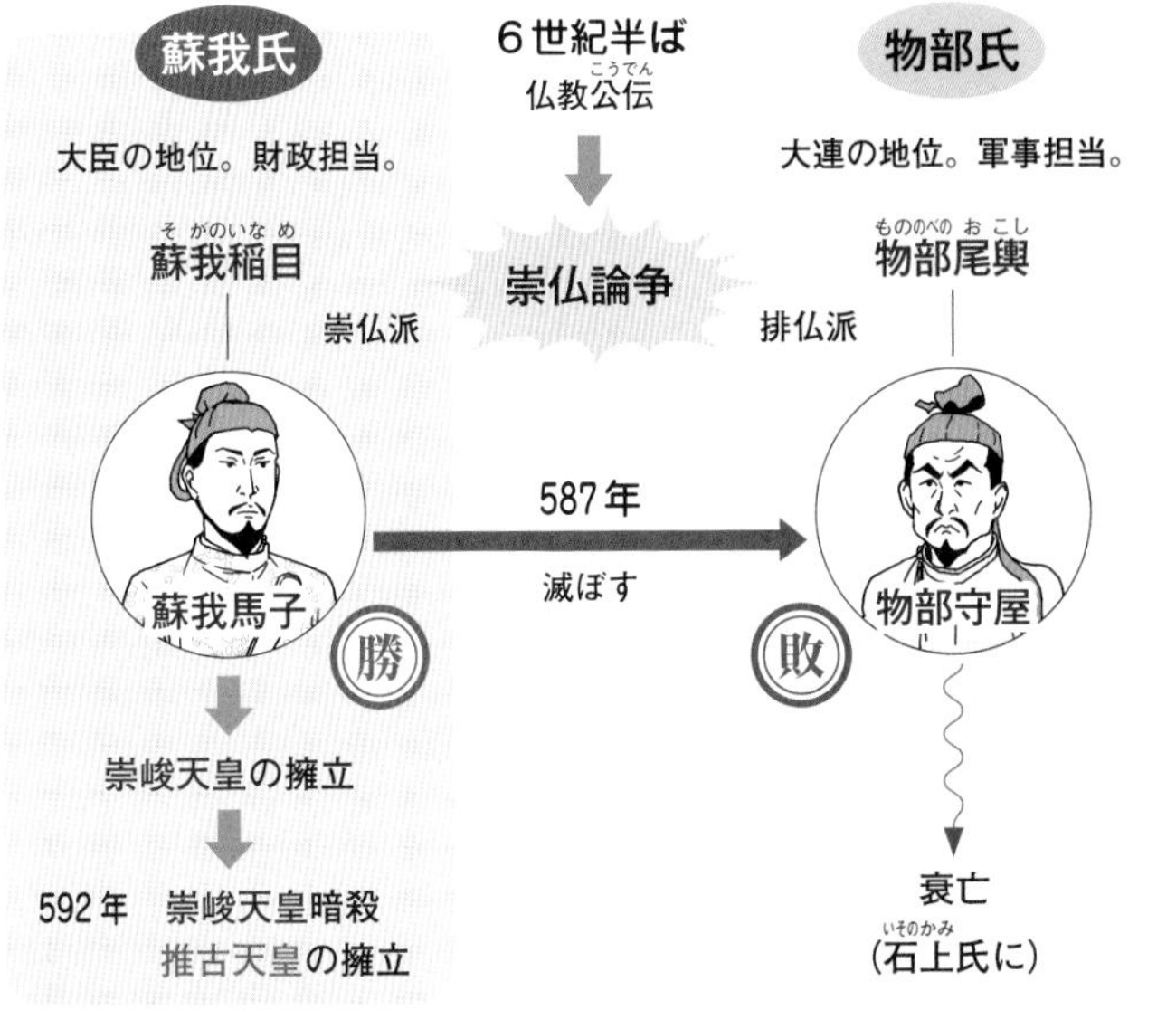

▲蘇我馬子は物部氏を滅ぼし、蘇我系の大王を擁立して絶大な権勢を振るった。

いともからんで加熱した。そして587年、蘇我《そが》氏当主で大臣《おおおみ》の地位にあった**蘇我馬子**《そがのうまこ》は、大連《おおむらじ》の地位の**物《もの》部《のべの》守屋《もりや》**を戦いによって打ち破る。

宿敵の物部氏を滅ぼすと、蘇我氏は大王以上ともいえるほどの権力を独占した。馬子は甥《おい》にあたる**崇峻《すしゅん》天皇**を擁立《ようりつ》し、彼を意のままに操《あやつ》れなくなると、592年に暗殺。今度は姪《めい》にあたる額田部皇女《ぬかたべのひめみこ》を、**推古《すいこ》天皇**として即位させた（公式には日本初の女帝とされる）。

この推古朝の頃から、奈良盆地南部の**飛鳥**《あすか》の地に王宮や寺院が建ち、政治の中心が遷《うつ》っていく。これ以降の時代は**飛鳥時代**と呼ばれる。

聖徳太子は実在したか？

画期的な政策を次々に打ち出した

593年　厩戸王が推古天皇の摂政に
603年　冠位十二階の制定
604年　憲法十七条の制定

冠位十二階・憲法十七条

593年、推古天皇の補佐あるいは代理として国政を行う**摂政**《せっしょう》になり、さまざまな功績を残したとされるのが、**聖徳太子**《しょうとくたいし》である。本名を**厩**《うまや》**戸王**《とおう》といい、「聖徳太子」は彼の徳をたたえて死後につけられた尊称《そんしょう》だとされる。現在の高校の歴史教科書などには、「厩戸王（聖徳太子）」と表記されている。

推古天皇の甥にあたる厩戸王は、推古天皇および蘇我馬子と協力し、効果的な政策を次々に実施していったという。

603年制定の**冠位十二階**《かんい》は、役人となる者に12段階の色別の冠《かんむり》を授ける官僚《かんりょう》制度である。それまでの世襲《せしゅう》制を打破し、能力のある者が活躍できるようにすることをめざしたものだった。

604年には、**憲法十七条**を定めたとされる。役人がもつべき道徳的な心がまえを文章にしたもので、朝廷への服従、話し合いの尊重、仏教の崇拝《すうはい》などが説かれている。

聖徳太子はいなかった？

さて近年、「聖徳太子は実在しなかった」と

Point 6世紀末に推古天皇・厩戸王・蘇我馬子の三頭政治が成立し、政治改革を行った。

蘇我氏と天皇家・厩戸王

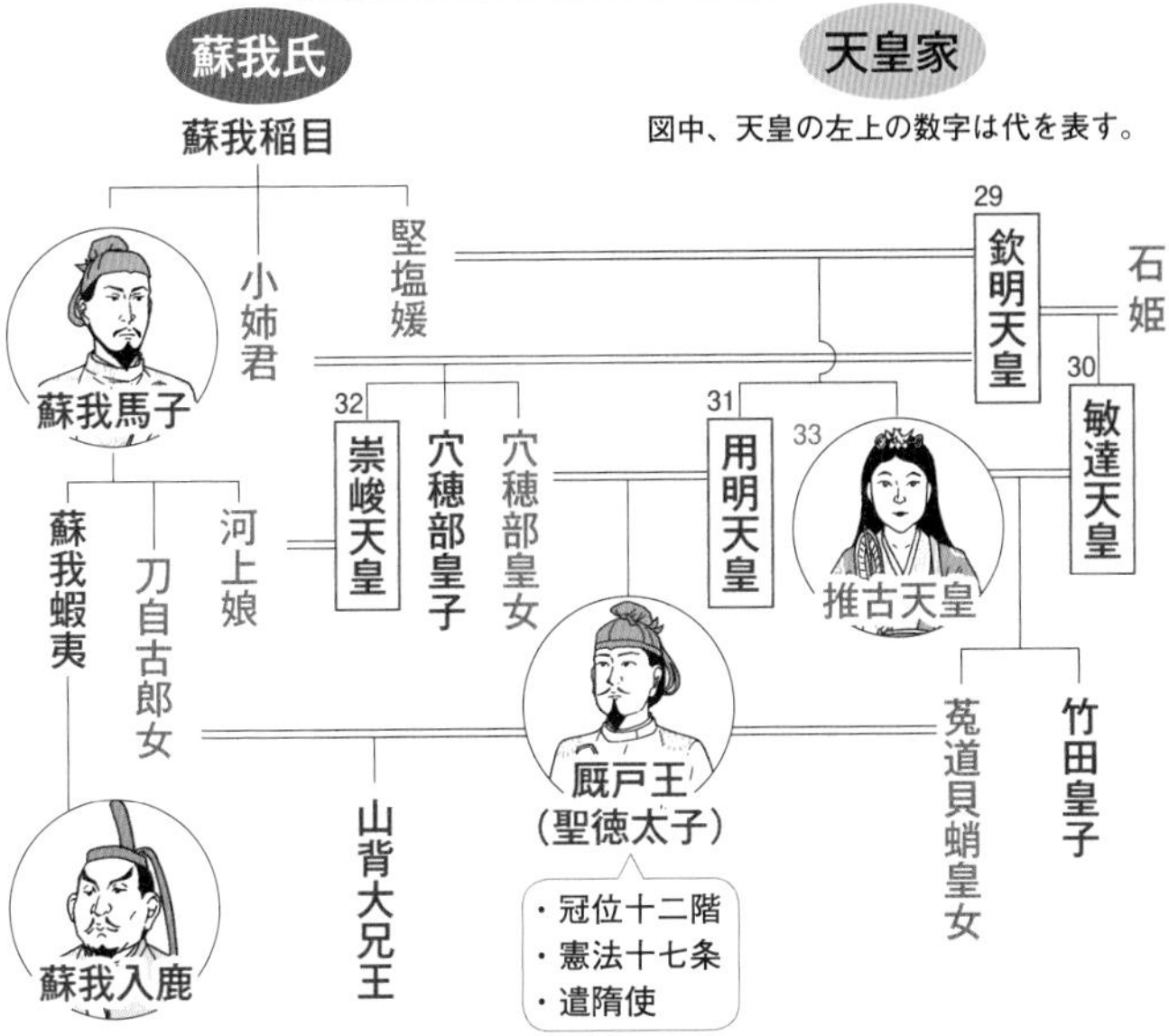

▲蘇我氏の血も引く厩戸王は、推古天皇の摂政として活躍した。

いうショッキングな説が唱えられた。

冠位十二階や憲法十七条などを分析したところ、いずれも聖徳太子の功績とはいえず、聖徳太子の実在を示すものだとされてきた史料も、じつは証拠にならないというのだ。

モデルとなった厩戸王は実在しただろうが、推古天皇の摂政として斬《ざん》新《しん》な政策を矢継《つ》ぎ早《ばや》に打ち出した「聖徳太子」の人物像は、後世に作られたフィクションだろうということで、この説は説得力がある。すべてを厩戸王ひとりの功績とするのではなく、**推古天皇・厩戸王・蘇我馬子の三頭政治**の成果と見るのが、現在の定説だといえる。

06 日出づる国からの遣隋使

隋の煬帝を激怒させた書簡の内容は？

600年　初の遣隋使
607年　小野妹子が隋に派遣される
614年　最後の遣隋使

遣隋使が初めて派遣されたのは？

中国では581年に**隋**《ずい》王朝が建国、589年に中国を統一した。倭国の推古朝は、この大国との間に外交を樹立しようと考え、使者を派遣した。当時の**遣隋使**《けんずいし》たちの航海は命がけだった。

最初の遣隋使は600年に派遣されたことがわかっているが、有名なのは、**小野妹子**《おののいもこ》が派遣された607年の遣隋使である。

このとき、倭国の朝廷から隋の皇帝**煬帝**《ようだい》に宛てた国書には、「日出《ひい》づるところの天子《てんし》、書を日没《ひぼっ》するところの天子に致《いた》す」とあった。

隋との対等に近い交流が始まる

当時の中国の王朝は、自分たちが世界の中心であると考え（**中華思想**）、周囲の国とは非対等な**朝貢外交**（23ページ参照）を行っていた。しかし倭国の国書の文面は、中国との対等性を主張しているようにも見えるものだった。

煬帝は激怒したというが、当時の隋は**高句麗**などと戦争状態にあり、倭国まで敵に回していられない事情があった。翌年、小野妹子は**裴世**《はいせい》**清**《せい》という使節を連れて無事に倭国に戻り、交流が本格化する。遣隋使は615年まで続いた。

Point 推古天皇の時代、倭国は中国の隋に小野妹子などの遣隋使を送り、外交関係を築いた。

古代の日中関係と遣隋使

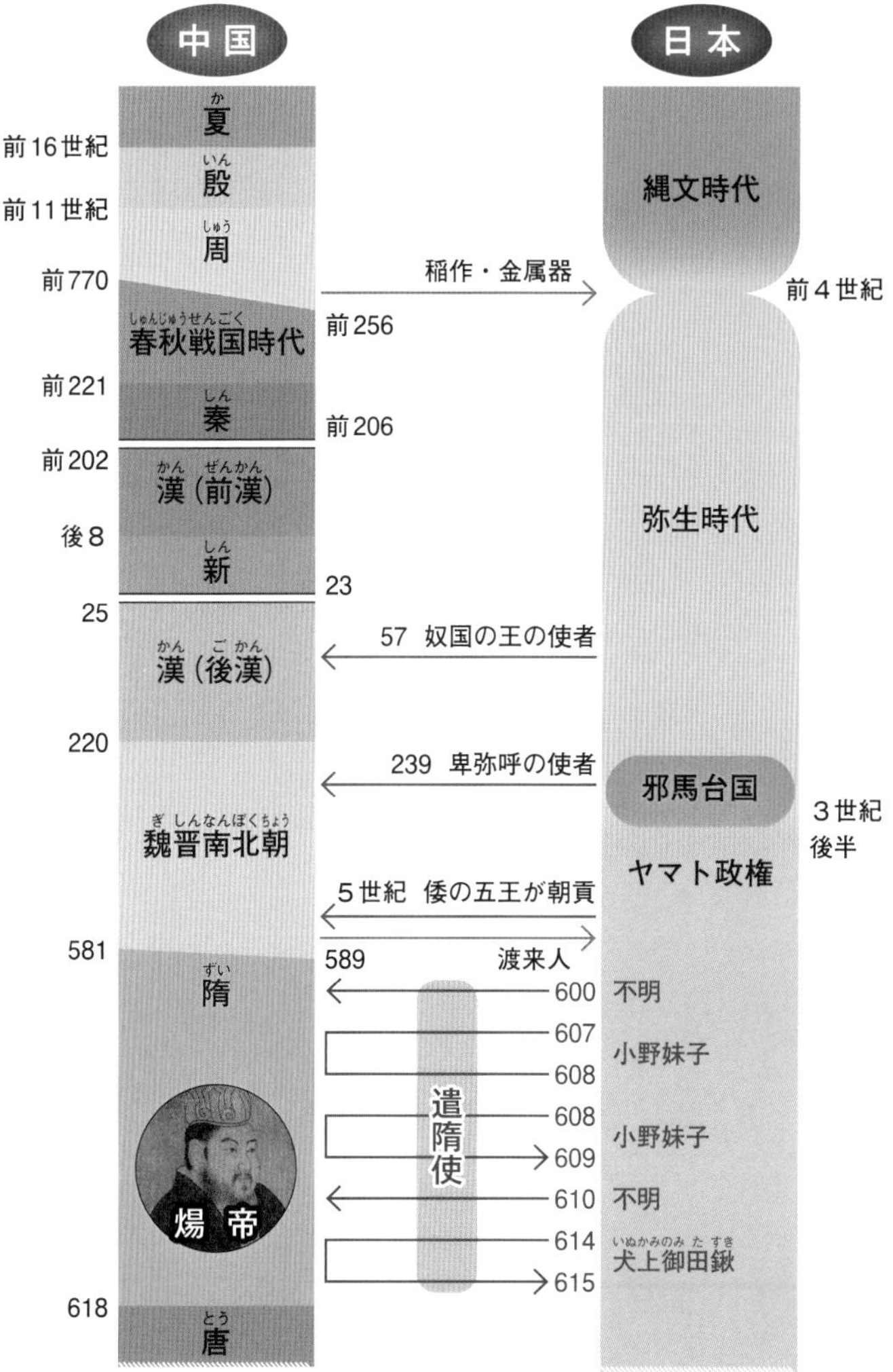

▲618年に隋が滅びて唐が建国されると、遣隋使は遣唐使へと引き継がれる。

権力をだれに集中させせるか
蘇我氏を滅ぼした乙巳の変

622年	厩戸王没
643年	山背大兄王が自殺に追いやられる
645年	乙巳の変

蘇我氏の横暴と滅亡

厩戸王が622年に没し、蘇我馬子も626年にこの世を去ると、馬子の息子**蘇我蝦夷**《えみし》とその息子**蘇我入鹿**《いるか》が実権を握り、厩戸王の息子**山背大兄王**《やましろのおおえのおう》の一族を抹殺してしまったという。

蘇我氏の専横《せんおう》に対して立ち上がったのが、当時の**皇極天皇**《こうぎょく》の息子**中大兄皇子**《なかのおおえのみこ》と、**中臣鎌足**《なかとみのかまたり》だった。645年、ふたりは入鹿を王宮に呼び出して暗殺し、蝦夷ら一族の屋敷を包囲。蝦夷は屋敷に火を放って自害する。こうして、長く権勢を誇った蘇我氏の宗本家は滅亡した。

クーデターの実態は？

これを**乙巳の変**《いっしへん》という。かつては「大化改新《たいかのかいしん》」と呼ばれていたが、近年、このクーデターは発端《ほったん》にすぎず、翌年以降の制度改革こそが大化改新の実体だとされるようになっている。

ちなみに、蘇我入鹿は有能な政治家であり、権力集中をはかっていたのは、東アジアの国際的な緊張の中で倭国を守るためだったという説が、現在は有力である。また、乙巳の変の首謀《しゅぼう》者《しゃ》はじつは中大兄ではなく、変のあとに**孝徳天皇**《こうとく》として即位する**軽皇子**《かるのみこ》だったとの説もある。

Point 7世紀半ば、権力を集中させた蘇我氏を、中大兄皇子と中臣鎌足が乙巳の変で滅ぼした。

乙巳の変に至る蘇我氏と天皇家の関係

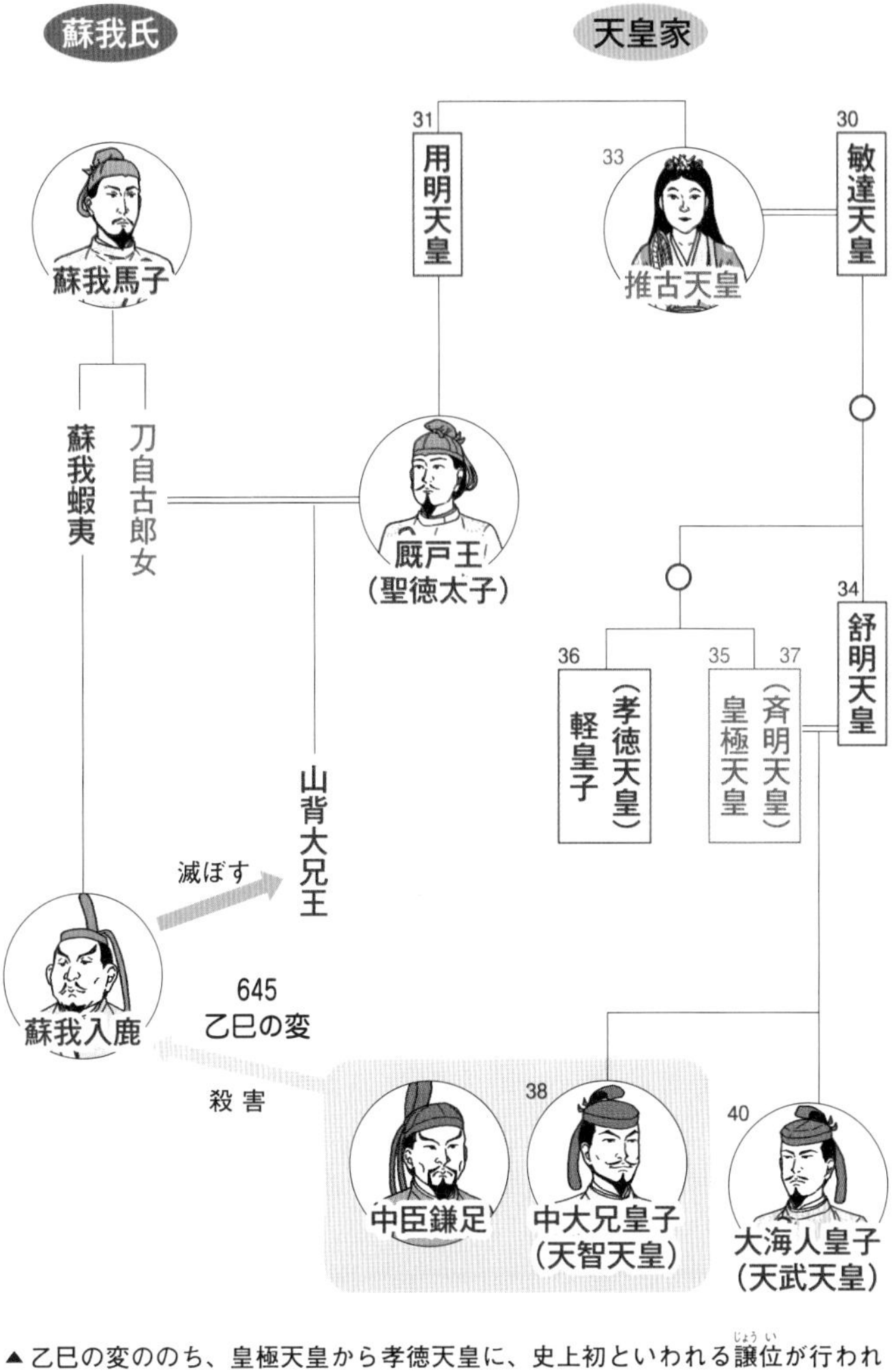

▲乙巳の変ののち、皇極天皇から孝徳天皇に、史上初といわれる譲位《じょうい》が行われた。

大化改新の大変革

律令にもとづく中央集権国家をめざして

645年 乙巳の変
孝徳天皇即位
難波宮へ遷都
646年 改新の詔

改新の詔が示した中央集権政策

645年の乙巳の変のあと、皇極天皇の弟**軽皇子**が**孝徳天皇**として即位し、その甥の中大兄皇子は皇太子となる。新政権は**難波**《なにわ》（現在の大阪府大阪市）に遷都《せんと》したのち、646年には**改新の詔**《みことのり》を発して、**大化改新**《たいかのかいしん》を進めたとされる。

大化改新の手本となったのは、中国の**律令**《りつりょう》**制**である。**律**《りつ》とは刑法、**令**《りょう》とは行政法や民法のことで、これらを合わせた法律を**律令**という。律令にもとづいて国家を運営する中国の先進的な政治制度は、大王が豪族たちを統御するのに役立つものであり、このののち長らく、中央集権化をめざす倭国朝廷の目標でありつづける。

大化改新は本当にあったのか？

改新の詔が謳《うた》ったのは、それまで豪族がもっていた土地や民を天皇家の所有とする**公地公民**《こうちこうみん》**制**だった。地方を国・郡・里の階層的な行政区分に分けて統治する**国郡里**《こくぐんり》**制**や、戸籍《こせき》を作成して民に**口分田**《くぶんでん》を与える**班田収授法**《はんでんしゅうじゅほう》、新しい税制である**租庸調**《そようちょう》**制**といった政策も示されたという。

じつは近年、改新の詔の信憑性《しんぴょうせい》が疑わしいこ

Point 蘇我氏を滅ぼした中大兄皇子は、中央集権的な政治改革である大化改新を主導したとされる。

改新の詔の内容

❶公地公民
土地も人民も天皇家のものに。

❸班田収授法
戸籍を作成し、それにもとづいて口分田を貸与。

中大兄皇子

❷国郡里制
国 ⬅ 国司
郡 ⬅ 郡司
里 ⬅ 里長
（国司・郡司・里長は）中央が任命

❹租庸調制
租 …… 米
庸 …… 労役（または布）
調 …… 特産物

▲こういった政策が実際に行われたのは、天武朝以降のことだったようである。また、日本初の元号「大化」が用いられたとされてきたが、現在の研究では、この元号は実際は存在しなかった（後世の創作）と考えられている。

とが判明し、「大化改新は後世の創作ではないか」との声が上がった。ただし、乙巳の変ののちにある程度の改革があったのは確実だとされている。

また、「中大兄皇子は意図的に大王の位に就かず、自由な皇太子の立場で大化改新を主導した」というのが従来の定説だったが、これも批判的に見直されてきている。「当時20歳そこそこだった中大兄にもともと即位のチャンスはなく、新政権発足当時に中心となったのは孝徳天皇だった」とする説があるのだ。しかし、皇位継承権としては軽皇子（孝徳天皇）よりも中大兄皇子のほうが上位であったことなどから、大化改新の主導者はやはり中大兄だったというのが主流である。

白村江の戦いの悪夢

中大兄皇子と倭国が背負わされたトラウマ

６６０年	新羅と唐が百済を滅ぼす
６６３年	白村江の戦い
６６８年	天智天皇が近江大津宮で即位

◎百済復興を支援せよ

６５４年、孝徳天皇が没する。中大兄皇子はまたも即位せず、中大兄の母（以前の皇極天皇）が**斉明天皇**《さいめい》として**重祚**《ちょうそ》（再び即位すること）した。この頃の政権の悩みは、外交だった。

中国大陸では、６１８年に**隋**が滅んで**唐**《とう》が建国されていた。朝廷は６３０年以降**遣唐使**《けんとうし》を送って交流したが、７世紀半ばから唐が朝鮮半島方面へ進出し、国際的な緊張を高めた。

そして**新羅**と手を結んだ唐は、６６０年、倭国（日本）と親密だった**百済**を滅ぼしてしまった。朝廷は、百済残存勢力による百済復興を助けることを決定する。唐・新羅連合軍との戦争に備えるため、斉明天皇は飛鳥から難波へ、そして筑紫《つくし》朝倉宮《あさくらのみや》（現在の福岡県）へ移動していったが、６６１年に朝倉宮で没してしまった。

遺された中大兄皇子は**称制**《しょうせい》（即位せずに執政《しっせい》すること）を行い、百済復興のため朝鮮に大軍を送り込んだ。

◎大敗が植えつけた恐怖

６６３年、朝鮮半島南西の白村江《はくそんこう》（日本では

Point 滅亡した百済の再興を助けるため、中大兄皇子は朝鮮半島に出兵したが、大敗して唐の攻撃に怯えた。

663年　白村江の戦い

▲白村江の戦いで倭国（日本）軍を破ったのち、唐・新羅連合軍は668年に高句麗までも滅ぼす。しかし共通の敵がなくなると、今度は唐と新羅の間で対立が起こり、670年からは戦争状態に。676年、新羅は唐の勢力を半島から排除し、朝鮮半島を統一した。

「はくすきのえ」とも読む）で、唐・新羅連合軍と倭国軍が激突した。この**白村江の戦い**は、対外戦争における日本初の大敗に終わった。

唐のさらなる攻撃を恐れた中大兄皇子は、九州の大宰府《だざいふ》に**水城《みずき》**という防衛施設を建設し、**防人《さきもり》**（国防の兵士）を配備しただけでなく、九州北部から瀬戸内海周辺までの各地に**朝鮮式山城《やまじろ》**を築いて防衛力を高めようとした。

667年、中大兄皇子は琵琶湖《びわこ》畔《はん》の**近江大津宮《おうみのおおつのみや》**（現在の滋賀県大津市）に遷都する。そして翌668年、ようやく即位して**天智《てんじ》天皇**となった。

天智天皇亡きあと覇権を握るのは？
叔父と甥の死闘 壬申の乱

671年	天智天皇没
672年	壬申の乱
673年	天武天皇即位

近江朝廷への不満

近江大津宮の天智天皇は、668年に**近江令**《おうみりょう》という法律を作ったといわれる（作ろうとしただけだという説も有力である）。また670年には、最初の全国的な戸籍である**庚午年籍**《こうごねんじゃく》を作成し、徴兵《ちょうへい》・徴税《ちょうぜい》を行いやすくしたが、そのせいで地方豪族の不満も高まった。

天智天皇の後継者候補としては、弟の**大海人皇子**《おおあまのみこ》と、息子の**大友皇子**《おおとものみこ》がいた。671年、大友皇子は律令官制（律令にもとづいた行政制度）の最高責任者である**太政大臣**《だいじょうだいじん》に任命されると、大海人皇子は後継者候補から外《はず》される形になって身の危険を感じたのか、出家《しゅっけ》して近江大津宮を離れ、吉野（奈良県南部）に退《しりぞ》いた。

古代最大の内乱とその結果

その年のうちに天智天皇が没すると、翌672年、皇位継承をめぐって**壬申**《じんしん》**の乱**が起こる。大海人皇子が美濃《みの》（現在の岐阜県）を拠点《きょてん》として兵を挙《あ》げ、近江大津宮の大友皇子を攻めたのだ。大友皇子も兵を集めようとしたが、天智天皇以来の近江朝廷に対して不満を抱《かか》える豪族た

Point 天智天皇の死後、後継者争いの壬申の乱が起こり、勝利した大海人皇子が天武天皇となった。

天皇家の系図と壬申の乱

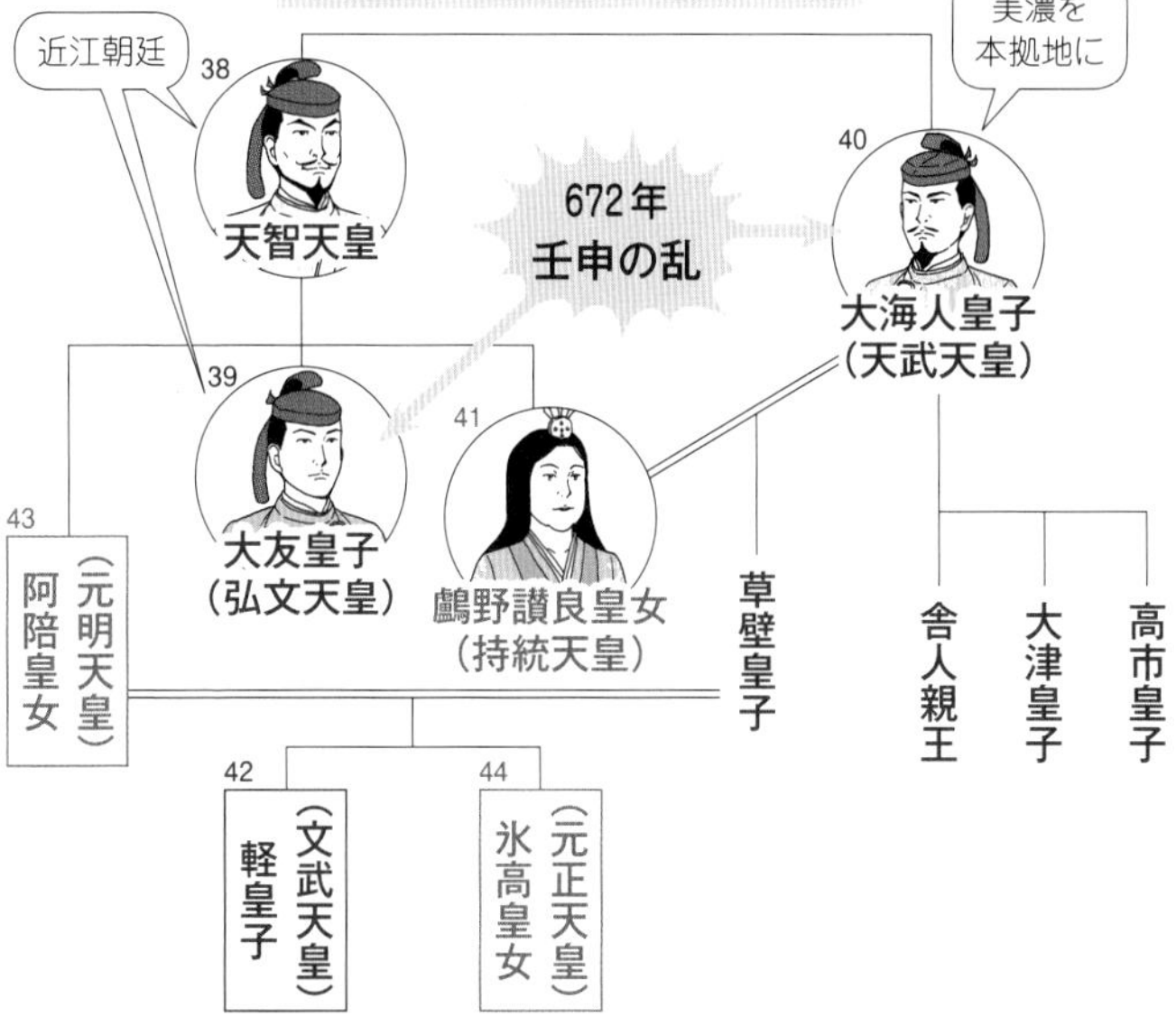

▲壬申の乱の当時、すでに大友皇子は天皇に即位していたとする説もある。明治時代になってから、大友皇子には弘文《こうぶん》天皇という名が追諡《ついし》された。

ちの反応は鈍く、古代最大の内乱と呼ばれる戦いは、大友皇子の自殺で決着した。勝利した大海人皇子は、翌673年、**飛鳥《あすか》浄御原宮《きよみはらのみや》**（現在の奈良県）で**天《てん》武《む》天皇**として即位する。

東アジアでは670年以来、**唐**と**新羅**が朝鮮半島の支配権をめぐって戦争を続けていた。この緊張状態の中、天武天皇は天皇や皇族に権力を集め、中央集権的な律令国家を築くことをめざす。豪族は律令制の官僚組織へと組み込まれていった。また、**「天皇」の称号**が生まれたのもこの頃だと考えられている。

11 天武朝と持統天皇の執念

7世紀後半から「日本」の形が作られていく

690年 持統天皇即位
694年 藤原京に遷都
701年 大宝律令

天武天皇の政治

天武天皇は675年、豪族が領有していた民を朝廷のものとし、公民化を進めた。同時に豪族を官僚へと登用する制度を整備し、684年には**八色《やくさ》の姓《かばね》**を定める。これは、豪族を再編成して天皇中心の身分秩序に組み込むものだった。

歴史書（国史《こくし》）の編纂《へんさん》にも力を注《そそ》ぎ（のちの『古事記《こじき》』と『日本書紀《にほんしょき》』の原型）、日本最古の金属貨幣《かへい》とされる**富本銭《ふほんせん》**の鋳造《ちゅうぞう》も行った。新都**藤原京《ふじわらきょう》**（現在の奈良県）も造営《ぞうえい》しはじめたが、その完成を見ることなく、686年に没した。

持統天皇が引き継いだ改革

天武天皇の死後、皇后であり天智天皇の娘でもあった**鸕野讃良皇女《うののさららのひめみこ》**が称制（34ページ参照）を行う。彼女は夫の遺志を継いで律令制の整備を進め、689年、天武天皇が編集を命じていた法律**飛鳥浄御原令《あすかきよみはらりょう》**を施行《しこう》した。

彼女は息子の**草壁皇子《くさかべのみこ》**を天皇にするべく、ライバルの**大津皇子《おおつのみこ》**を陥《おとしい》れるなどしたが、草壁皇子は即位することなく没する。鸕野讃良皇女は690年、自《みずか》ら**持統《じとう》天皇**として即位し、草壁皇子の息子**軽皇子《かるのみこ》**の成長を待つことにした。

Point 天武天皇の死後、持統天皇が中央集権化政策を推し進め、律令制の基礎を築き上げた。

壬申の乱ののちの天皇たち

第40代	天武天皇	672	飛鳥浄御原宮に遷都
		673	天武天皇即位
		675	公民化を進める
		684	八色の姓（天皇中心の身分秩序） 律令や国史の編纂、天皇号創始、藤原京造営開始
		686	天武天皇没 皇后の鸕野讃良皇女による称制 大津皇子を死に追いやる
第41代	持統天皇	689	草壁皇子没 飛鳥浄御原令施行
		690	持統天皇即位 庚寅年籍完成
		694	藤原京に遷都
第42代	文武天皇	697	持統天皇、文武天皇に譲位
		701	大宝律令成立
		702	持統上皇没
第43代	元明天皇	707	文武天皇没、元明天皇即位
		710	平城京に遷都

▲持統天皇は律令制の基礎を築いた。なお、初の太上天皇（上皇）でもある。

彼女は即位の同年に戸籍**庚寅年籍**《こういんねんじゃく》を完成させ、692年に全国的な班田収授を始めるなど、大化改新のときに示された政策を実現していった。694年に**藤原京遷都**。697年、ようやく孫の軽皇子（**文武**《もんむ》**天皇**）に譲《じょう》位し、**太上天皇**《だいじょうてんのう》（**上皇**《じょうこう》）となった。

701年、中臣鎌足の息子**藤原不**《ふじわらのふ》**比等**《ひと》らが**大宝律令**《たいほうりつりょう》を完成する。**「日本」の国号**をも定めたこの法典は、日本で初めて律と令を兼《か》ね備えたものだった。宿願《しゅくがん》かなった持統上皇は、翌年この世を去る。

文武天皇も707年、若くして没した。そのあとを継いで**元明**《げんめい》**天皇**として即位したのは、彼の母だった。

文化のページ01

飛鳥文化と白鳳文化

7世紀前半、厩戸王（26ページ参照）の活躍していた頃、飛鳥地方を中心に、**飛鳥文化**と呼ばれる文化が花開いた。

当時、蘇我氏や朝廷が仏教を重視し、渡来人を重用したため、**仏教中心の国際的**な文化となった。中国や朝鮮半島はもちろん、遠くインドやペルシア、ギリシアなどの影響も受けている。

代表的なのは、厩戸王が建立《こんりゅう》したとされ、現存する世界最古級の木造建築といわれる**法隆寺**《ほうりゅうじ》である。

法隆寺には、渡来系仏師《ぶっし》の鞍作鳥《くらつくりのとり》が彫《ほ》ったとされる**釈迦三尊像**《しゃかさんぞんぞう》が納められており、これは中国南北朝《なんぼくちょう》の北魏《ほくぎ》様式を継承しているとされる。工芸品として国宝指定された**玉虫厨子**《たまむしのずし》も、法隆寺に蔵《ぞう》されている。

飛鳥文化ののち、7世紀後半から8世紀初頭にかけて、天武天皇・持統天皇の時代を中心とする文化を、**白鳳文化**《はくほう》という。

この時期、中国の唐王朝初期の文物が、新羅を経由して伝えられ、それに影響を受けながら、清新な仏教中心の文化が展開した。

絵画として代表的なのは、**高松塚古墳**《たかまつづか》の壁画であり、高句麗の影響が見られる。

また、中国的な教養が広まり、**漢詩文**が作られるようになった。**和歌**の形式が整っていったのもこの頃である。

第2章

絢爛と爛熟の王朝

奈良〜平安時代

奈良時代の都 平城京

唐の長安をモデルにした新時代の都

７１０年　平城京に遷都
７２３年　三世一身法
７４３年　墾田永年私財法

新都の政治の中心は

元明天皇は７１０年、藤原京から少し北の**平《へい》城京《じょうきょう》**（現在の奈良県奈良市・大和郡山市《やまとこおりやま》）へと都を遷す。平城京は、唐の首都長安《ちょうあん》をモデルとし、碁盤《ごばん》の目状に土地を区画した**条坊制《じょうぼうせい》**の都城《とじょう》であった。この遷都以降を**奈良時代**という。

８世紀初めは、天皇家や豪族の諸勢力が、ある程度の均衡を保っていたが、政治の中心にいたのは**藤原不比等**だった。彼は自分の娘を天皇や皇位継承者候補に嫁がせ、朝廷内での影響力を強めた。彼の４人の息子たち（**藤原四子《しし》**と呼ばれる）も、政界へと進出していく。

また、元明天皇治下の７１２年には『**古事記**』が、次の**元正天皇《げんしょう》**治下の７２０年には『**日本書紀**』が完成。天武天皇以来の国史の編纂が実を結んだ。

公地公民制は崩壊したのか

一方、民の暮らしは悲惨だった。律令制のもとで人民は、**公民**と呼ばれる一般農民を含む**良《りょう》民《みん》**と、奴婢《ぬひ》などの**賤民《せんみん》**に分けられた。賤民の多くは私有・売買され、良民も重い税や兵役《へいえき》を課

Point 平城京遷都で奈良時代が始まる。藤原不比等が権力を握り、のちの藤原氏隆盛への道をひらく。

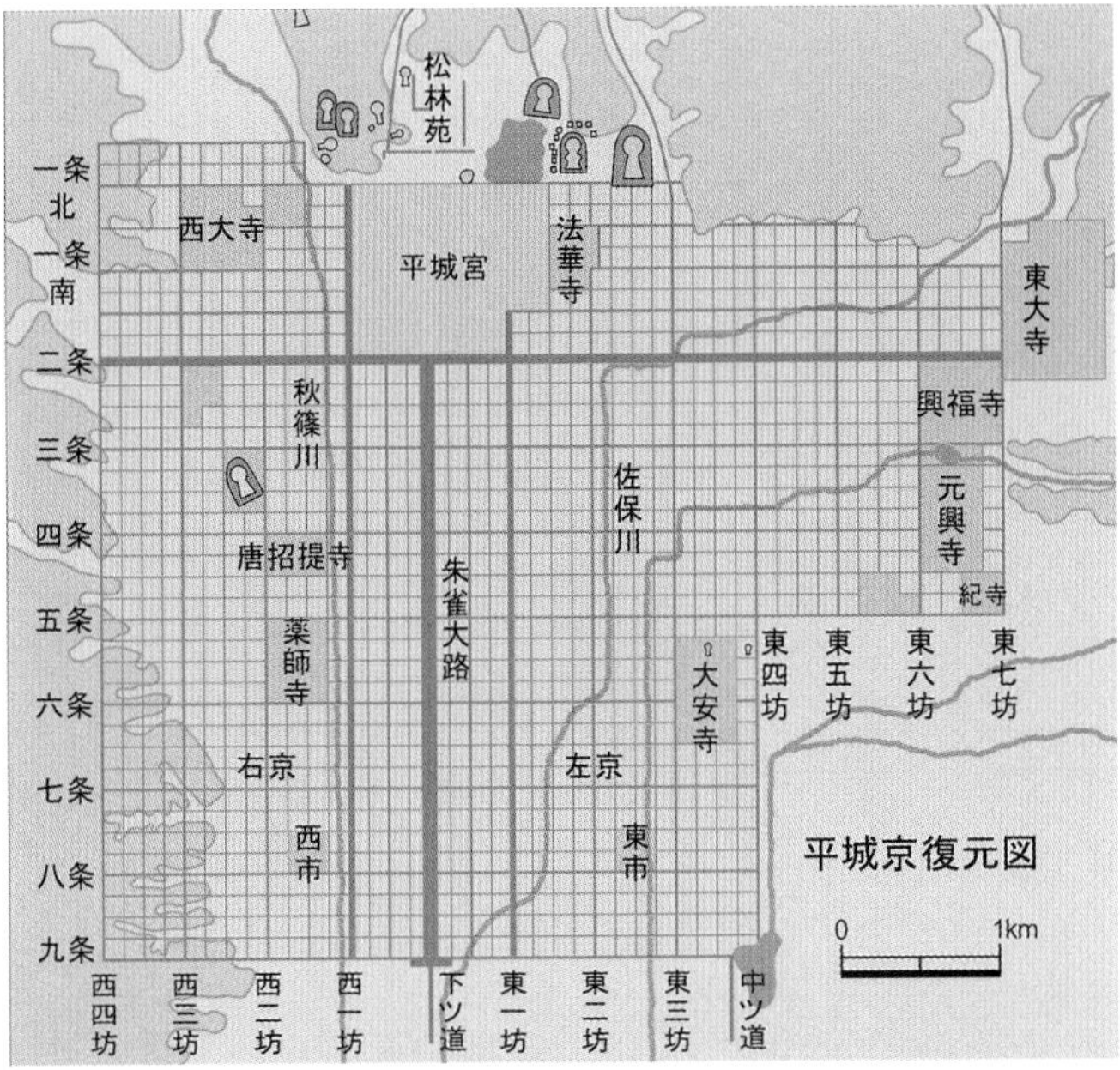

▲平城京条坊復元図。（画像提供：奈良県立橿原考古学研究所附属博物館）

せられた。

また、人口が増加しつづけたので口分田が不足し、新たな田の開《かい》墾《こん》をうながすため、土地の私有を認める**三世一身法**《さんぜいっしんほう》（723年）や**墾田永年私財法**《こんでんえいねんしざいほう》（743年）が発せられることになる。

従来、「三世一身法や墾田永年私財法は、土地を朝廷のものとする公地公民制度に反するものであり、成立したばかりの律令制の崩壊を示している」と考えられてきた。しかし実際は、これらの法律が朝廷の土地支配制度を強化し、律令制を支える役割を果たしたことが、近年の研究で判明している。

聖武天皇と鎮護国家

災厄に悩まされて仏教にすがる

724年	聖武天皇即位
729年	長屋王の変
743年	大仏造立の詔

長屋王の変

720年に藤原不比等は世を去るが、彼の孫にあたる**聖武天皇**《しょうむてんのう》が、724年に即位する。その后《きさき》は、やはり不比等の娘の**光明子**《こうみょうし》だった。

光明子の兄である藤原四子は、彼女を皇后に立てようとしたが、皇族出身でなければ皇后になる資格はないとして、皇族の**長屋王**《ながやおう》が反対した。不比等亡きあとの政権を握っていた長屋王は、藤原四子にとって目の上の瘤《こぶ》であった。

727年、聖武天皇と光明子の間に男児の**基**《もとい》**王**《おう》が生まれたが、翌年没してしまった。藤原四子はこれを長屋王による呪殺《じゅさつ》だと言い立て、729年、長屋王を死に追いやる（**長屋王の変**）。

長屋王の排除により、光明子は**光明皇后**となることができた。しかしそののち天然痘《てんねんとう》が流行して、これにかかった藤原四子は次々に死亡。

藤原氏の勢力はいったん弱まり、皇族出身の**橘諸兄**《たちばなのもろえ》が政権の中心となって、唐から帰国した**吉備真備**《きびのまきび》らを重用した。

仏教に救いを求める聖武天皇

藤原四子が犠牲となった疫病《えきびょう》のほか、吉備真

Point 疫病の流行や反乱などの災厄から逃れるため、聖武天皇は鎮護国家の思想に頼った。

備らの排除を求める**藤原広嗣《ひろつぐ》**の反乱（740年）など、さまざまな災厄《さいやく》に見舞われた朝廷は動揺し、何度か遷都をくり返す（49ページ参照）。

そして聖武天皇は、仏教には災《わざわ》いを鎮《しず》めて国家を守る力があるとする**鎮護国家《ちんごこっか》**の思想にすがることにした。

741年、**国分寺《こくぶんじ》建立の詔**が発せられ、国々に国分寺や国分尼寺《こくぶんにじ》が建てられた。続いて聖武天皇は743年、近江の紫香楽《しがらき》宮《みや》で**大仏造立《ぞうりゅう》の詔**を発する。そして745年から再び都となった平城京の**東大寺**に、巨大な**盧《る》舎那仏《しゃなぶつ》**を築くのである。

聖武天皇は749年、光明皇后との間の娘**孝謙《こうけん》天皇**に譲位するが、太上天皇として権力を握り続けた。752年には大仏の**開眼供養《かいげんくよう》**が行われる。その4年後に聖武太上天皇が没すると、光明皇太后が権力を受け継いだ。

▲聖武天皇が造立を呼びかけた、東大寺の盧舎那仏（通称「奈良の大仏」）。

孝謙天皇と称徳天皇の時代

権力闘争が火花を散らす朝廷

758年 孝謙天皇が淳仁天皇に譲位
764年 称徳天皇即位
770年 称徳天皇没

恵美押勝と孝謙太上天皇

孝謙天皇の時代、実権を握る光明皇太后の甥**藤原仲麻呂《なかまろ》**が、政敵を倒しながら台頭した。孝謙天皇は758年、仲麻呂の擁立する**淳仁《じゅんにん》天皇**に譲位。仲麻呂は**恵美押勝《えみのおしかつ》**の名を下賜され、権力を独占した。しかし、後ろ盾の光明皇太后が760年に没すると、恵美押勝は孤立していく。

一方、実権を握った孝謙太上天皇は、病時に看病してくれた僧**道鏡《どうきょう》**を寵愛し、淳仁天皇と対立する。恵美押勝は764年、道鏡を排除しようと兵を挙げるも、敗死した（**恵美押勝の乱**）。

称徳天皇と道鏡

孝謙太上天皇は、淳仁天皇を淡路《あわじ》に配流《はいる》（刑罰として遠くの地へ送ること）し、764年に**称徳《しょうとく》天皇**として重祚（34ページ参照）する。

称徳天皇は道鏡を太政大臣禅師《だいじょうだいじんぜんじ》や法王《ほうおう》の位につけて、仏教政治を行わせた。769年には、神託《しんたく》と称して道鏡に皇位を譲ろうとしたが（**宇《う》佐八幡《さはちまん》神託事件**）、さすがに貴族たちに受け入れられなかった。翌年、称徳天皇が没すると、道鏡は失脚し追放された。配偶者も子もいなかった称徳天皇の後継者選びは難航する。

Point 孝謙太上天皇は光明皇太后の死後にやっと実権を握り、道鏡と組んで仏教政治を行った。

天皇家と藤原氏の系図

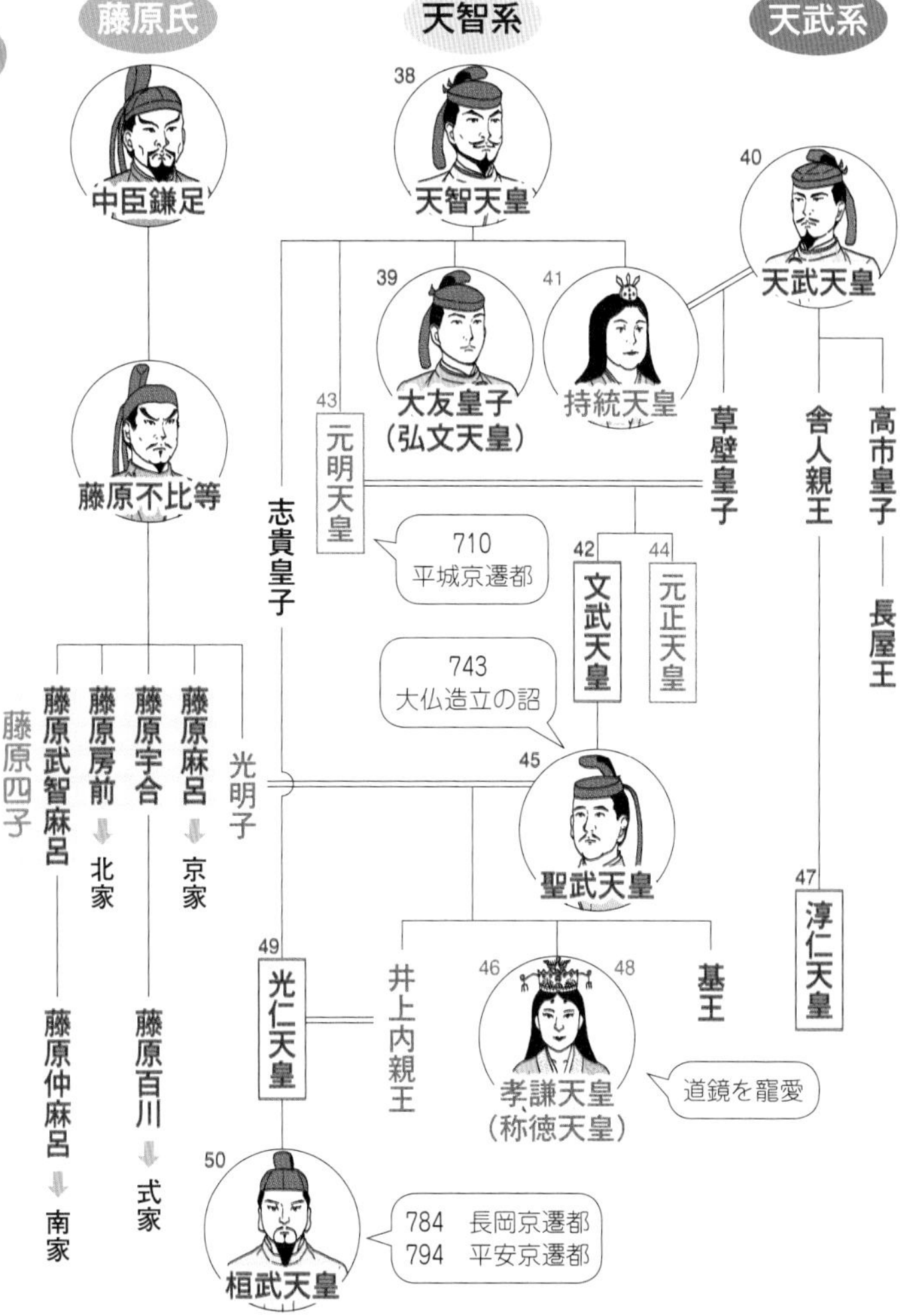

▲孝謙天皇（称徳天皇）ののち、天皇の系譜は天武系から天智系へシフトする。

桓武天皇と平安京遷都

天皇家の系譜が変わった転換点

781年　桓武天皇即位
784年　長岡京に遷都
794年　平安京に遷都

天武系から天智系へ

770年、称徳天皇の次に皇位に就いたのは、すでに高齢の**光仁天皇**《こうにん》だった。

ここまで、7世紀末に即位した文武天皇（39ページ参照）以来、長らく天武系（天武天皇と持統天皇の系譜）の皇統《こうとう》によって皇位が継承されてきたが、光仁天皇は天武系ではなく天智天皇の孫だった（47ページ参照）。以後、皇位は天智系によって受け継がれていくことになる。

ちなみにこの頃（8世紀半ば以降）、貴族や寺院、地方豪族が土地の私有を進め、開墾《かいこん》した土地や買収した墾田に付近の農民を呼び込んで、**初期荘園**《しょうえん》を形成していった。

平城京の弊害を断ち切る

光仁天皇は、称徳天皇の仏教政治による混乱から、国家財政と律令制を再建することをめざした。光仁天皇の息子**桓武天皇**《かんむ》も、781年に即位したのち、父の政策を受け継いだ。

渡来系出自の高野新笠《たかののにいがさ》を母にもつ桓武天皇は、もともと上位の皇位継承権を有するわけではなかった。しかし、天智系の天皇を立てて天武系

Point 光仁天皇は律令制の再建をめざし、桓武天皇は仏教勢力などの影響を断つため平安京に遷都した。

7～8世紀の遷都

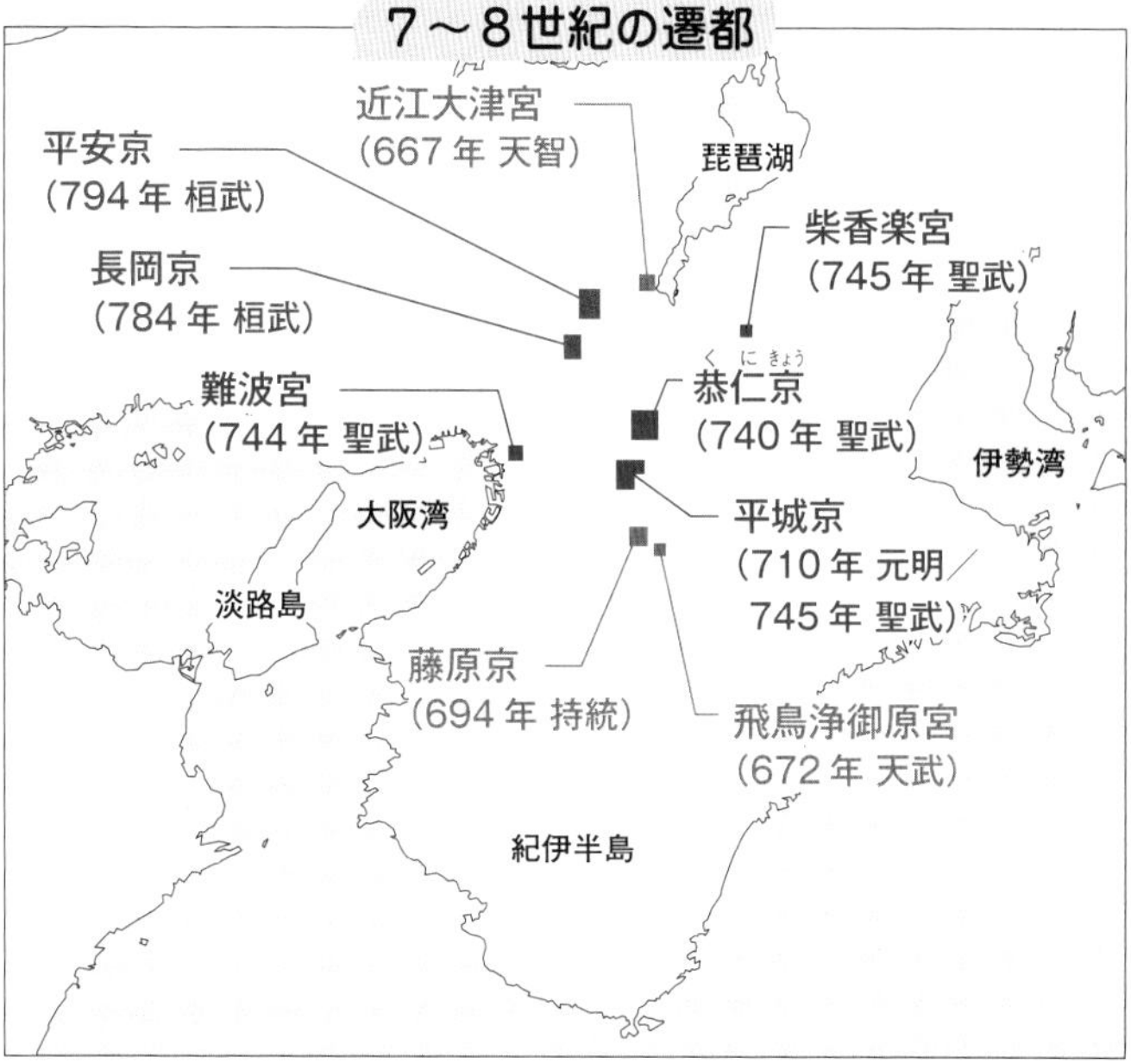

▲桓武天皇は、それまでの奈良から、京都の長岡京へ、そして平安京へ都を遷した。

を排除しようと画策する**藤原百川**《ももかわ》（藤原四子のひとり藤原宇合《うまかい》の子）の暗躍によって皇位継承がかなったとされる。

桓武天皇は784年、仏教勢力や天武系の影響下にある平城京から、**長岡京**《ながおかきょう》（現在の京都府）へ遷都した。しかし、長岡京の造営を担当した**藤原種継**《たねつぐ》の暗殺を皮切りに、陰謀や天皇周辺の人の死があいつぐ。

不吉な事件の連鎖を断ち切ろうとするかのように、桓武天皇は794年、**平安京**《へいあんきょう》（現在の京都市）へ再び都を遷した。以後を**平安時代**という。

05 朝廷の東北地方への進出

桓武天皇は蝦夷地の制圧を試みる

780年　伊治呰麻呂の乱
797年　坂上田村麻呂が征夷大将軍に就任
805年　東北進出の停止

蝦夷と朝廷の関係

桓武天皇は、天皇の権威を確立し、**勘解由使**《かげゆし》（国司の不正を取り締まる役人）や**健児**《こんでい》（志願制の地方兵）の制度を定めるなど、政治改革を行った。唐との交流にも積極的で、唐で学んで戻ってきた**最澄**《さいちょう》や**空海**《くうかい》の新しい仏教（**平安仏教**、68ページ参照）も保護した（これは平城京の奈良仏教への対抗でもあった）。

そんな中でも、平安京造営と並ぶ二大政策のひとつといえるのが、東北地方への進出である。

古代の東北には朝廷に服従していない人々が住んでおり、朝廷からは**蝦夷**《えみし》と呼ばれていた。

8世紀の朝廷は蝦夷に対して軍事的な制圧政策を進め、次々と**城柵**《じょうさく》（軍事施設兼行政施設）を築いていた。

しかし光仁天皇治下の**伊治呰麻呂**《これはりのあざまろ》の乱（780年）以降、東北では紛争が頻発した。789年、桓武天皇の朝廷は胆沢《いさわ》地方に**紀古佐美**《きのこさみ》を派遣したが、蝦夷の首領**阿弖流為**《アテルイ》に大敗した。

坂上田村麻呂が活躍するも……

797年、それまで何度も東北出兵に従軍し

Point 桓武天皇の朝廷は、東北地方に坂上田村麻呂を派遣し勢力を拡大したが、財政面の負担も大きかった。

朝廷の東北進出

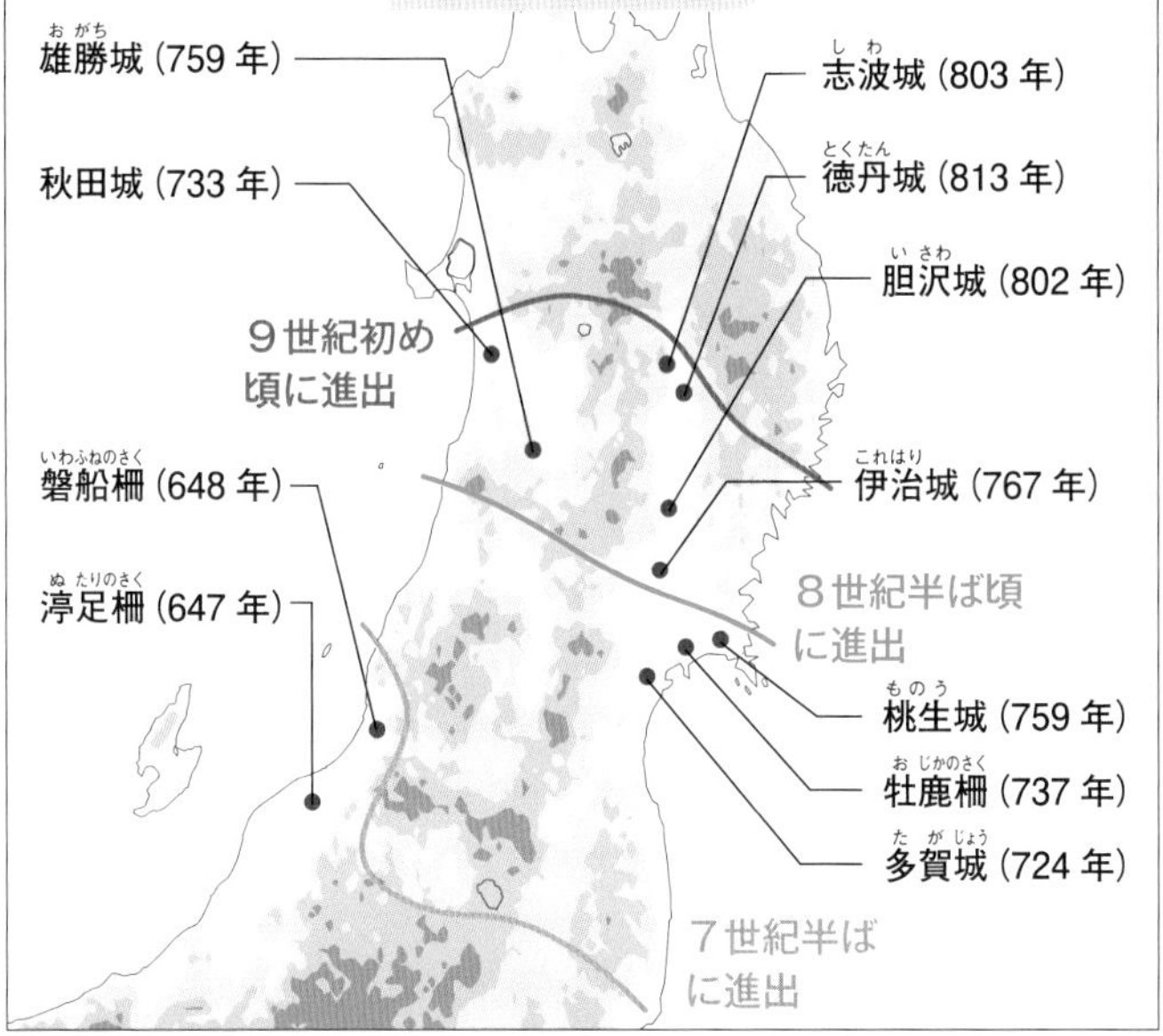

▲桓武朝における東北進出の前史を見てみると、対外的緊張が高まった７世紀半ば、蝦夷に対する日本海方面の最前線基地として、朝廷は現在の新潟県に渟足柵と磐舟柵を設けていた。また、658～660年には阿倍比羅夫《あべのひらふ》がさらに北方を攻め、秋田方面などの蝦夷と関係を結んでいた。

ていた**坂上田村麻呂**《さかのうえのたむらまろ》が、**征**《せい》**夷**《い》**大将軍**《たいしょうぐん》に任命された（この役職名は、「朝廷のために蝦夷を征討《せいとう》する武人の統《とう》領《りょう》」を意味し、のちに武士のトップの称号となる）。彼は阿弖流為を降伏させ、朝廷の勢力圏を拡大した。

しかし、東北進出と平安京造営の同時進行は財政面での負担が大きく、朝廷では二大政策継続の是非を問う**徳政**《とくせい》**論争**が起こる。８０５年、桓武天皇はついに二大政策を打ち切ることを決定した。

摂関政治の起源と遣唐使廃止

藤原北家が栄華の基盤を築く

858年	藤原良房が清和天皇の摂政に
884年	藤原基経が光孝天皇の関白に
894年	遣唐使が計画されるも中止に

摂政と関白

桓武天皇ののち、**平城《へいぜい》天皇**（806年即位）や**嵯峨《さが》天皇**（809年即位）が天皇親政を行う時代が続くが、藤原氏は天皇家と姻戚《いんせき》関係を結び、朝廷での影響力を強めていった。

藤原氏は、8世紀前半の藤原四子から、**南家《なんけ》**、**北家《ほっけ》**、**式家《しきけ》**、**京家《きょうけ》**に分かれていた（47ページ参照）。9世紀には北家が力をもち、**藤原良房《よしふさ》**が**清和《せいわ》天皇**（858年即位）の**摂政**に、**藤原基経《もとつね》**が**光孝《こうこう》天皇**（884年即位）の**関白《かんぱく》**になる。

摂政は幼少の天皇の執政を代行する役職、関白は成人した天皇の執政を補佐する役職として、地位を確立し、政治権力の頂点となっていく。10世紀後半から全面化する**摂関《せっかん》政治**の起源はここにある。

菅原道真と遣唐使

887年に即位した**宇多《うだ》天皇**は、藤原氏を外《がい》戚《せき》（母方の親戚）としていなかった。彼は学者の**菅原道真《すがわらのみちざね》**を重用しつつ親政を行った。

7世紀以来、日本は中国の唐王朝と交流しつつ制度や文化を摂取してきたが、唐は8世紀中

Point ９世紀、藤原北家が隆盛して摂政・関白の地位を確立。
９世紀末には遣唐使が廃止された。

７世紀以降の東アジアの外交

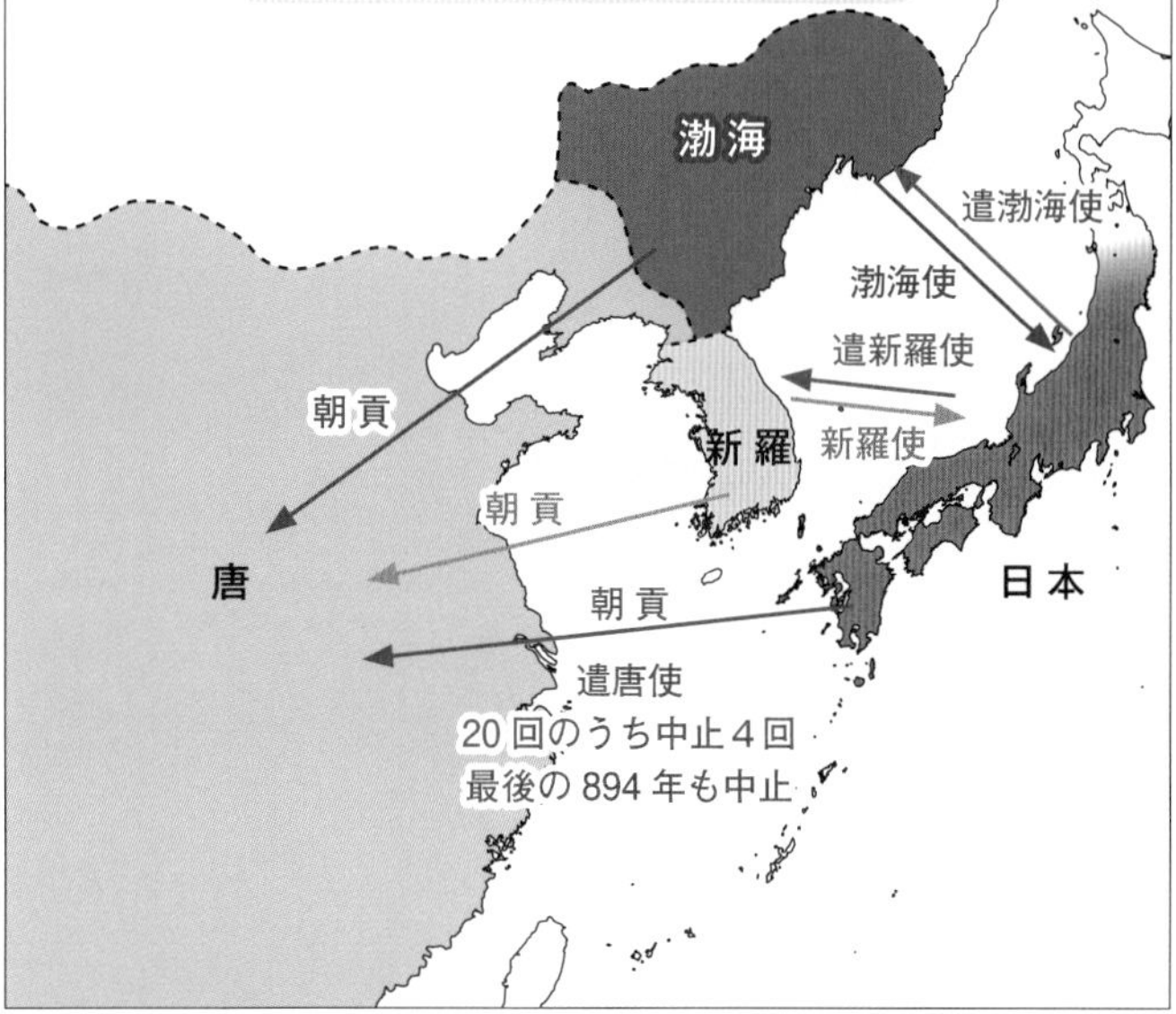

▲ ７～８世紀の東アジアでは、各国が唐に対して朝貢を行っていたが、唐は８世紀から国力を弱め、907 年に滅亡した。

頃から国が乱れて衰退していた。８９４年、菅原道真は、情勢を踏まえて遣唐使派遣中止を提案。遣唐使が送られないまま、唐は９０７年に滅亡した。

　宇多天皇は８９７年、息子の**醍《だい》醐《ご》天皇**に譲位。菅原道真は右大臣に任命されたが、９０１年に左大臣**藤原時平**《ときひら》の策略で、大宰府に左遷され、９０３年に没する。しかしそののち、醍醐天皇の皇子や時平があいついで落命し、人々は道真の祟《たた》りだと恐れた。道真の恨みを鎮めるため、朝廷はのちに彼の名誉を回復し、北野天満宮《きたのてんまんぐう》を建てて祀《まつ》ったのである。

武士の台頭とふたつの乱

律令制の崩壊から生まれてきた武装集団

10世紀前半	延喜・天暦の治
939～940年	平将門の乱
939～941年	藤原純友の乱

武士を誕生させた社会の変化

9世紀末から10世紀前半、醍醐天皇や**村上《むらかみ》天皇**（946年即位）の治世は、のちに「**延喜《えんぎ》・天暦《てんりゃく》の治**」と呼ばれ、理想的な天皇親政の時代とされたが、その一方、公地公民制と律令体制の崩壊が顕著《けんちょ》になった時期でもあった。

地方では初期荘園（48ページ参照）がすたれて新しいタイプの荘園（**寄進地系荘園《きしんちけいしょうえん》**）が生まれ、**不輸《ふゆ》の権**（租税が免除される権利）や**不入《ふにゅう》の権**（役人の立ち入りを拒否する権利）をもつものも増えていく。

大きな変化の中、各地の豪族や農民は自衛のために武装し、たびたび争いを起こした。朝廷は、位の低い貴族を**押領使《おうりょうし》**や**追捕使《ついぶし》**に任命して地方に置き、紛争の鎮圧などに当たらせたが、これがのちに台頭する**武士《ぶし》**と**武士団《ぶしだん》**の起源ではないかといわれている。京都の朝廷では要職が藤原氏に独占されていたため、あえて都を離れて武士として地方で権力をもとうとする貴族もあった。桓武天皇の末裔の**桓武平氏《かんむへいし》**、清和天皇の末裔の**清和源氏《せいわげんじ》**がその代表である。

じつは武士の起こりにはさまざまな説があり、まだわかっていないことも多い。近年、非常に活発に議論されているトピックである。

Point 9世紀末から10世紀にかけての地方政治の変化を受け、各地で武士団が形成されていった。

各地の武士団と承平・天慶の乱

▲平将門と藤原純友が起こした反乱は、武士の台頭をはっきりと示す出来事となった。

承平・天慶の乱

939年、関東の桓武平氏**平《たいらの》将門《まさかど》**が反乱を起こし、「新皇《しんのう》」と名のった。ちょうど同じ頃、瀬戸内海で**藤原純友《すみとも》**が海賊を率いて反乱を起こす。これらを合わせて**承《じょう》平《へい》・天慶《てんぎょう》の乱**という。

東西で起こったふたつの乱に、朝廷は震え上がる。平将門は東国武士の**平貞盛《さだもり》**と**藤原秀郷《ひでさと》**に、藤原純友は清和源氏の祖 **源経基《みなもとのつねもと》**らに討たれ、乱はおさまったが、反乱の鎮圧にも活躍した武士は、存在感を高めていった。

摂関政治の最盛期

摂政・関白を独占した藤原北家

995年	藤原道長が権力を握る
1027年	藤原道長没
1074年	藤原頼通没

摂関政治の確立

967年に村上天皇が没すると、**冷泉天皇**《れいぜい》が即位する。冷泉天皇は、村上天皇と藤原北家出身の中宮《ちゅうぐう》（天皇の后の名称）**安子**《あんし》との間の子であり、藤原氏が外戚として実権を握った。

969年、藤原氏が策略によって左大臣**源高**《たか》**明**《あきら》を失脚させる**安和**《あんな》**の変**が起こる。

以後、藤原北家が摂政・関白（52ページ参照）の地位を独占して意のままに執政する**摂関政治**が続くことになる。摂政や関白を輩出《はいしゅつ》する家柄は、**摂関家**《せっかんけ》と呼ばれる。

頂点をきわめた藤原道長

摂関家の中でも、摂政・関白など最高の位に就いた者は、氏族全体のリーダー「氏長者《うじのちょうじゃ》」となった。摂関家内部ではこの権力の座をめぐって同族争いが続いたが、10世紀末に**藤原道長**《みちなが》がこれをおさめ、摂関政治は最盛期を迎えた。

道長は、**一条**《いちじょう》**天皇**（986年即位）に娘の彰《しょう》子《し》を中宮として入内《じゅだい》させた。このとき以来、中宮は皇后と同格の地位になる。さらに道長は、妍子《けんし》を**三条**《さんじょう》**天皇**（1011年即位）に、威子《いし》を**後一条**《ごいちじょう》**天皇**（1016年即位）に入内させる。

Point 10世紀末から11世紀まで（藤原道長・頼通父子）、藤原摂関家による摂関政治の最盛期が続いた。

藤原道長と天皇家

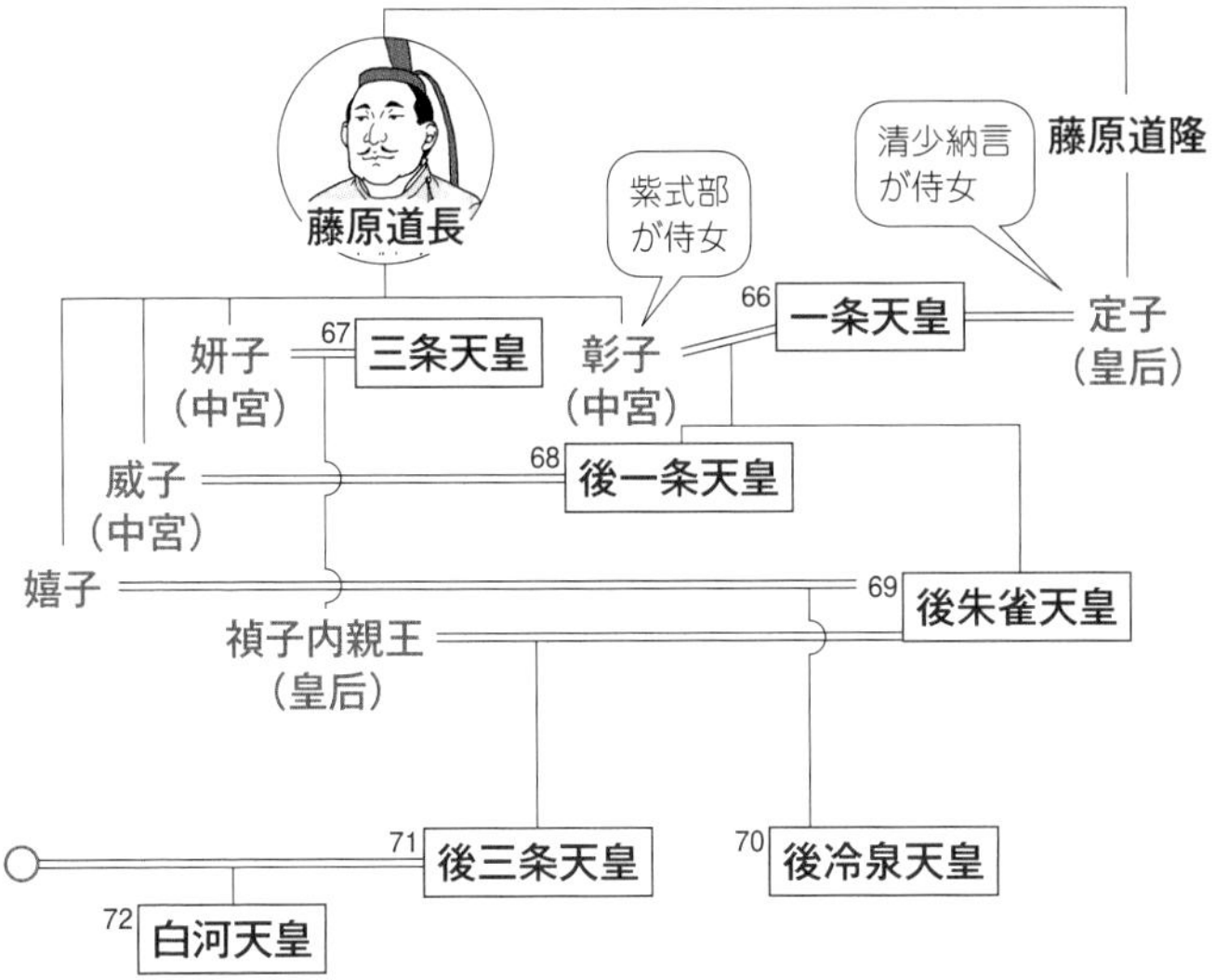

▲彰子の侍女紫式部《むらさきしきぶ》は『源氏物語』の作者、定子《ていし》の侍女清少納言《せいしょうなごん》は『枕草子』の筆者である（67ページ参照）。

3人の娘を3人の天皇の皇后とする「一家三后《いっかさんこう》」は、史上初のことだった。

さらに道長はもうひとり、嬉《き》子《し》という娘を、のちの**後朱雀天皇**《ごすざく》（1036年即位）が皇太子であったときに嫁がせている。後朱雀天皇の即位前に没した嬉子は皇后とはなれなかったが、彼女の産んだ子が**後冷泉天皇**《ごれいぜい》として1045年に即位すると、皇太后の地位を追贈《ついぞう》された。

道長は1027年に没するが、あとを継いだ息子の**藤原頼通**《よりみち》は50年もの間、摂政・関白として政権を掌握した。

09 院政の始まり

古代から中世への転換点

1072年　白河天皇即位
1086年　白河天皇が譲位 白河院政開始
1129年　白河上皇没 鳥羽院政開始

後三条天皇の親政

後冷泉天皇が１０６８年に没すると、藤原氏の摂政・関白を外戚としない**後三条《ごさんじょう》天皇**が即位する。在位期間は短かったが、後三条天皇は摂関家の言いなりになることなく、**大江匡房《おおえのまさふさ》**らを登用して親政を行い、貴族や寺社が支配する荘園の整理などを試みた（**延久《えんきゅう》の荘園整理令**）。

１０７２年、後三条天皇は息子**白河《しらかわ》天皇**に譲位して上皇（太上天皇）となる。彼は、上皇の立場で実権を握って執政することを考えていたとされるが、翌年病没してしまった。

白河上皇の院政

後三条上皇の遺志は、白河天皇によって受け継がれる。白河天皇は、１０８６年に幼い息子**堀河《ほりかわ》天皇**に譲位したのち、天皇を後見しながら自ら政治を行った。これが**院政**の始まりだとされる（「院」とは上皇の住居を指す言葉で、上皇自身をも意味するようになる）。そして、院政の開始をもって、日本の**中世**も始まるとするのが定説である。

白河上皇はカリスマ性を発揮して、荘園の整理を歓迎する国司らの支持を受け、武士たちを

Point 上皇や法皇（出家した上皇）が執政する院政は、11世紀の終わり頃、白河上皇が始めた。

院政の進展

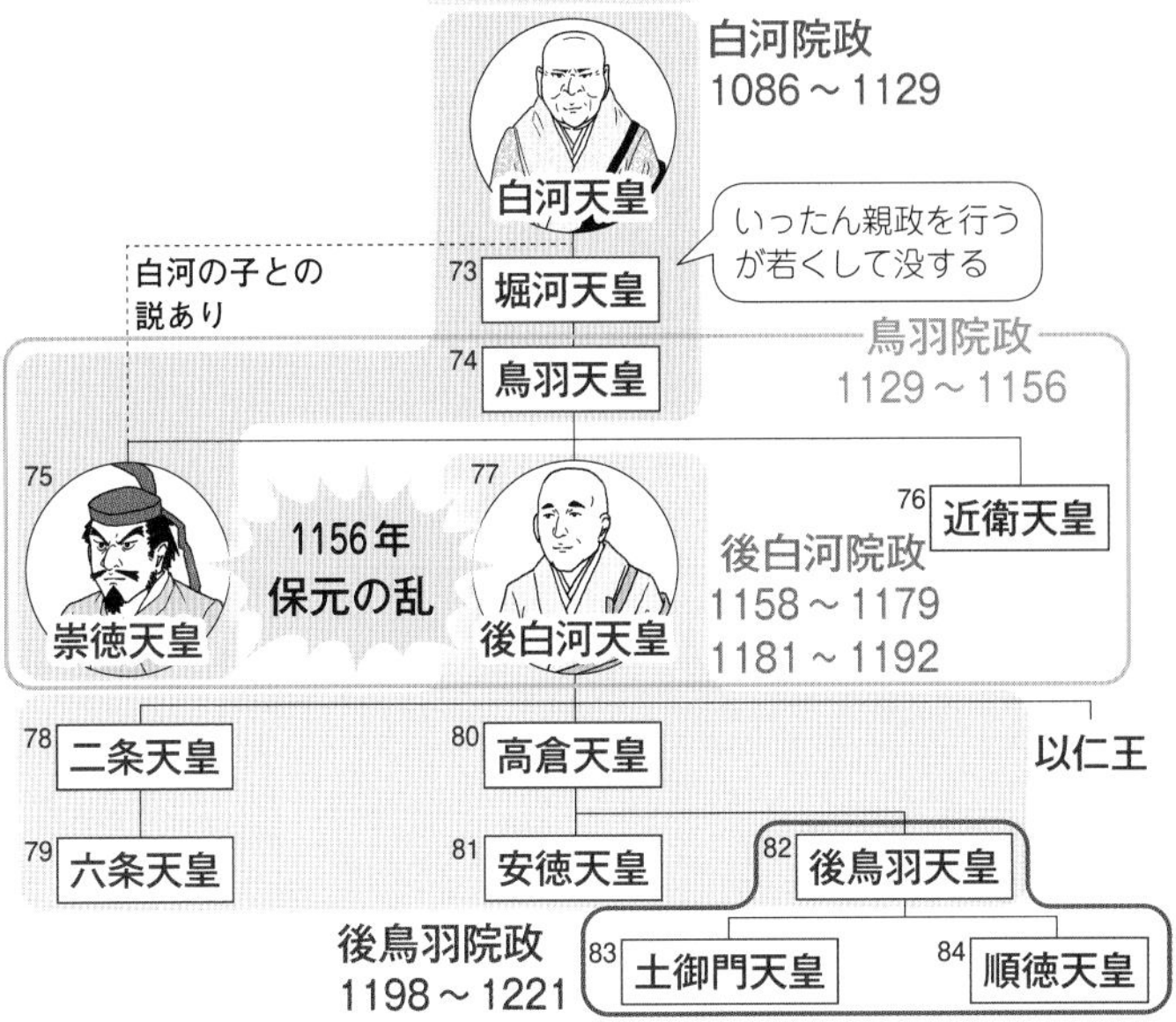

▲白河上皇は寵愛する女性を養女にしたうえで、鳥羽天皇の中宮にした。鳥羽天皇は、息子の崇徳天皇が本当は白河天皇の子なのではないかと疑っていたという。

側近につけて、院の権力を強化した。そして1107年に堀河天皇が若くして没すると、白河上皇は幼い孫の**鳥羽《とば》天皇**を即位させ、院政を本格化させる。

もともと院政は、自分の子孫に皇位を継承させて後見していくというところから始まったものだが、上皇は法にとらわれず専制的な権力を用いることができるようになり、摂関家の勢力を抑えることに成功した。白河上皇は出家して**法皇《ほうおう》**にもなった。

1129年に白河法皇が没すると、すでに**崇徳《すとく》天皇**に譲位していた鳥羽上皇も院政を始めた。

保元の乱と平治の乱

天皇と上皇の権力争いに武士がからむ

1155年 後白河天皇即位
1156年 保元の乱
1159年 平治の乱

● 保元の乱

1156年、長期の院政の末に鳥羽法皇（出家していた）が没すると、不遇だった**崇徳**《すとく》**上皇**が実権掌握を狙い、鳥羽法皇の後継者**後白**《ごしら》**河**《かわ》**天皇**（崇徳上皇の弟でもある）と対決する。**保元**《ほうげん》**の乱**である。

両者は戦いのために武士を集めた。崇徳上皇が集めたのは**平忠正**《ただまさ》や**源為義**《ためよし》ら、後白河天皇が集めたのは**平清盛**《きよもり》や**源義朝**《よしとも》らだった。

結果は天皇側の圧勝。崇徳上皇は讃岐《さぬき》（現在の香川県）に配流され、その地で没した。

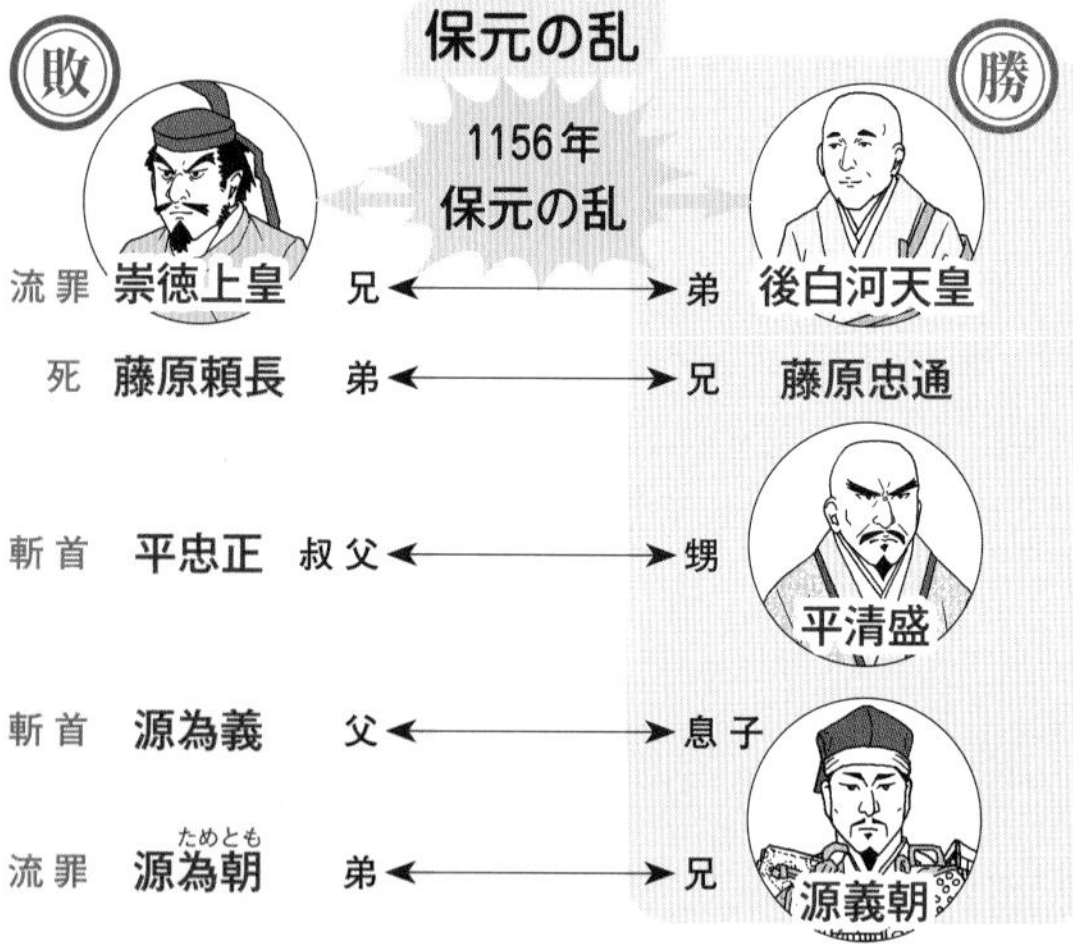

▲戦いに敗れて流罪となった崇徳上皇は、詫びの手紙と写経を送り返されて憤死。以後、人々は崇徳上皇の祟りを恐れた。

Point 12世紀半ば、保元の乱で平氏と源氏が台頭し、平治の乱で平清盛が覇権を握る。

▲平治の乱に勝利した平清盛は、絶大な権力を握ることになる。

平治の乱

後白河天皇は1158年、息子**二条天皇**《にじょう》に譲位して院政を開始するが、臣下の間では対立が生まれた。源義朝は藤原信頼《のぶより》と手を組み、かつてともに戦った平清盛らを倒すべく挙兵する。1159年、**平治の乱**である。しかし、信頼も義朝も清盛に敗れ、命を落とした。

義朝の息子**源頼朝**《よりとも》は清盛に捕らえられ、伊豆に流される。また、頼朝の弟でまだ赤ん坊だった**源義経**《よしつね》は、母の常盤御前《ときわごぜん》が清盛のもとへ行くことと引き換えに、命を助けられて京都の鞍馬山《くらま》に預けられた。彼らは清盛の死後、平氏を滅ぼすことになる。

ともあれ、保元の乱と平治の乱は、武士の実力を世に知らしめ、「武家《ぶけ》の棟梁《とうりょう》」（武士の一族のリーダー）としての平清盛の権力を高めることになった。

平清盛の平氏政権

武士の手に委ねられた政治

1167年	平清盛が太政大臣に
1179年	平清盛が院政を停止
1180年	安徳天皇即位

武士が政治のトップに

平治の乱で源義朝を討ち、勢いに乗った平清盛は、朝廷内での発言権を強めた。

清盛は1167年に武家初の太政大臣《だいじょうだいじん》（律令官制のトップ）になる。そして翌年、平氏を母にもつ**高倉**《たかくら》**天皇**が即位すると、娘の徳子《とくし》を入内させた。徳子はのちに**建礼門院**《けんれいもんいん》と呼ばれる。

武士が政治のトップに就いたのは史上初めてのことだった。平氏の勢いはとどまるところを知らず、「平家にあらずんば人にあらず」とまでいわれた。清盛は一族の者を次々と政治の要職に就かせていったが、旧勢力の強い反感も買っていた。

武士の公家化

平氏は貿易にも力を注いだ。現在の神戸港である**大輪田泊**《おおわだのとまり》を港として整備し、当時中国の南半分を支配していた**南宋**《なんそう》王朝と貿易を行った（**日宋貿易**《にっそうぼうえき》）。特に宋銭《そうせん》は、貨幣経済の発展に貢献することになった。

しかし、平氏政権は外戚として権勢を誇り、また経済的基盤として多くの荘園を所有するな

Point 平清盛は12世紀後半、武士でありながら政治のトップに立った。

平清盛の日宋貿易

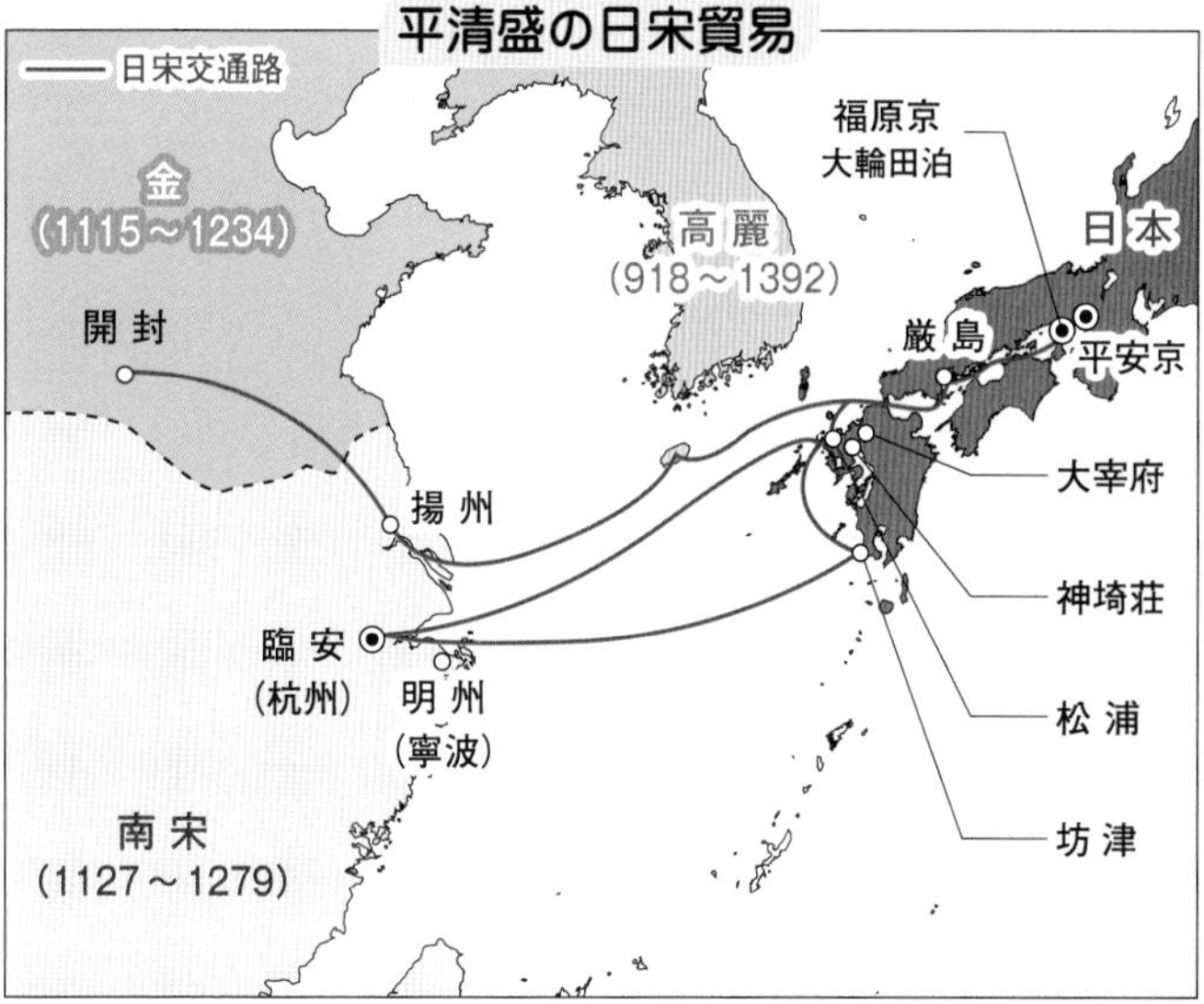

▲もともと宋船は北九州までしか来ていなかったが、これを畿内まで来させるため、平清盛は大輪田泊などの港を整備し、海上交通を守る厳島神社を造営した。

ど、摂関政治と似た面も色濃く残していた。「貴族化」した平氏の武力は弱まり、やがて源氏の追撃を許すことになる。

平清盛は安芸《あき》（現在の広島県）の**厳島《いつくしま》神社**を信仰し、多くの支援を行った。豪華な神社は、平氏の栄華と貴族性を強く表している。

1179年、清盛は院政を停止。後白河法皇を幽閉し、高倉天皇と徳子との間に生まれた孫の**安徳《あんとく》天皇**を1180年に即位させる。しかし、この専制政治は、地方の武士団、貴族や大寺院などの不満を一気に増幅させた。この流れを読んだ皇族や源氏は、打倒平氏の狼煙《のろし》を上げる。

源平合戦のドラマ

驕る平家は久しからず

1180年	平氏打倒の令旨
1181年	平清盛没
1185年	平氏滅亡

平氏は都を追われる

1180年、隠棲《いんせい》していた後白河法皇の皇子以仁王《もちひとおう》が、**平氏打倒の令旨《りょうじ》**を出す。源平合戦の始まりである。平清盛は翌年世を去った。

伊豆に流されていた**源頼朝**は、妻の実家の北《ほう》条《じょう》氏の力を借りて平氏軍に挑んでいった。一方、木曽《きそ》（現在の長野県）にいた**源義仲《よしなか》**は1183年、倶利伽羅峠《くりからとうげ》の戦いで平氏軍を撃破し、京都に攻め込んだ。平氏は都を捨てて逃げていったが、田舎育ちの義仲を後白河法皇は嫌い、のちに**源義経**にこれを討たせる（**宇治川《うじがわ》の戦い**）。

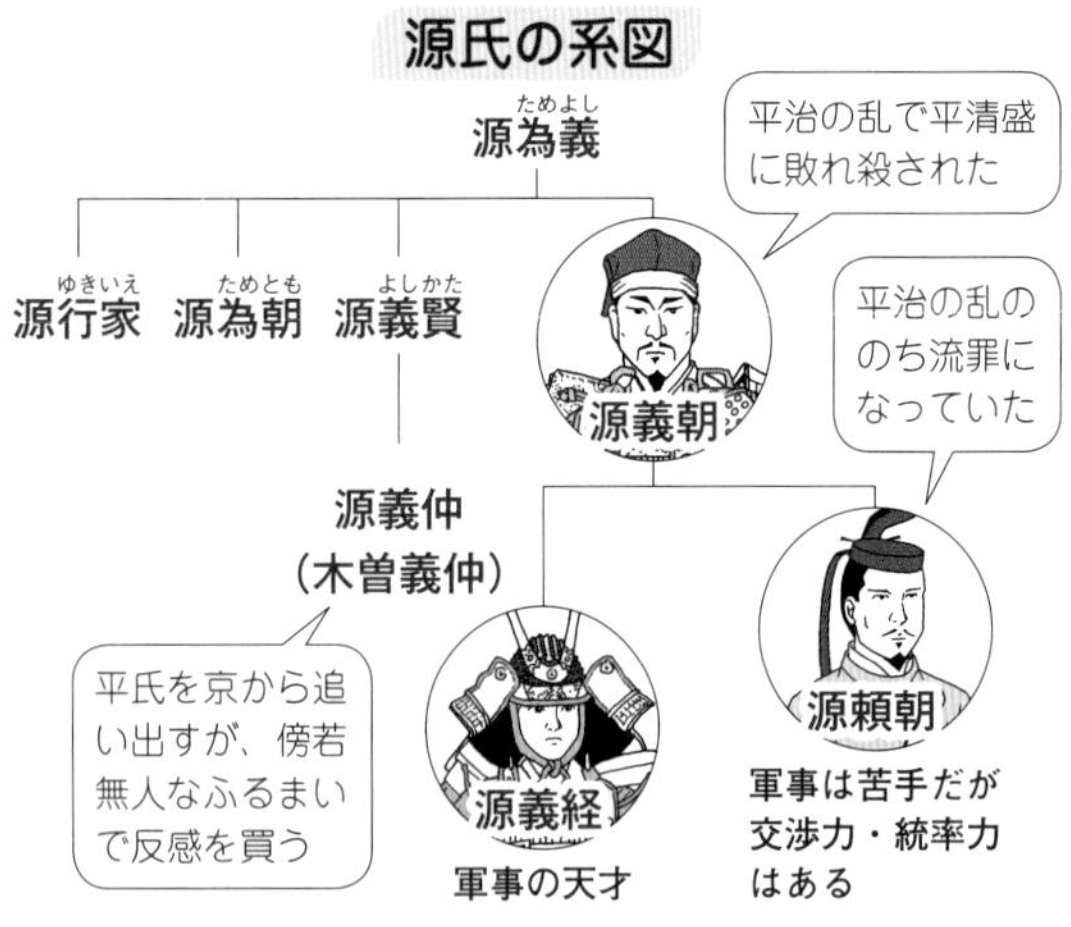

▲以仁王による平氏打倒の令旨に応じた源義仲や源頼朝、源義経であったが、のちに義仲は義経に、義経は頼朝に討たれる。

Point 源平の戦いは全国的な争乱となったが、最終的に源頼朝が勝利し、平氏を滅ぼした。

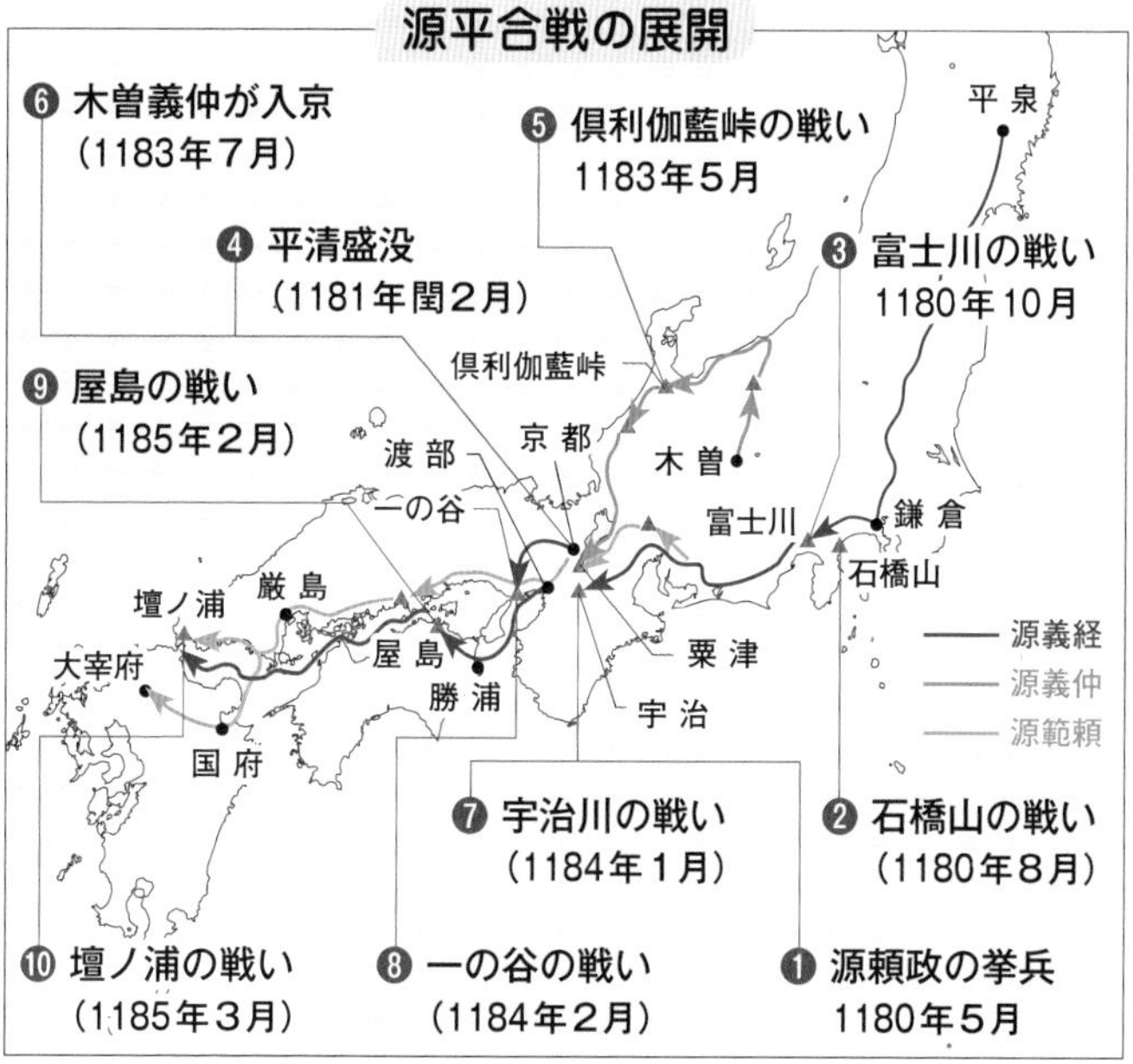

▲都落ちした平氏は西に逃げたが、源義経らに敗れつづけ、1185年の壇ノ浦の戦いで滅亡した。1180～1185年の戦乱は、「治承《じしょう》・寿永《じゅえい》の乱」ともいう。

壇ノ浦の海の藻屑に

その後、義経をリーダーとした源氏軍は、**一《いち》の谷《たに》の戦い**や**屋島《やしま》の戦い**で平氏の軍を次々に破っていく。追い詰められた平氏は現在の山口県下関市まで逃げ、**壇ノ浦《だんのうら》の戦い**に打って出た。

海戦の得意な平氏軍だったが、潮の流れが変わったことと、舟のこぎ手を射られたことで、大敗に終わった。平氏に擁立された幼い**安徳天皇**も、祖母に抱かれて入水《じゅすい》する。1185年、平氏はここに滅亡したのだった。

文化のページ02

天平文化

奈良時代の文化は、聖武天皇の時代の元号にちなんで**天平文化**《てんぴょう》と呼ばれている。天平文化の最大の特徴は、仏教の影響を色濃く受けていることである。建築では**東大寺**が名高く、宝物を収めておく**正倉院**《しょうそういん》も有名だ。

歌集の『**万葉集**《まんようしゅう》』は4500首の歌が収められている。万葉集には天皇・皇族だけでなく僧侶や一般民衆の歌も採られている。農民の苦しみを歌ったものなども収められている。

歴史書は712年に『**古事記**』、720年に『**日本書紀**』が作られた。『古事記』は稗田阿礼《ひえだのあれ》という暗記の天才が記憶していた日本の歴史を太安万侶《おおのやすまろ》が編纂したもので、歴代の天皇とそのエピソードが記された記録である。『日本書紀』は天武天皇の息子の舎人親王が編纂した。

地誌の本としては**風土記**《ふどき》がある。地方ごとに文化や特産品、神話などが書かれたものだが、現在まで完全な形で残っているのは出雲《いずも》の風土記のみである。

奈良時代の仏教文化に貢献した人物として、唐の僧**鑑真**《がんじん》がいる。彼は仏の教えを説くために日本渡航を試みて、何度も失敗する。とうとう失明してしまうのだが、それでもあきらめず、753年、ついに鹿児島にたどり着く。都に招かれた鑑真は、仏教や薬草の知識などを伝えた。10年後日本で亡くなるが、その姿は弟子の作った鑑真像として**唐招提寺**《とうしょうだいじ》に残されている。

文化のページ03

国風文化

平安初期における中国の文化的影響は大きく、書や絵も**唐様**《からよう》・**唐絵**《からえ》が尊《とうと》ばれた。しかし唐国内の混乱を理由に894年に遣唐使が廃止されると（53ページ参照）、中国から新しい文化を採り入れることができなくなり、日本独自の文化が発展した。これを**国風**《こくふう》**文化**という。

ここで生まれて広く使われるようになったのが、**ひらがな**と**カタカナ**である。ひらがなは漢字を崩したものであり、カタカナは漢字の一部を用いて作られたものだ。かな文字の発達によって、日本人の感情や感覚が日本語で生き生きと表現できるようになり、『**土佐日記**』や『**蜻蛉日記**《かげろう》』などの日記文学、『**竹取物語**』のような物語、清少納言『**枕草子**』などの随筆や紫式部『**源氏物語**』のような小説も多く書かれるようになった。これらの文学の担い手の多くは、学識ある下級貴族の女性たちだった。

さらに最初の**勅撰**《ちょくせん》**和歌集**（天皇などの命令で編纂された和歌集）である『**古今**《こきん》**和歌集**』が編纂された。書は**和様**《わよう》が流行し、絵においても日本の風物を題材とした**大和絵**《やまとえ》が描かれた。

建築においては、**寝殿造**《しんでんづくり》と呼ばれる様式が、貴族たちの屋敷に使われていた。池を中心とする庭園を建物が取り囲み、その建物と建物を回廊で結ぶようになっているものだった。**平等院**《びょうどういん》**鳳凰堂**《ほうおうどう》や、奥州《おうしゅう》藤原氏の建てた**中尊寺**《ちゅうそんじ》**金色堂**《こんじきどう》なども有名な建築である。

文化のページ04

浄土信仰

平安時代の仏教では、**最澄**の開いた**天台宗**《てんだいしゅう》と**空海**の開いた**真言宗**《しんごんしゅう》が二大勢力となり（50ページ参照）、祈禱《きとう》によって現世利益《げんぜりやく》を求める貴族たちに強く支持されていた。一方、怨霊《おんりょう》や厄神《やくじん》を祀ることで災難から逃れようと、盛んに**御霊**《ごりょう》**会**《え》が行われるようになっていた。

さらに平安時代の半ばをすぎると、「釈迦《しゃか》が入滅《にゅうめつ》してから2000年を経過すると、正しい釈迦の教えが伝わらなくなる」という**末法**《まっぽう》**思想**が流行し、ちょうどその頃「末法」の世になると信じられていた。

末法の世における死後の救済が求められた結果、阿弥陀仏《あみだぶつ》を心に思い浮かべる「観想念仏《かんそうねんぶつ》」を重視する**浄土教**《じょうどきょう》が広がりはじめた。

浄土教によると、阿弥陀仏は遠い昔、「私がもし、悟りを開いて仏になれるとしたら、そのときは私を信じる者はみな、極楽浄土に行けるようにしてあげましょう」という約束をした。浄土思想に惹《ひ》かれた人々は、臨終《りんじゅう》の際の念仏によって極楽浄土に行けるようにと願うようになり、めでたく往生《おうじょう》を遂げたとされる人々の伝記**往生伝**《おうじょうでん》が流行した。

貴族たちは、自分たちの信仰を認めてもらうために、**阿弥陀堂**《あみだどう》を建てることに汲々《きゅうきゅう》とするようになる。藤原頼通（57ページ参照）によって開かれた**平等院鳳凰堂**も、じつはそういった経緯で建てられた阿弥陀堂のひとつだ。

第3章

表舞台に立った武士たち

鎌倉～室町時代

鎌倉幕府の成立

地方政権としての出発

源頼朝の動向

源頼朝は、平氏との戦いのさなかから、鎌倉に臨時の地方政権を樹立していった。そして平氏が滅亡した１１８５年、頼朝は、自身が任命・監督権をもつ武士の責任者**守護《しゅご》**・**地頭《じとう》**を、諸国に設置した。

また頼朝は、源氏の勝利に大きく貢献し、**後白河法皇**にも気に入られている弟の**源義経**をうとましく思うようになり、追討する。義経は奥州平泉（現在の岩手県）まで逃げのびたが、１１８９年に藤原泰衡によって殺害された。

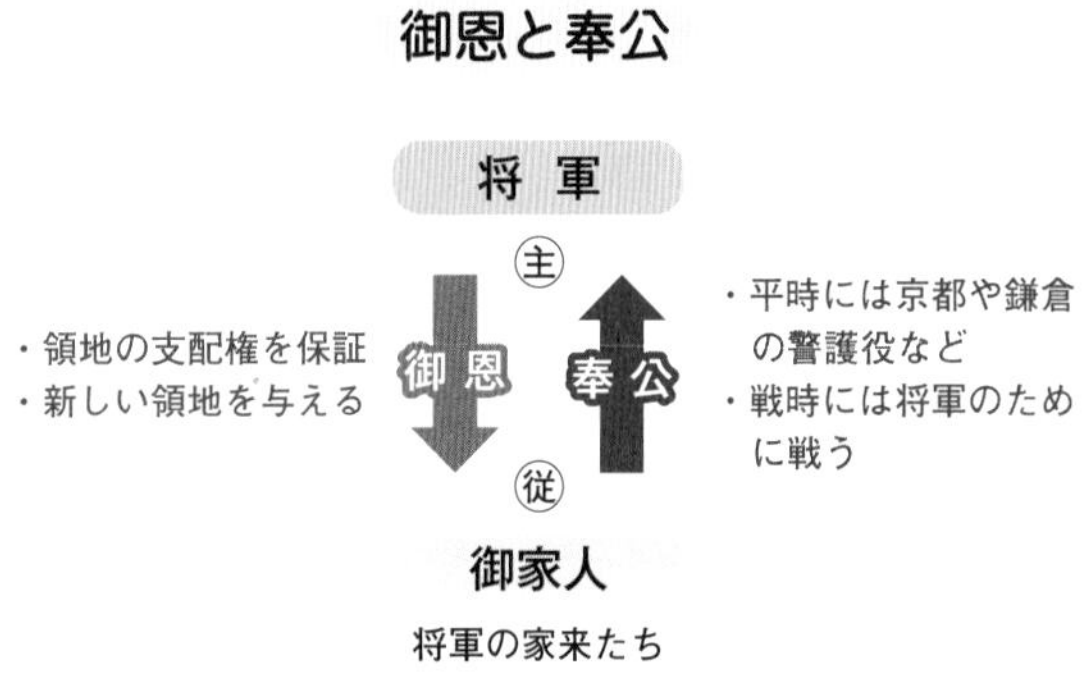

▲鎌倉幕府の将軍・源頼朝と、その家来の御家人たちは、土地を介した御恩と奉公の関係によって結ばれた。このような主従関係にもとづく制度を、「封建制度」という。鎌倉幕府が御家人を守護・地頭に任命することで、日本で初めて封建制度が国家的に成立。しかし当時はまだ朝廷や荘園領主の力も強く、政治も経済も幕府に一元化されてはいなかった。

１１８５年	源頼朝、守護・地頭の任免権獲得
１１８９年	源義経没
１１９２年	頼朝が征夷大将軍に

Point 源頼朝は、武士の権益の代表者として、封建制度にもとづく武士政権である幕府をひらいた。

鎌倉幕府の構造（初期）

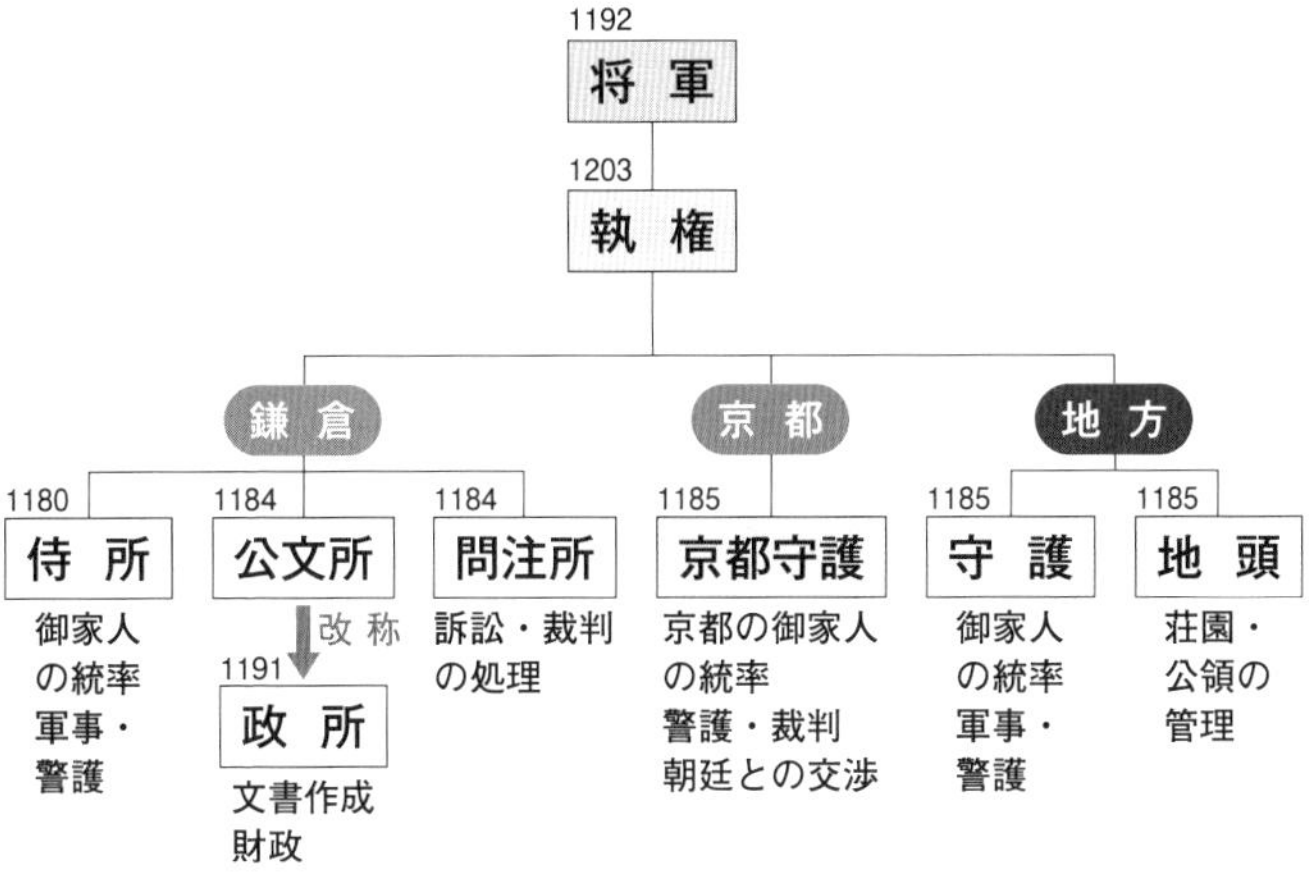

▲源頼朝は1180年に平氏打倒のために挙兵した直後から、鎌倉を中心に支配体制を確立していき、平氏滅亡後は守護や地頭を広く設置して、鎌倉幕府の仕組みを作った。ちなみに「幕府」とはもともと、将軍の陣営を指す言葉だ。

鎌倉幕府は段階的に成立

1192年、後白河法皇の死後に、頼朝は**征夷大将軍**（51ページ参照）となる。征夷大将軍には朝廷から、戦地における臨時の決定権が与えられるが、これによって武士たちを統率しようと図ったのである。守護・地頭の設置から段階を踏んで、**鎌倉幕府**は成立していった。

頼朝は家来の**御家人**《ごけにん》たちとの間に、**御**《ご》**恩**《おん》と**奉公**《ほうこう》の関係を維持しようとした（70ページの図参照）。そのような主従関係にもとづく制度を、**封建**《ほうけん》**制度**という。

この鎌倉幕府の成立によって、朝廷と幕府の二重権力状態が発生した。

源氏から北条氏へ 執権政治

将軍の位はただの飾りものに

1199年	源頼朝没
1203年	源頼家が幽閉される
1219年	源実朝が暗殺される

北条氏の台頭

1199年に初代将軍源頼朝が死亡すると、それまで彼を支えていた御家人たちは、政治の主導権を求めはじめた。頼朝の長男**源頼家**《よりいえ》が将軍職を引き継いだが、幕府の高官たちは頼家の権限を制限し、御家人の代表による合議制を導入した（**十三人の合議制**）。

中でも顕著に台頭してきたのは、頼朝の妻**北**《ほう》**条政子**《じょうまさこ》の父で、頼家にとっては外祖父にあたる**北条時政**《ときまさ》だった。

彼は1203年、頼家の妻の実家である比企《ひき》氏を滅ぼすと、頼家の息子**一幡**《いちまん》も殺害。頼家自身は伊豆の修禅寺《しゅぜんじ》に幽閉してしまった（のちに暗殺）。

時政は頼家の弟**源実朝**《さねとも》を3代将軍に擁立し、**執権**《しっけん》の地位に就く。執権職は、時政の子**北条義**《よし》**時**《とき》に受け継がれ、義時はその地位を確固たるものにした。以後、執権は北条氏に世襲される。

実朝暗殺と摂家将軍

歌人として名高い3代将軍実朝は、政治や権力争いに興味のない人物だったとされてきたが、

Point 鎌倉幕府の実権は、源氏の将軍から、執権を世襲する北条氏へと移行した。

源氏と北条氏

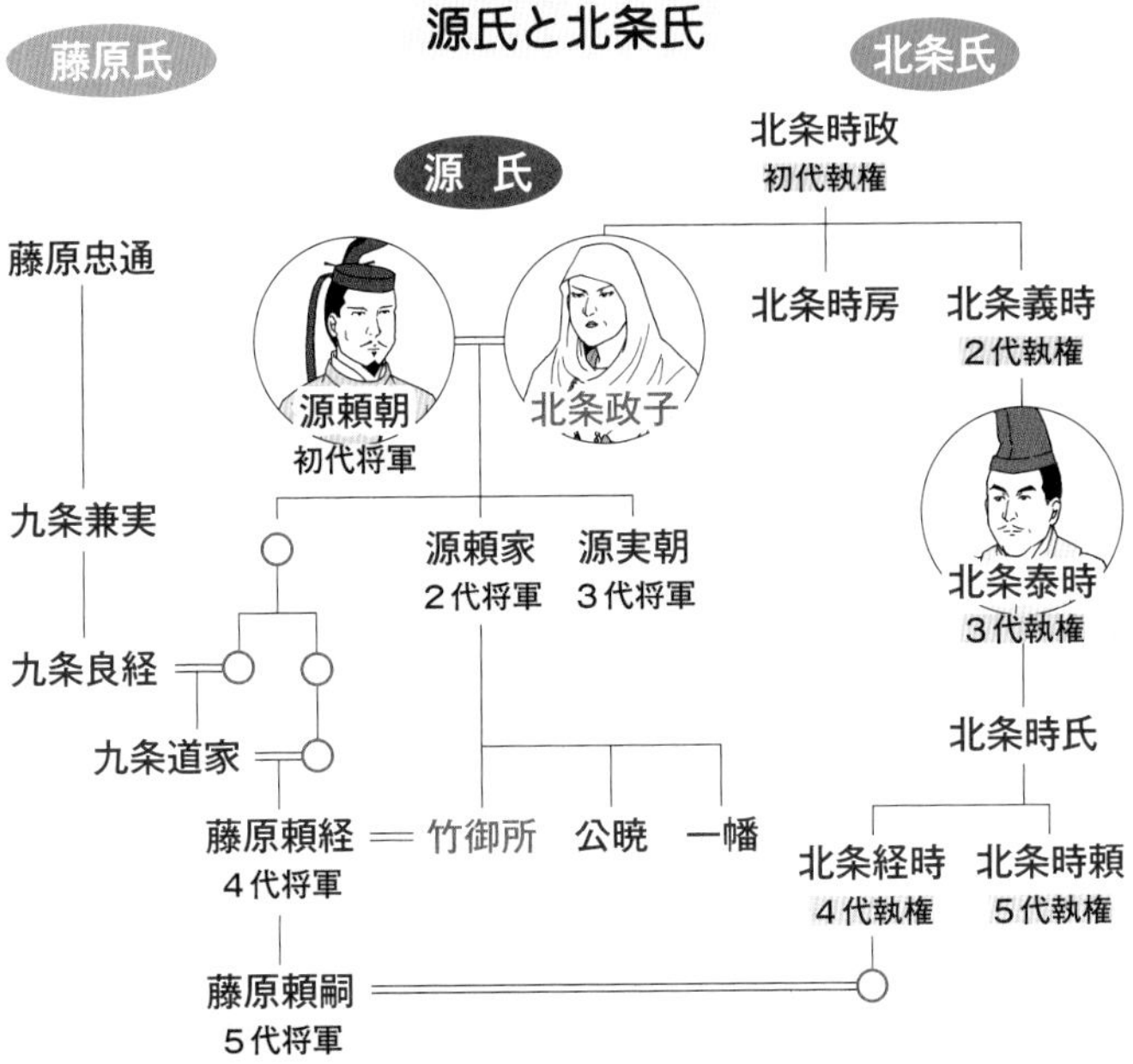

▲源氏の直系の将軍は3代で絶え、4～5代は藤原摂関家（九条家）出身の将軍（摂家《せっけ》将軍）が、そして6代目以降は天皇家出身の将軍（皇族将軍）が、傀儡《かいらい》として置かれることになる。

実際は熱心に政治に取り組んでいたことが、近年の研究でわかっている。

しかし1219年、実朝は鶴岡八幡宮《つるがおかはちまんぐう》で、頼家の息子**公《く》暁《ぎょう》**（実朝にとっては甥にあたる）に暗殺される。ここに、源頼朝直系の将軍は3代で途絶えることになった。

北条氏は新将軍を選出しなければならなかった。皇族から将軍を招いてこようとするが、**後鳥羽《ごとば》上皇**に拒絶され、結局、頼朝の遠縁にあたる藤原氏九条《くじょう》家の幼い**藤原頼経《よりつね》**を、4代将軍として呼んできた。

北条義時と承久の乱

幕府が朝廷に対して優位に立つ

1198年 後鳥羽院政開始
1219年 源実朝が暗殺される
1221年 承久の乱

後鳥羽上皇の目論見

京都の朝廷では、1198年から、**後鳥羽上皇**による院政が行われていた。自身に権力を集中させた上皇は、幕府に拮抗《きっこう》すべく、朝廷の経済基盤を強化し、軍事力を高めていた。また上皇は、鎌倉幕府に干渉する意図をもってのことか、幕府の3代将軍**源実朝**を特別に厚遇した。

しかし、1219年に実朝は暗殺される。そののち、「皇族から次代の将軍を招けないか」という**北条義時**の相談を却下した上皇は、この混乱に乗じて幕府を倒そうと、1221年に北条義時追討の院宣《いんぜん》（上皇の命令を伝える文書）を発した。しかし、諸国の武士たちは上皇のもとには集まらず、北条氏の鎌倉幕府側についた。「尼将軍」と呼ばれる**北条政子**が、今は亡き初代将軍源頼朝（政子の夫）の恩を説く演説を行い、御家人たちを説得したのだという逸話が伝えられている。

朝廷は幕府の監視下に

幕府軍は朝廷軍を打ち破り、京都を占拠した。この一連の事件を**承久《じょうきゅう》の乱**という。

Point 後鳥羽上皇が北条氏を討とうとした承久の乱の結果、勝利した北条氏が幕府の優位をもたらした。

13世紀前半の天皇家と承久の乱

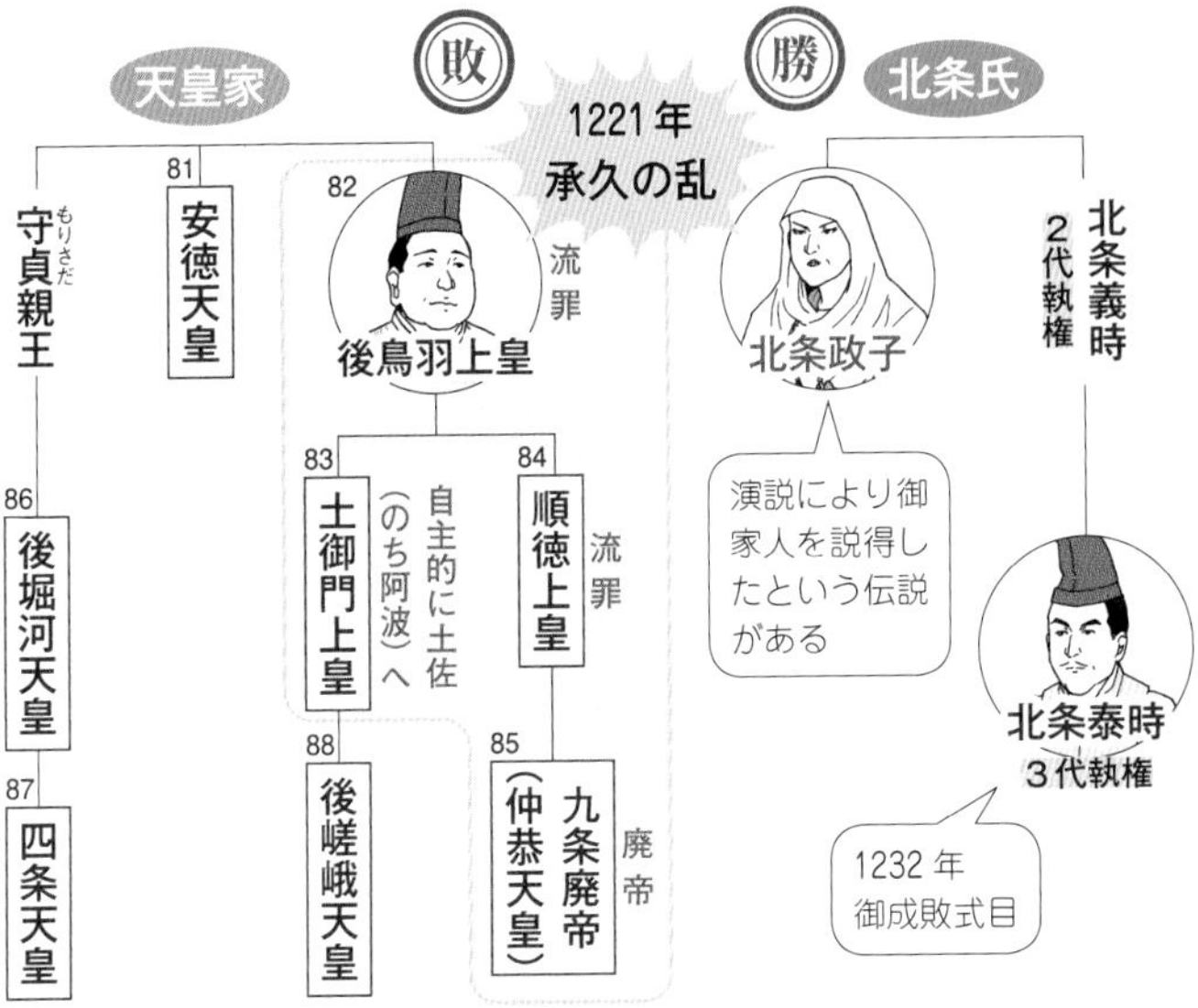

▲承久の乱での勝利によって、北条氏の牛耳る鎌倉幕府は、朝廷に対して優位な立場に立った。

後鳥羽上皇は隠岐《おき》へ、**順徳《じゅんとく》上皇**は佐渡へ配流された。義時追討に反対していた**土御門《つちみかど》上皇**は許されるが、自ら土佐へと流れた。

幕府は京都の監視の必要に迫られ、**六波羅探題《ろくはらたんだい》**という監視所を設置する。朝廷ではその後も院政が行われたが、幕府の監視下だった。それまでは朝廷と幕府の二元政治だったのが大きく変わり、幕府が優位に立っていった。幕府は、朝廷政治や皇位継承にも干渉するようになっていく。朝廷の人事に幕府が干渉するのは前代未聞のことといえた。関東の地方臨時政権だった幕府が、中央政権の重要な部分を担うことになったのである。

北条泰時と御成敗式目

武士による武士のための法律

1224年　北条泰時が執権に
1232年　御成敗式目の制定
1242年　泰時没

安泰の時代の3代執権

承久の乱ののち、3代目の執権**北条泰時**《やすとき》の時代は、北条氏にとって安泰の時期だった。

最大の後ろ盾だった**北条政子**の死後、泰時は、執権の補佐役となる**連署**《れんしょ》を作り、北条氏の中でも有力者をここにあてた。

また、**評定衆**《ひょうじょうしゅう》を11〜15名ほど選んだ。合議制で政治を行う非常に重要な役職で、有力御家人から選ばれたが、次第に北条氏が多く任命されるようになる。

そして、泰時の最大の功績は、**御成敗式目**《ごせいばいしきもく》の制定である。これは武士の作った武士のための法律で、江戸時代まで手本となった。

1232年に制定された御成敗式目は、51か条からなり、道理といわれた武士社会の慣習・道徳にもとづくものだった。

守護・地頭の任務と権限が定められ、御家人同士や御家人と荘園領主との間の紛争を公平に裁く基準が作られた。

これが**武家法**《ぶけほう》の始まりで、適用は武家社会に限られた。当時、朝廷には**公家法**《くげほう》が、荘園領主には**本所法**《ほんじょほう》があったが、幕府の勢力拡大とともに武家法が支持を広げ、公家法や本所法の支配する土地にまで影響を与えていった。

Point 北条泰時が1232年に制定した御成敗式目の影響は、武士のみならず公家や寺社、一般の人々にも及んだ。

鎌倉幕府の構造（中期）

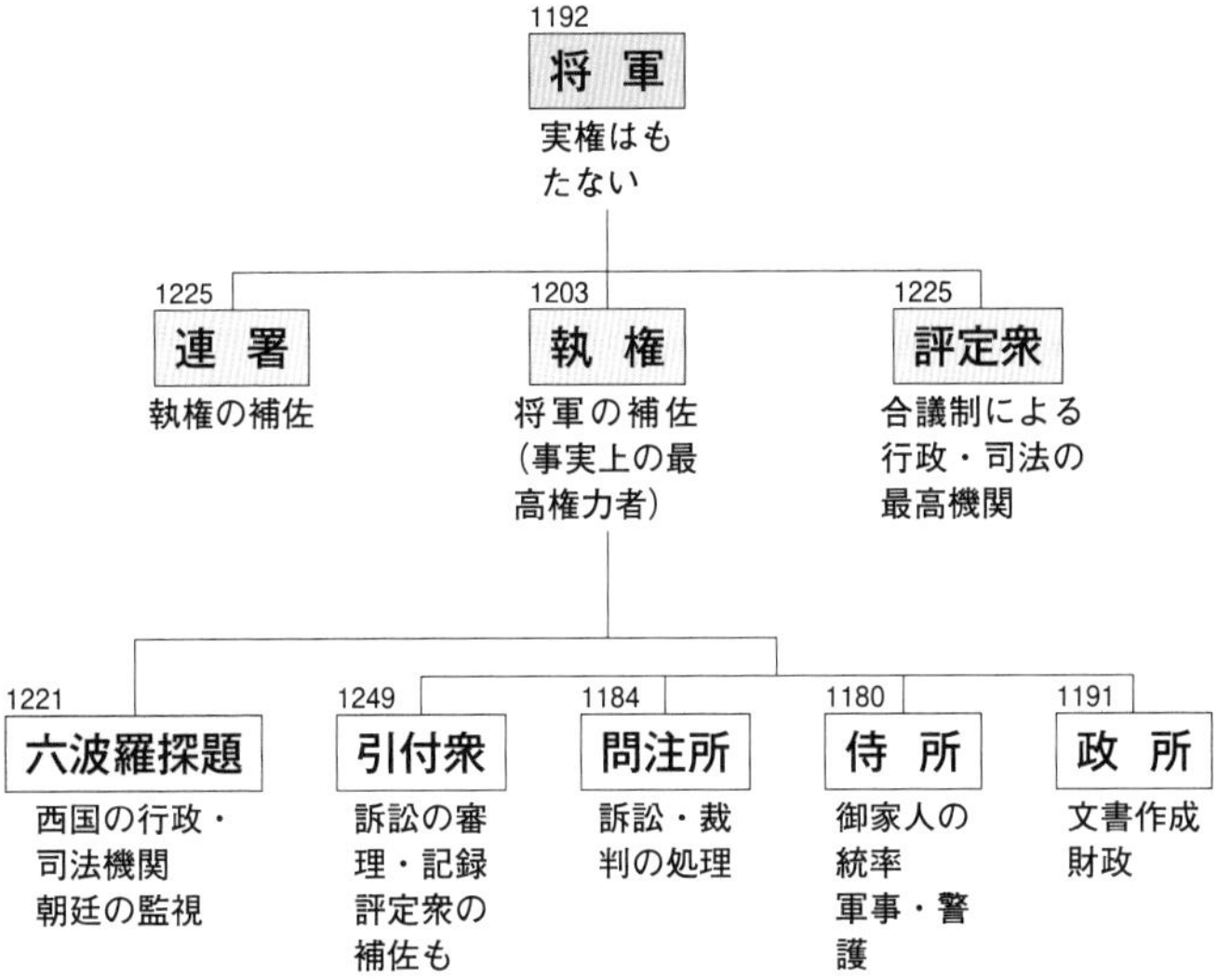

▲３代執権の北条泰時から、５代執権の北条時頼にかけて、幕府は発展しつづけ、北条氏独裁の性格を強めていった。

惣領制が幕府を支える

この時代の武士は、先祖伝来の土地から、領地を拡大することをめざした。地頭となった武士は管理者として、農民から年貢を徴収して荘園領主たちに納めた。彼らは一族の子弟と子女に領地を分け与え、血縁関係の強化と統制をはかった。一門は本家と分家の関係となり、本家の**惣《そう》領《りょう》**を中心に一致団結。戦時には一門が結束して戦いに臨み、平時でも、祭祀などは惣領を中心に執り行われた。この**惣領制**は、鎌倉幕府の体制の基盤となった。

2度の蒙古襲来
「神風」は本当に吹いたのか？

1271年　フビライが国名を元に
1274年　文永の役
1281年　弘安の役

文永の役

13世紀初頭、中国大陸のモンゴル高原に現れた**チンギス・ハーン**は、広大な土地を征服し、**モンゴル帝国**を形成した。その孫の**フビライ・ハーン**は1271年、中国に**元**《げん》王朝を建てる。

1268年から、フビライは日本に国書を送り、朝貢を求めてきた。幕府が再三これを黙殺すると、1274年、フビライの命を受けた軍隊が日本に進攻してくる。これを**文永**《ぶんえい》**の役**《えき》という。ときの執権は、まだ年若い**北条時宗**《ときむね》であった。

やってきたのは、2万の元軍と1万の高麗軍の連合軍であった。対馬に上陸して壱岐などを襲い、博多湾に侵入。幕府は九州地方の御家人を結集し、防衛に当たった。

俗に、苦戦する幕府軍を台風が救ったといわれ、「神風《かみかぜ》」などと呼ばれているが、現在の研究ではこれに疑問も呈されている。

元軍は速攻をかけて電撃的に幕府軍を撃破するつもりだったところ、意外に粘られ、そこに冬の海の嵐が吹いたので、まだ戻れるうちに撤退したというのだ。

ともかく幕府軍は勝利する。しかし、これであきらめるフビライではなかった。

Point 鎌倉幕府は２度の元軍の侵攻（元寇）を撃退したものの、戦争の負担は、封建制度の原則維持を困難にした。

弘安の役

１２８１年、元軍は再び日本に侵攻してくる。これを**弘安《こうあん》の役**という。日本の武士たちは十分に備えたうえで迎え撃った。

このときも台風が吹き荒れて元の船団を襲ったといわれているが、近年の研究によれば、これは偶然や奇跡などではない。日本側が元の大軍を上陸させずに1か月もくい止めているうちに、台風シーズンに入ったのだという。今回も日本が勝利した。

しかし、この2度の防衛戦を自費で戦ってくれた御家人たちに、幕府は褒美を与えることができなかった。防衛のための戦いで、分配すべき新領地がなかったからである。その後の防衛のための設備強化の費用もかさみ、幕府も困窮していった。

▼《蒙古襲来絵詞》（部分）。（画像提供：宮内庁　三の丸尚蔵館）

1297年～1333年

鎌倉幕府の滅亡

天皇は「悪党」をも味方につけた

1297年　永仁の徳政令
1317年　文保の和談
1333年　鎌倉幕府滅亡

最悪の徳政令

元軍の侵入（**元寇**《げんこう》、**蒙古襲来**《もうこしゅうらい》）ののち、北条時宗は若くして没する。新たに執権となった時宗の子**北条貞時**《さだとき》は、**永仁の徳政令**《えいにんのとくせいれい》を発布する。「御家人がした借金は返さなくてよい」という内容で、いわば借金の棒引きだった。これは一時的な救済となるも、御家人の没落は止まらず、幕府に対する不満もつのっていった。さらに貞時が急逝し、幼い**北条高時**《たかとき》が家督を継ぐが、幕府内の御家人同士の対立も激化していく。

朝廷でも、**後深草天皇**《ごふかくさ》系の**持明院統**《じみょういんとう》と、**亀山**《かめやま》**天皇**系の**大覚寺統**《だいかくじとう》が、皇位や荘園の相続をめぐって争い、収拾がつかない状態だった。幕府はこれに対し、両統から交互に天皇を出す**両統迭立**《てつりつ》を提案をし、採用させた（**文保の和談**《ぶんぽうのわだん》）。

しかし大覚寺統の**後醍醐天皇**《ごだいご》は、この両統迭立に不満を抱き、倒幕を決意。2度倒幕を試みるが、2度とも失敗して隠岐に配流された。

武士たちは倒幕へ

その後、後醍醐天皇の皇子**護良親王**《もりよし》が倒幕に動き出す。このとき親王は、「悪党」と呼ばれ

Point 武家社会の内部対立と天皇家の皇位争いが連動した結果、北条氏専制への不満が爆発し、倒幕へ。

13世紀半ば以降の天皇家

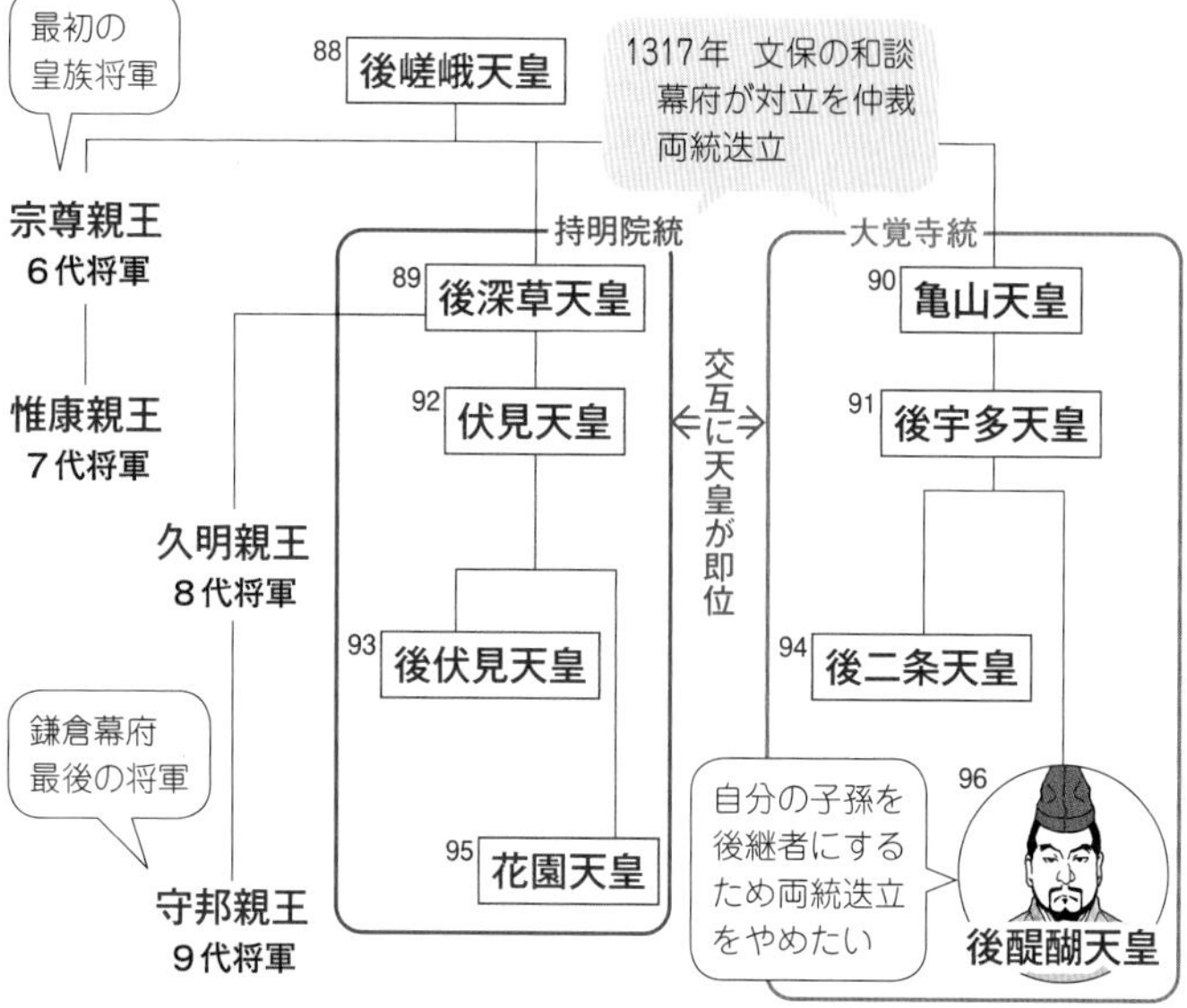

▲大覚寺統の後醍醐天皇は、天皇親政をめざして倒幕の旗を掲げる。1333年に鎌倉幕府は滅亡する。

る豪族の**楠木正成**《くすのきまさしげ》とともに挙兵する。

悪党とは、幕府や荘園領主に屈しない武士集団である。

後醍醐天皇は隠岐を脱出。全国には幕府の北条氏に不満を抱いていた者も多く、彼らは後醍醐天皇のもとに駆けつけた。

幕府は源氏を出自にもつ**足利高氏**《あしかがたかうじ》（のちの**足利尊氏**《たかうじ》）を後醍醐天皇の攻撃に向かわせるが、高氏は寝返って倒幕側となる。これに影響を受け、全国の武士たちは幕府や北条氏を攻撃するようになった。そして**新田義**《にったよし》**貞**《さだ》が大軍を率いて鎌倉に攻め入る。

1333年、北条氏の牛耳る鎌倉幕府は滅亡したのだった。

後醍醐天皇の建武の新政

10世紀の「延喜・天暦の治」を理想とする

1334年 建武の新政開始
1335年 中先代の乱
1336年 建武の新政の瓦解

武士をないがしろに

京都に戻った**後醍醐天皇**は、天皇親政に乗り出すことになる。この後醍醐天皇による政治のことを**建武《けんむ》の新政**と呼ぶ。

後醍醐天皇は、醍醐天皇と村上天皇の天皇親政「**延喜・天暦の治**」(54ページ参照)に憧れ、幕府・院政・摂政・関白のすべてを否定しようとした。そのうえ、鎌倉幕府を倒すために命がけで働いてくれた武士をないがしろにし、「すべての土地所有権には天皇の綸旨《りんじ》を必要とする」という法令を出した。これは、武士の間で不変の法とされていた**御成敗式目**(76ページ参照)を無視するものだった。もともとわがままと私怨《しえん》で政治を奪った後醍醐天皇は、武士の信頼を急激に失っていった。

短命に終わる親政

さて、鎌倉幕府倒幕に貢献した足利高氏は、後醍醐天皇から功績を評価され、**足利尊氏**の名になっていた。彼は密かに、新しい幕府をひらくことを考えていた。

人気の高い尊氏に危機感をおぼえた**護良親王**

Point 後醍醐天皇の親政は、武士の実力を軽視した結果、武士の棟梁と目されていた足利尊氏の離反を招き、瓦解。

建武の新政の政治機構

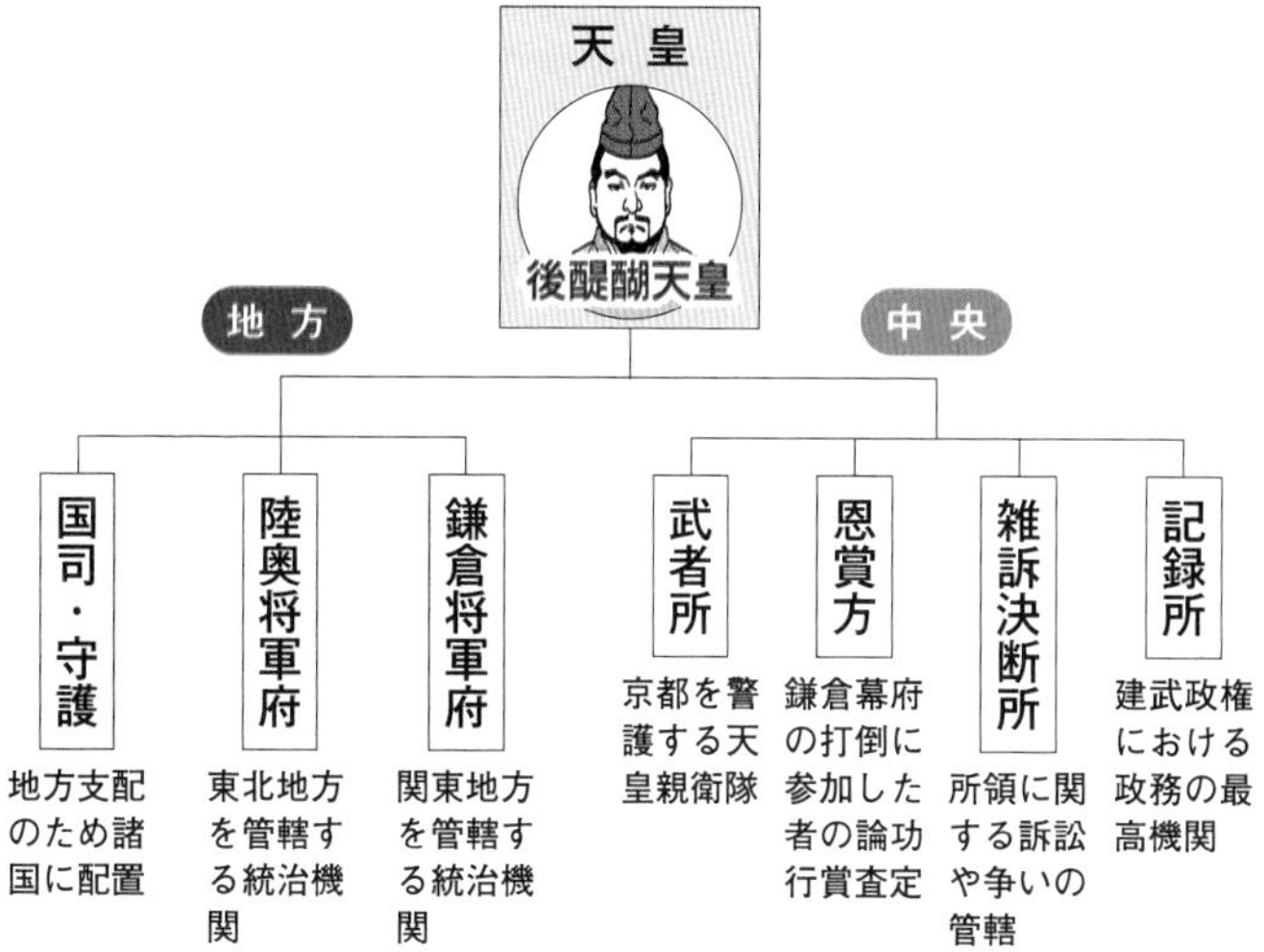

▲後醍醐天皇は、10世紀の醍醐天皇・村上天皇による「延喜・天暦の治」を理想として親政を行うも、短い間しか続かなかった。

は、自分が武士を掌握するため、征夷大将軍に就任する。しかしこれが後醍醐天皇の不興を買い、失脚と死につながるのだった。

1335年、足利尊氏は折から勃発した**中先代《なかせんだい》の乱**の鎮圧のため鎌倉に下り、その地で後醍醐天皇の朝廷に反旗《はんき》を翻《ひるがえ》す。朝廷はこれを討つべく**新田義貞**を派遣するが、尊氏に撃退された。

尊氏は1336年に京都を制圧し、後醍醐天皇を廃して、持明院統の**光《こう》明《みょう》天皇**を即位させる。この天皇から征夷大将軍の任命を受けようというのだった。こうして、建武の新政は崩壊した。

08 室町幕府と南北朝

吉野と京都のふたつの朝廷が争う

1336年　建武式目の発表
1338年　南北朝の動乱が始まる
足利尊氏が征夷大将軍に

室町幕府の始まり

1336年、京都を制圧した足利尊氏は、新しい幕府をひらくにあたって当面の政治の方針を示す、**建武式目**《けんむしきもく》を発表した。また、幕府をどこにひらくかという問題について、議論がなされた。鎌倉という案も上がったが、結局は京都にひらくことに決まる。これが、のちに**室町幕府**と呼ばれることになる幕府の始まりである。

新しい幕府の仕組みがすべて整備されるのはのちのことだが、**管領**《かんれい》と呼ばれる将軍の補佐役ができて、斯波《しば》、細川、畠山《はたけやま》の3氏（**三管領**）が交代で務めることになった。また、足利尊氏は息子**足利基氏**《もとうじ》を**鎌倉公方**《かまくらくぼう》として、**鎌倉府**をひらかせて東国の統治を一任した。その補佐役には**関東管領**《かんれい》を置き、これは上杉氏が世襲した。

各地の守護は力をつけており、必ずしも幕府の命に従うわけではなかった。彼らを**守護大名**《だいみょう》という。また**国人**《こくじん》と呼ばれた地方の武士も自立的権力をもち、守護に従わせるのは難しかった。

南北朝の動乱

さて、後醍醐天皇はというと、足利尊氏の京

Point 1336年に足利尊氏が京都を制圧したのち、吉野と京都の南北朝の動乱が始まった。

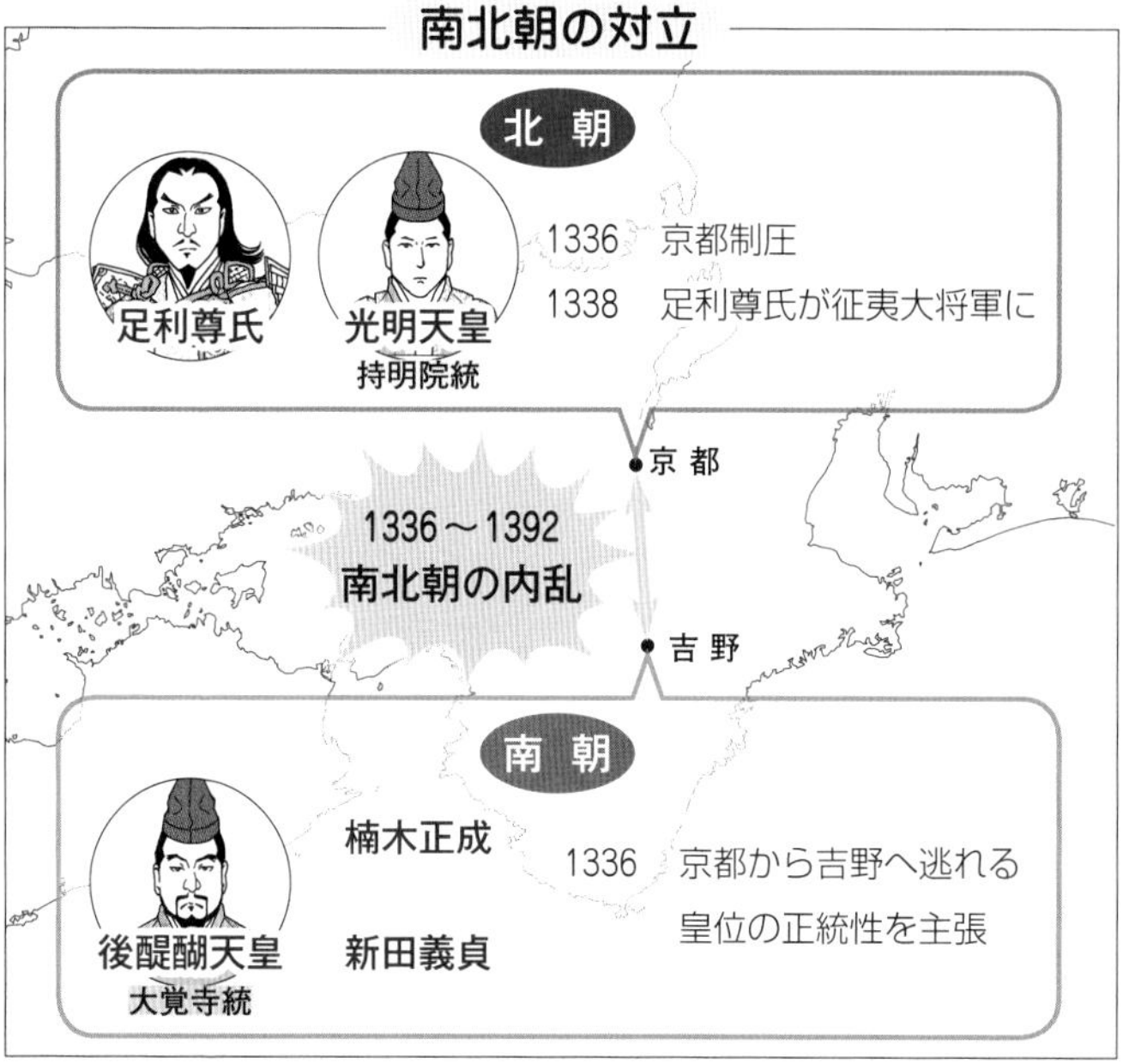

▲南北朝の分裂は60年近く続いた。

都制圧の際、吉野の山中に落ちのびていた。そしてその地から、自分こそ正統な天皇であると主張しはじめるのである。

　こうして、吉野の大覚寺統（後醍醐天皇系）の**南朝《なんちょう》**と、京都の持明院統（光明天皇系）の**北朝《ほくちょう》**という対立が生じ、**南北朝の動乱**が始まるのである。

　足利尊氏は1338年、念願の征夷大将軍に就任するが、南朝を攻め滅ぼすことはできなかった。1350年の**観応《かんのう》の擾乱《じょうらん》**など、同族内の抗争もあり、敵味方は長年にわたって入り乱れた。動乱は全国の武士に波及した。

南北朝合一をなしとげた 足利義満の栄華と野望

1368年 足利義満が将軍に
1392年 南北朝の合一
1408年 義満没

南北朝を合一させる

混沌として紛争が絶えなかった南北朝時代だったが、3代将軍**足利義満《よしみつ》**のときに解決へと向かう。

1392年、義満は南朝と北朝に対し、「天皇は北朝と南朝から交互に出そう」と、かつての「両統迭立」のような提案をする。南朝がこれを受け入れ、**南北朝の合一**が実現した。

ただし、交互に天皇を出すという約束は守られなかった。最初に北朝の**後小松《ごこまつ》天皇**が即位したのち、次の代にはその息子の**称光《しょうこう》天皇**が即位したのであった。

勘合貿易

義満は、京都の室町に**花の御所《ごしょ》**という美しい邸宅を作り、そこで政治を行った。そのため、足利氏が征夷大将軍を務めた幕府は、**室町幕府**と呼ばれるようになった。

室町幕府が最盛期を迎えたのも、義満の時代だった。強大すぎる権力をもった義満は、息子の**足利義嗣《よしつぐ》**を天皇にして、皇室を乗っ取ることを考えていたともいわれている。

Point 足利義満は、南北朝の動乱を終結させ、室町幕府の最盛期を築いた。

足利義満の業績

足利尊氏
初代将軍

1336 京都制圧 ➡ 南北朝の動乱
1338 征夷大将軍に就任

足利義詮
２代将軍

足利義満
３代将軍

1378 京都・室町に「花の御所」を作る
➡「室町幕府」と呼ばれるように
1392 南北朝合一
1394 将軍を辞任、太政大臣に
1395 太政大臣を辞任、出家
（1394・1395）より大きな権力
1401 中国の明王朝に遣使
1402 明から「日本国王」と認められる
1404 勘合貿易を開始

足利義持
４代将軍

▲足利義満は、征夷大将軍だけでなく太政大臣の地位（武士では平清盛以来）も手に入れたが、あえて辞任することで、それらの地位を超越しようとした。

義満は１３９４年に将軍職を辞任し、太政大臣に就任。さらに翌年、その職を辞して出家したが、それでも実権を握りつづけた。

この頃、**倭寇**《わこう》と呼ばれる半海賊の武装した商人団が出没し、朝鮮や中国の沿岸で略奪を行っていた。

中国の**明**《みん》は義満に書簡を送り、倭寇の取り締まりを要求してきた。義満は引き受ける代わりに、**日明**《にちみん》**貿易**を開始する。

ただし、これは朝貢貿易であった。**勘合**《かんごう》という証票を用いたため、**勘合貿易**とも呼ばれる。

義満は**金閣**《きんかく》（鹿苑寺）の建立も行った。この建物は、もとは義満の別荘だった。

恐怖の将軍 足利義教

くじで選ばれた男の強権発揮

１４２９年	足利義教が将軍に
１４３８～１４３９年	永享の乱
１４４１年	嘉吉の乱

くじで選ばれた将軍

政治手腕の高かった義満の後、**足利義持**《よしもち》、**足利義量**《よしかず》と足利家が征夷大将軍を引き継ぐが、病弱な義量は若くして亡くなった。

６代将軍選びは難航し、１４２９年に就任した**足利義教**《よしのり》は、なんと、くじ引きで選ばれた将軍だった。当時のくじは、「神に託す」という意味があり、公平な解決方法として、しばしば採用されていたのだ。彼は将軍になるために、誰にも借りをつくらなかったし、神に選ばれたと周囲を納得させることもできた。

義教の恐怖政治

義教の時代は１４２９年から１４４１年までの12年間だった。その間になし遂げた業績は恐怖政治といわれるものが目立った。

しかし、義満でさえなしえなかった九州の平定に成功する。さらに義教は、停止されていた明との**勘合貿易**を復活させる。同時に幕府直属の軍**奉公衆**《ほうこうしゅう》の強化に力を注いだ。

さらに公家でも寺社でも政治に口出しをする者は、容赦なく処罰した。この時代の**比叡山延**《ひえいざんえん》**暦寺**《りゃくじ》は、**僧兵**《そうへい》という武装した僧が政治に口出し

Point 恐怖政治によって幕権強化をめざした足利義教が暗殺されると、将軍の権威は大きくゆらぐ。

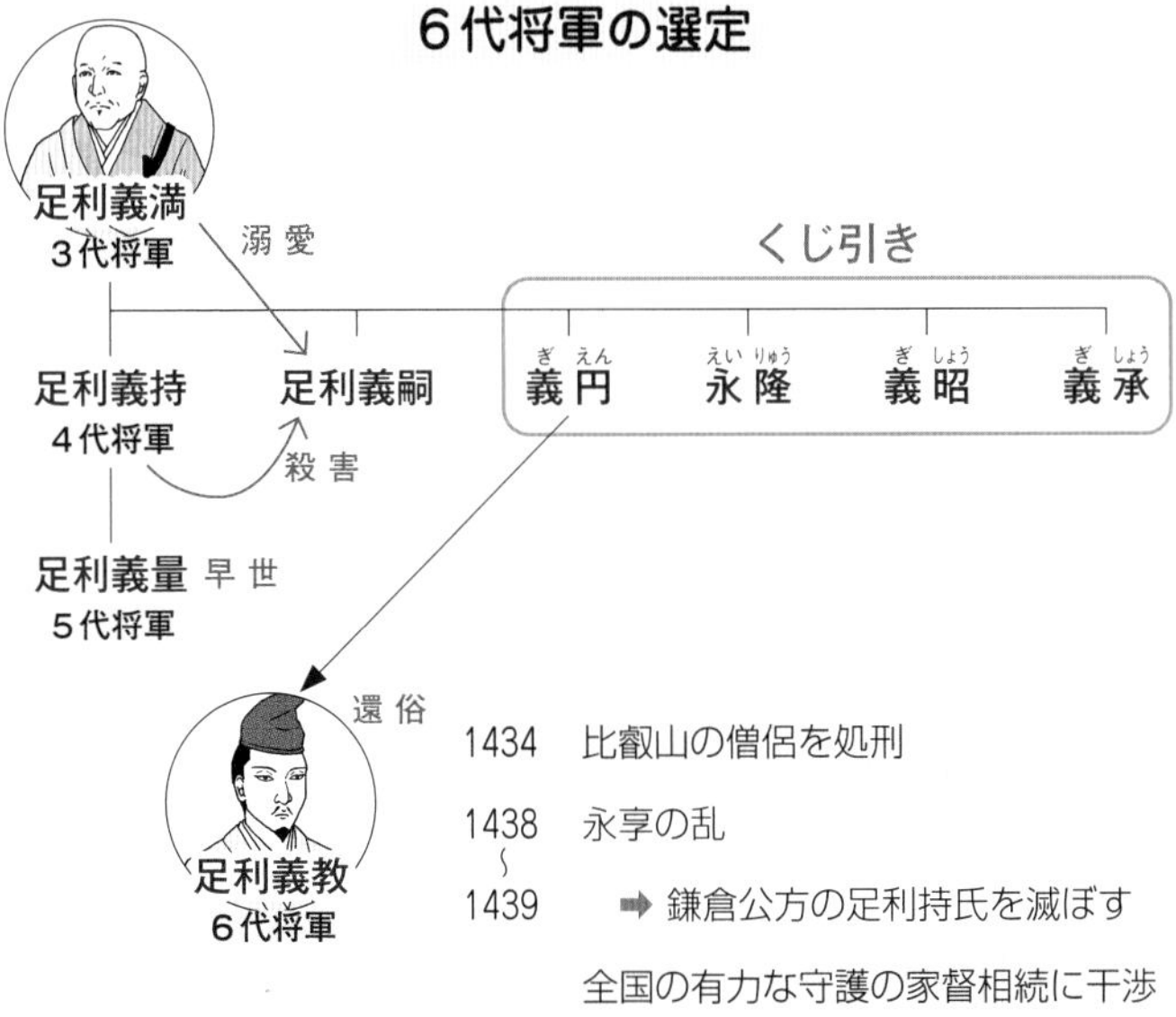

▲足利義教は、幕府の力を強めて将軍親政を行うため、対立する者を容赦なく滅ぼしていった。

していたため、義教は延暦寺の焼き討ちも行っている。

　1438年の**永享《えいきょう》の乱**では、幕府と対立していた鎌倉公方の**足利持氏《もちうじ》**を攻め滅ぼした（100ページ参照）。その後、持氏の遺児など一族もろとも滅ぼした。

　また、将軍の支配を強化するために、全国にいた守護大名の家督相続に干渉した。そのため有力守護の反感を買うようになる。

　1441年、有力守護のひとり**赤松満祐《あかまつみつすけ》**によって、義教は殺害される。幕府軍はすぐに赤松討伐を果たすが、幕府の権威はゆらいでいくのであった。

混乱をきわめた 応仁の乱

戦国時代の端緒が開かれる

１４４１年 嘉吉の土一揆
１４６７年 応仁の乱開始
１４７７年 東西両軍和議

足利義政・日野富子夫妻

足利義教亡きあと、7代将軍**足利義勝**《よしかつ》の就任間もなく、１４４１年の**嘉吉**《かきつ》**の土一揆**《つちいっき》が起きた。力をもたない義勝は一揆の要求を呑み、**徳政令**を発布する。人々は、徳政を求めて各地で一揆を起こすようになった。幕府も徳政令を乱発するようになる。

義勝が就任後1年もせずに没すると、8代将軍となった**足利義政**《よしまさ》は、政治に興味をもたなかったという。その妻は、悪妻の代表格のようにいわれる**日野富子**《ひのとみこ》。ただし、日野富子に対する評価は近年変わってきており、財政を厳しく管理することで幕府を支えていたとも考えられている。

さて、足利義政の任期は長かったが、後継者を決められないまま隠居をはかった。そのことで、世の中は乱れに乱れていく。

泥沼の戦いのゆくえ

１４６７年、**応仁**《おうにん》**の乱**が起こる。**戦国時代**の端緒ともいわれる内乱である。

乱の原因は畠山氏や斯波氏の家督争いだが、

Point 武家社会の各階層で起きた家督争いが連動し、応仁の乱は大規模化した。

1468年頃の対立構図

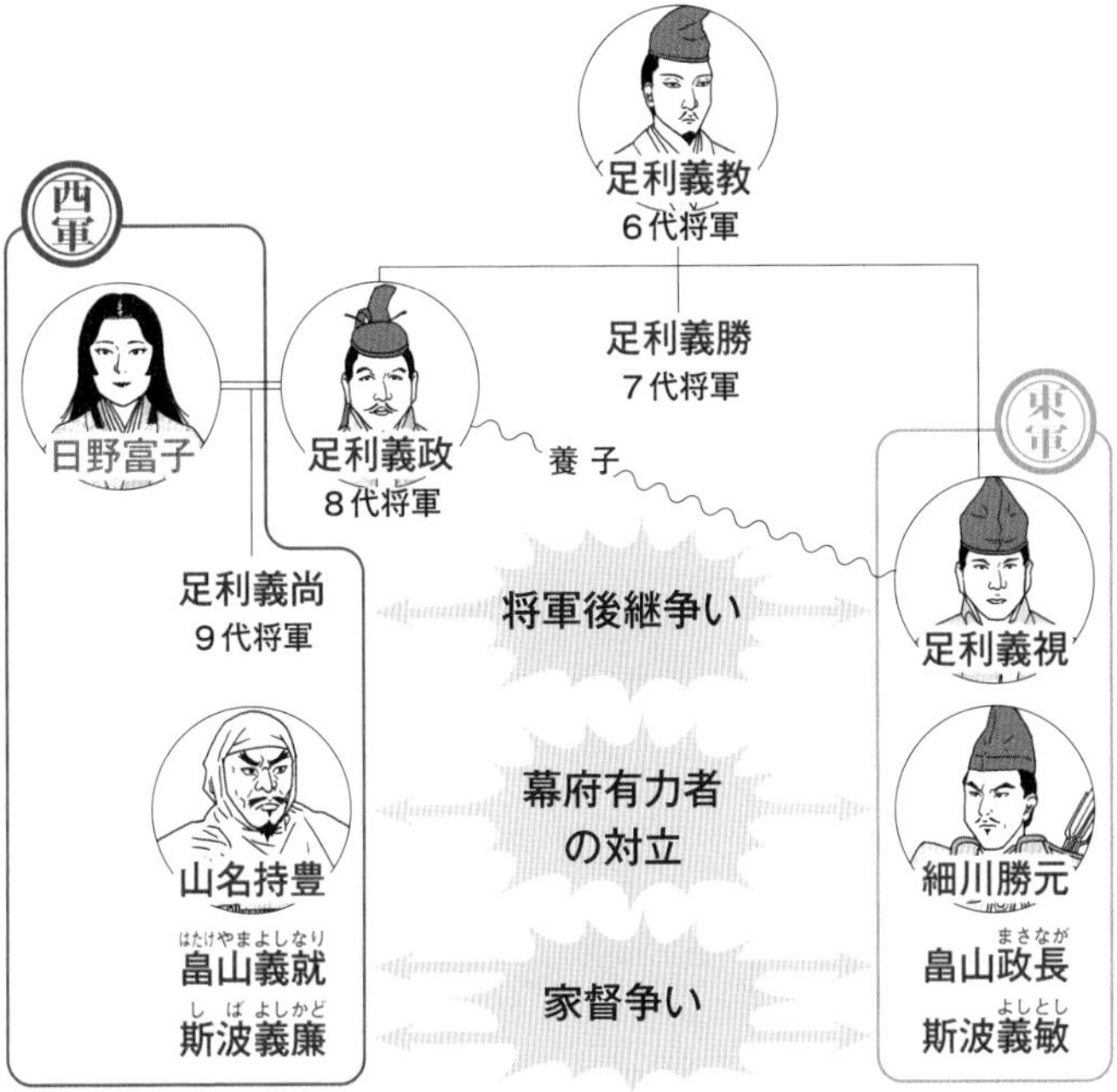

▲応仁の乱が11年にもわたって続く中、対立構図は複雑に変化していった。

次期将軍に内定していた義政の弟**足利義視**《よしみ》と、義政の息子**足利義尚**《よしひさ》の間の後継者争いもそこにからんだ。

義視側についたのは**細川勝元**《ほそかわかつもと》、義尚に味方したのは**山名持豊**《やまなもちとよ》（**宗全**《そうぜん》）だった。両者は、幕府の実権を握ろうと目論む守護たちを引き込み、東軍（義視）と西軍（義尚）に分かれて争うことになる。

そして1477年、11年間におよぶ戦いに疲れた両者は、決着がつかぬまま和議を結ぶ。主戦場となった京都は、戦火に焼かれ荒廃した。

文化のページ05

鎌倉文化

鎌倉時代の文化は、武士の時代にふさわしく、素朴で力強いのが特徴である。

まず文学では、**藤原定家**《さだいえ》が編纂した勅撰和歌集『**新古今和歌集**《しんこきん》』がある。3代将軍**源実朝**は、『**金槐和歌集**《きんかい》』という万葉調の歌集を残した。

戦争を描いた**軍記物語**という新しいジャンルもできた。琵琶法師《びわほうし》によって語られた『**平家物語**』は、平家の隆盛と滅亡を描いたもので、多くの人々の涙を誘った。吉田兼好《よしだけんこう》が書いた随筆『**徒然草**《つれづれぐさ》』や、仏教の無常観をテーマにした鴨《かもの》長明《ちょうめい》の随筆『**方丈記**《ほうじょうき》』も有名だ。鎌倉幕府の歴史を編纂した書物として、『**吾妻鏡**《あずまかがみ》』も編まれた。

また説話文学として『**古今著聞集**《ここんちょもんじゅう》』など、多くの作品が誕生している。

建築物では、大仏様という様式で作られた**東**《とう》**大寺南大門**《だいじなんだいもん》や、禅宗様《ぜんしゅうよう》という様式で作られた**円**《えん》**覚寺舎利殿**《がくじしゃりでん》が鎌倉文化を代表している。彫刻は、運慶《うんけい》と快慶《かいけい》が彫った**金剛力士像**《こんごうりきしぞう》が有名だ。

鎌倉時代は絵巻物の全盛期でもあった。特に元との戦いを描いた勇壮な『**蒙古襲来絵巻**《もうこしゅうらいえまき》』や、高僧の伝記『**一遍上人絵伝**《いっぺんしょうにんえでん》』などが制作されている。また個人の肖像画を描くことも流行した。この時代の肖像画を似絵《にせえ》というが、藤原隆信《たかのぶ》・信実《のぶざね》親子などの名手が世に出た。

陶芸は、宋や元の強い影響を受けて尾張の**瀬**《せ》**戸焼**《とやき》や備前の**備前焼**《びぜんやき》などが発達し、広く日本全国に流通した。

文化のページ06

鎌倉仏教

鎌倉時代には新しい仏教の宗派が多く誕生している。まずは**法然**《ほうねん》が開祖となった**浄土宗**が挙げられる。従来の浄土教では観想念仏が重視されがちだったが、浄土宗は「ただ南無阿弥陀仏《なむあみだぶつ》と唱えさえすれば老若男女の別なく極楽浄土に往生できる」と説き、広く信仰された。

法然の弟子であった**親鸞**《しんらん》の**浄土真宗**（**一向宗**）は、「阿弥陀仏にすがるものは、すべて極楽浄土に往生できる」というもので、他力本願が重要だと説き、自らの善行による往生を願う善人よりも、自力救済を望まぬ悪人のほうが往生しやすいという**悪人正機説**《あくにんしょうきせつ》を唱えた。

禅宗《ぜんしゅう》では、**栄西**《えいさい》の**臨済宗**《りんざいしゅう》と**道元**《どうげん》の**曹洞宗**《そうとうしゅう》が新たに登場。釈迦が座禅を組んで悟りを開いたことから、禅宗では座禅を組んで自らの力で悟りを開くことが重要だと考えた。武士の気風と合っていたので、幕府の庇護を受けて発展した。

一遍《いっぺん》の**時宗**《じしゅう》は浄土教の宗派だが、「阿弥陀仏は偉大なので信仰などしなくても念仏さえ唱えれば救ってくれる」と考えた。そのため太鼓や鉦を打ち鳴らしながら念仏を唱える**踊り念仏**の普及につとめた。

日蓮宗《にちれんしゅう》はほかの宗派を認めず、「南無妙法蓮華経《なむみょうほうれんげきょう》」と唱えることで天変地異や社会不安に苦しむ人や国が救われると考えた。開祖の**日蓮**は、『**立正安国論**《りっしょうあんこくろん》』という書物を著して幕府に上呈した。

室町文化

室町文化は、3代将軍足利義満の時代の**北山《きたやま》文化**と、8代将軍足利義政の時代の**東山《ひがしやま》文化**に分けることができる。

北山文化の名前は、義満が建てた山荘（北山殿、のちの**鹿苑寺金閣《ろくおんじきんかく》**）が北山にあったことに由来している。金閣は、公家と武家と禅宗が融合したこの時代を象徴している。1階は貴族を象徴した寝殿造で作られていて、2階は和様、そして3階は禅宗様になっている。

文学では南北朝の動乱を描いた『**太平記《たいへいき》**』が有名である。また**二条良基《にじょうよしもと》**は連歌《れんが》を大成している。**観阿弥《かんあみ》**と**世阿弥《ぜあみ》**も義満の保護で**能**を大成、世阿弥によって演劇論『**風姿花伝《ふうしかでん》**』が著された。

東山文化の名前は、義政が建てた**銀閣《ぎんかく》**（東山荘）が京都の東山にあることに由来している。絢爛豪華《けんらんごうか》な金閣とは逆に、銀閣の下層は書院造《しょいんづくり》という落ち着いたたたずまいの建物で、現在の和風建築に大きな影響を与えている。将軍としては応仁の乱を招いた義政だが、建築や美術などを見る目は一流だったといわれている。**龍安寺石庭《りょうあんじせきてい》**は、「侘《わ》び寂《さ》び」を表現した庭園として名高い。

さらに**華道**が確立し、**侘茶《わびちゃ》**も創始されている。絵画では**水墨画**が**雪舟《せっしゅう》**によって日本独自の発展をした。文学では『**御伽草子《おとぎそうし》**』という物語が作られ、また連歌集『**菟玖波集《つくばしゅう》**』や『**新撰犬筑波集《しんせんいぬつくばしゅう》**』が編纂されている。

第4章

群雄割拠と天下統一の夢

戦国～安土桃山時代

土地の人民が立ち上がる
多発する一揆

１４２８年	正長の土一揆
１４４１年	嘉吉の土一揆
１４８５〜１４９３年	山城国一揆

◉応仁の乱のあとの一揆

応仁の乱以降、領主の権威は失墜していった。地域によっては日によって領主が変わるありさまで、田畑や家も戦地となって荒れ果てた。

そうなると農民たちにも自衛の意識が芽生えてくる。すでに南北朝時代から**惣村**《そうそん》と呼ばれる自治組織ができ、**寄合**《よりあい》という会議が行われるようになっていたが、この惣村という組織が、**一揆**《いっき》の母体へと発展していった。

山城国《やましろのくに》（現在の京都）では、応仁の乱後も、畠山一族の家督相続争いが続き、土地は荒れ放題になっていた。１４８５年、それに業を煮やした国人と呼ばれる地元の侍たちが農民たちと団結して、畠山氏を追い出し、８年間、自治を行った。これを**山城国一揆**という。

１４８８年には、加賀国《かがのくに》（現在の石川県）で**一向宗**（**浄土真宗**）の門徒たちが一揆を起こしている。この一揆は、**加賀の一向一揆**と呼ばれている。

加賀はその後、約１００年にわたって守護不在の国になり、事実上の自治を実現した。人々はこれを「加賀は百姓の持ちたる国」と表現した。この自治体は、**織田信長**《おだのぶなが》の侵攻が始まるまで存続した。

Point 政治の混乱と庶民による自治の発展があいまって、徳政や年貢の減免を求める一揆が多発した。

15～16世紀のおもな一揆

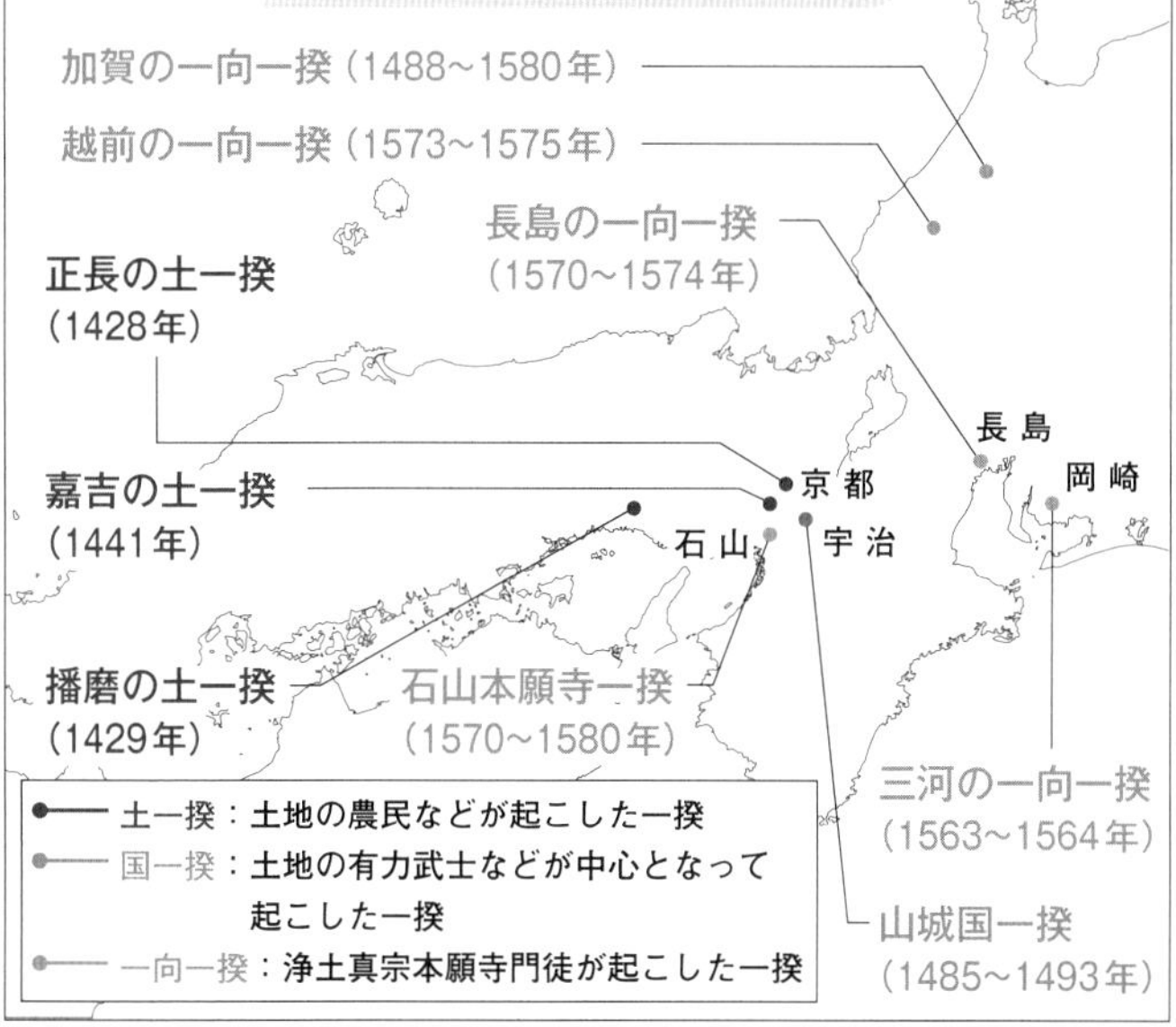

▲応仁の乱ののち、各地で一揆が多発した。

◉大規模な一揆の起源

これら大規模な一揆の始まりは、１４２８年に畿内で起こった**正長《しょうちょう》の土一揆**だといわれている。この一揆は、馬借（運送業者）や農民たちが徳政を求めて起こしたものだった。

翌年の１４２９年には、**播磨《はりま》の土一揆**が起きる。正長の土一揆に触発されたもので、播磨（現在の兵庫県）の守護、赤松満祐の配下役人の国外退去を要求した一揆だった。さらに１４４１年には、馬借や農民が徳政を求めて**嘉吉の土一揆**を起こし、各地で一揆が頻発するようになった。

衰えた室町幕府は臣下に牛耳られる

細川政権と三好政権

1473年　足利義尚が将軍に
1493年　明応の政変
1550年　三好政権成立

◉六角征伐

応仁の乱の中、足利義政の息子**足利義尚**が9代将軍に就任していた。近江国の守護**六角高頼**《ろっかくたかより》が幕府をないがしろにすると、幕府の権威を取り戻すため、義尚は自ら六角を攻めた。しかし長期戦の陣中で、義尚は若くして病没した。

第10代将軍になったのは、足利義視の息子**足利義材**《よしき》だった。彼も自分に従わない畠山基家を攻めるが、その留守に細川勝元の息子**細川政元**《まさもと》が、クーデターを起こし、足利義澄を11代将軍に擁立する。**明応**《めいおう》**の政変**である。

◉細川政元と三好長慶

幕府の実権を掌握した政元だったが、女人禁制の修験道に傾倒していたため実子がおらず、3人の養子が後継を争い、政元は暗殺された（**永正**《えいしょう》**の錯乱**《さくらん》）。一時は養子のひとり**細川高国**《たかくに》が権力を握るが、台頭してきた三好氏と戦になり、京都を追われて自刃する。そのあと幕府の実権を担ったのは、**三好長慶**《みよしながよし》だった。長慶は、将軍や管領家の細川氏をも傀儡とする。

しかし、室町幕府自体はもはや、かつてのような権力と権威をもってはいなかった。

Point 義政系と義視系が将軍の座を争う中で、幕府の権威は低下していった。

京都の室町幕府と権力者

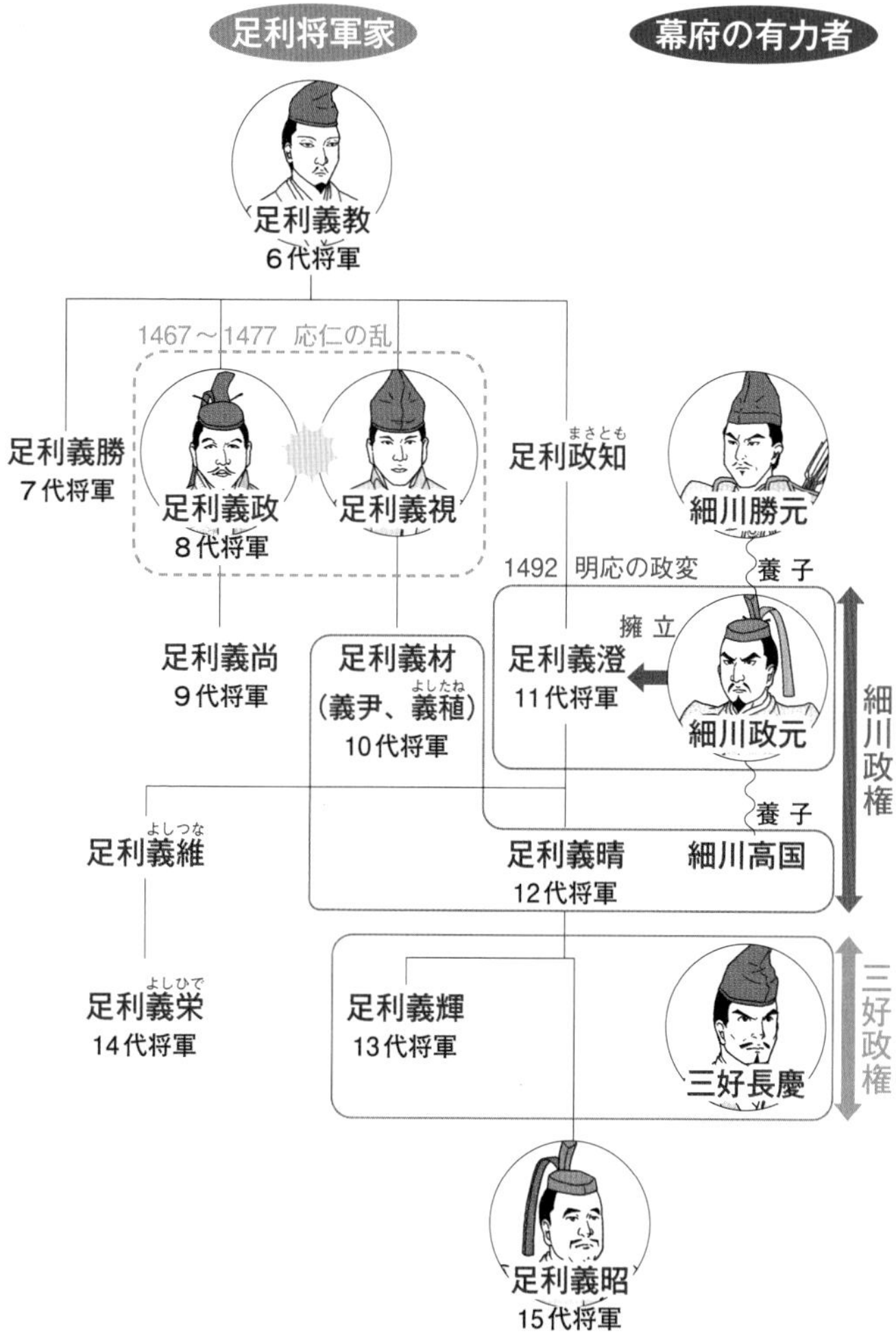

▲応仁の乱ののち、細川政元→細川高国→三好長慶と、実力者が将軍を操るようになる。また、明応の政変は、地方での独自政権の動きを加速させた。

03 関東争乱と後北条氏

中央よりひと足早く戦国時代へ突入

1454〜1482年	享徳の乱
1493年	伊勢宗瑞が伊豆討ち入り
1583年	鎌倉公方滅亡

◉関東争乱の前史

少し時代をさかのぼるが、室町幕府は初期から、重要拠点である関東を統率するため、足利氏から**鎌倉公方**を置いていた。また、その補佐役の**関東管領**には、足利氏と婚姻関係を結んだ上杉氏をつけていた。5代将軍**足利義量**の死後、将軍が空位だったとき、鎌倉公方の**足利持氏**が名のりをあげたが、結果は**足利義教**が6代将軍となった（88ページ参照）。ここから確執が生まれ、持氏は将軍に背くようになる。そのため、義教は1438年から翌年にかけて、兵を送って持氏を討ったのである（**永享の乱**）。

◉鎌倉公方の分裂と北条氏

永享の乱ののち、鎌倉公方と関東管領が対立し、長い年月にわたる**享徳《きょうとく》の乱**（1454〜1482年）が始まった。これを機に鎌倉公方は、**足利成氏《しげうじ》**の**古河公方《こがくぼう》**と、義教の息子**足利政知《まさとも》**の**堀越公方《ほりごえくぼう》**に分裂。関東管領の上杉氏も**山内《やまのうち》上杉氏**と**扇谷《おうぎがやつ》上杉氏**に分かれて争うようになる。

混乱につけこみ関東に進出したのは、駿河国守護の今川氏の家臣からのし上がった**伊勢宗瑞《いせそうずい》**

Point 鎌倉公方の分裂に乗じて関東の支配権を握った後北条氏は戦国大名の先駆けとされる。

鎌倉公方の系譜

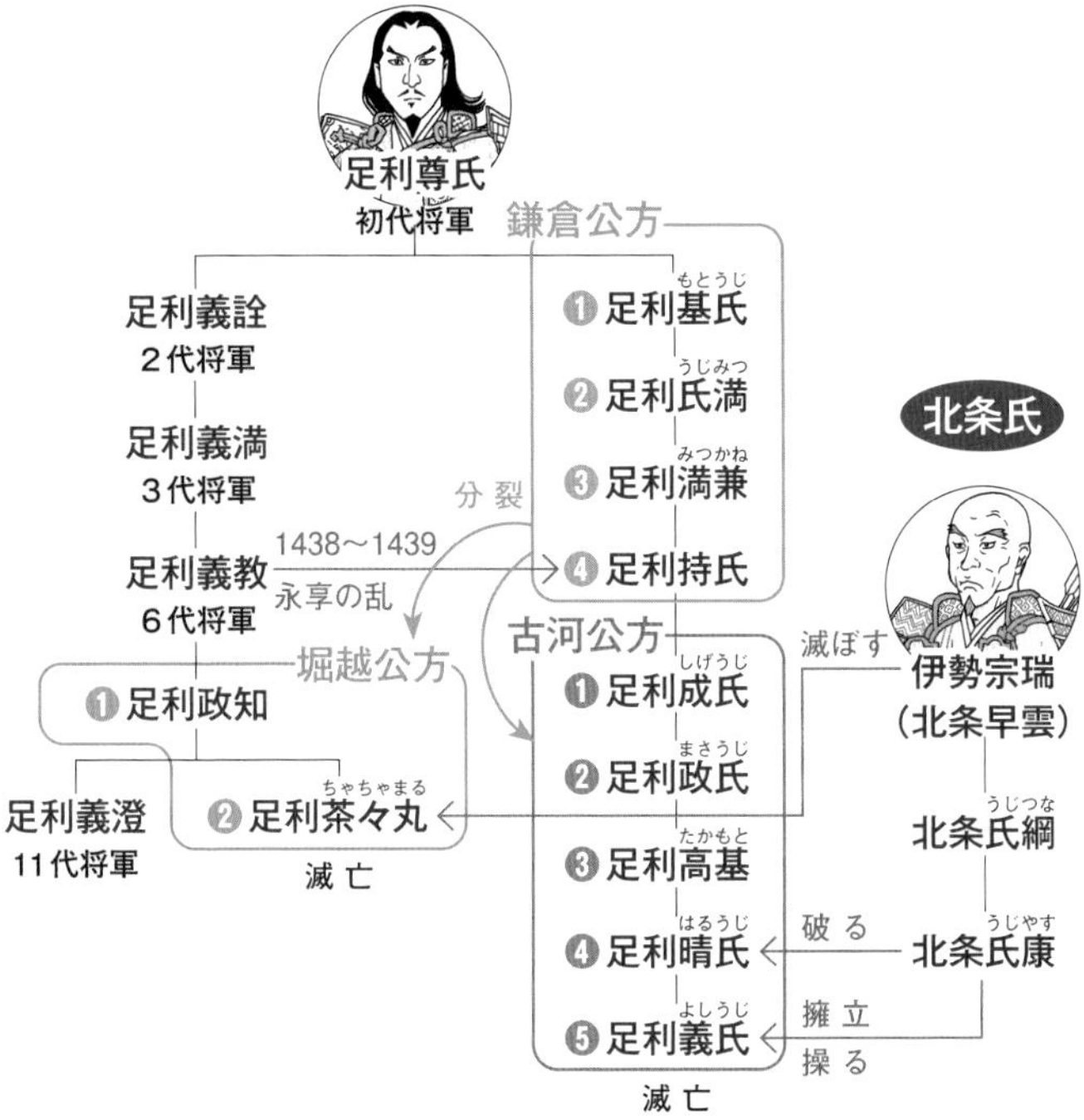

▲1454〜1482年の享徳の乱で、鎌倉公方は古河公方と堀越公方に分裂。のちにいずれも北条氏（鎌倉幕府の北条氏と区別するために「後北条氏」とも呼ばれる）に滅ぼされる。

（**北条早雲《ほうじょうそううん》**）。堀越公方の**足利茶々丸《ちゃちゃまる》**を滅ぼして伊豆を奪った。彼の子孫は勢力を広げ、**北条氏綱《うじつな》**や**北条氏康《うじやす》**の頃、関東のほぼ全域を支配する戦国大名となった。氏康は古河公方の**足利晴氏《はるうじ》**を破り、その息子の**足利義氏《よしうじ》**を古河公方に擁立して傀儡とした。この義氏をもって、鎌倉公方は滅亡した。

　このような関東争乱は、戦国時代の先駆けとされる。

東の戦国大名たち

下剋上を体現する猛者たちが登場

1542年　道三が主君を追放
1560年　桶狭間の戦い
1561年　第4次川中島の合戦

◉戦国時代が本格化

室町幕府の弱体化がいよいよはっきりすると、各地の武士たちが独自の行動を取りはじめた。戦国時代が本格化したのである。

各地に登場する**戦国大名**には、守護大名が地方政権を確立したケース、守護代（現地の代官）が守護になり代わったケース、現地の実力者が地域を実効支配したケースなどがある。

位の低い者が、位の高い者に打ち勝つことを意味する、「下剋上」という言葉がある。戦国時代は、まさに下剋上の時代であった。

◉信玄と謙信

下克上をまさに体現したのが、美濃（現在の岐阜県）の**斎藤道三**《どうさん》だった。

彼は元僧侶で山城国の商人であったが、そのときに仕入れた京都の情報などを活かしてのし上がり、美濃の支配者となるのだ（現在では、親子2代での出世という説が有力である）。

越後（現在の新潟県）の守護は上杉氏だったが、守護代を務めていた長尾景虎は、関東管領の職を継いで**上杉謙信**《うえすぎけんしん》と名のっていた。

一方、甲斐（現在の山梨県）の**武田信玄**《たけだしんげん》は、

Point 戦国大名は生き残るため、分国法の制定や検地により、領国の支配を強化した。

16世紀半ばのおもな戦国大名 ①

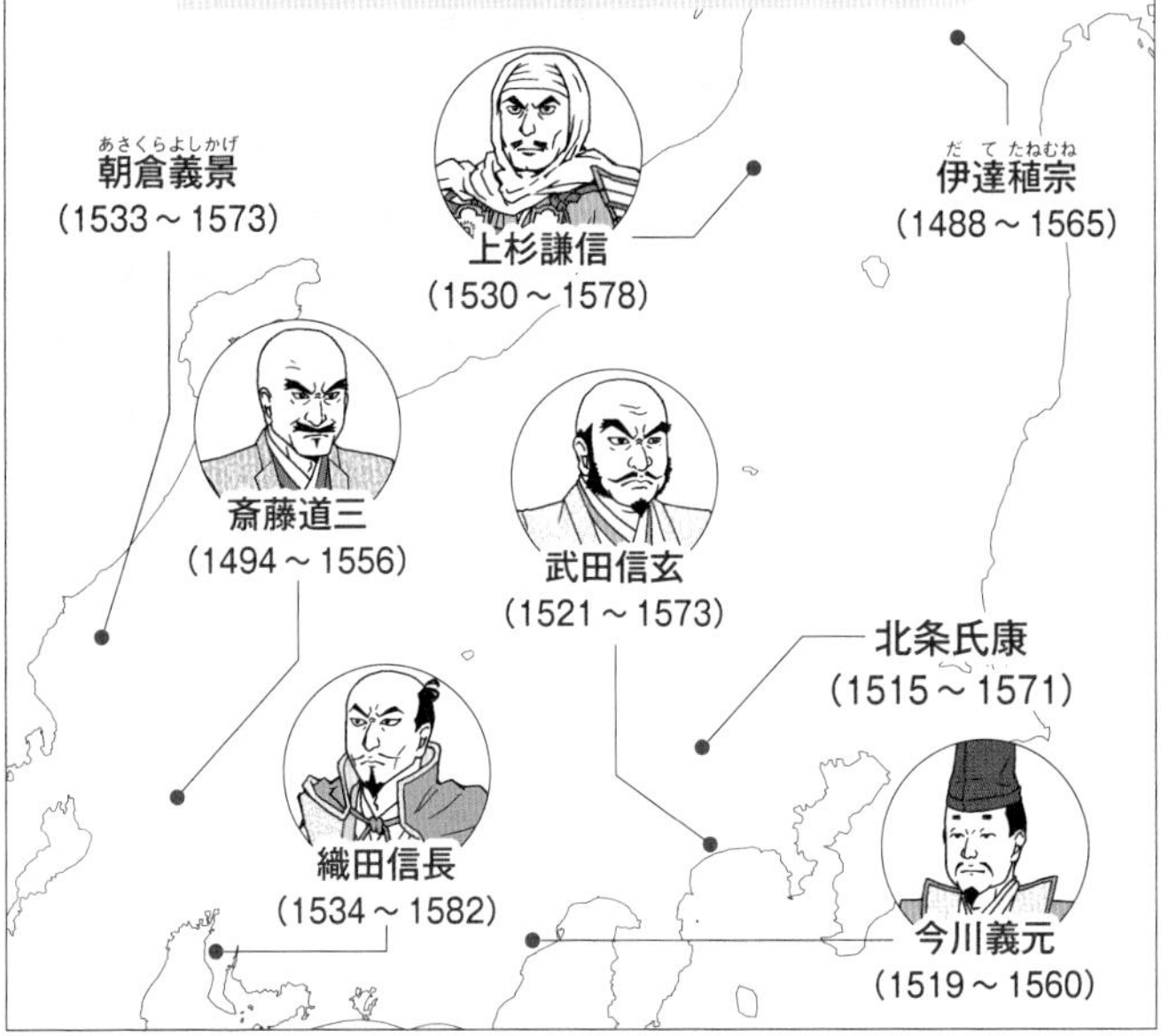

▲東の諸国の戦国大名たち。

父親を追放して強引に家督を奪い、信濃にまで勢力を拡大していった。信玄と謙信は、北信濃の川中島で、何度も激しい戦いをくり広げる。これら一連の戦を「川中島の戦い」という。

　駿河（現在の静岡県）の**今川義《いまがわよし》元《もと》**は、織田信長に敗れたエピソードから、凡庸な武将だと思われている節があるが、実際は「海道一の弓取り」と称えられた武将だった。

　義元は後継者争いで、兄と争って敗死させたり、織田氏の軍勢を破ったりと、武将としての功績は十分だった。

西の戦国大名たち

いずれ劣らぬ強者たちがしのぎを削る

1551年 大内氏滅亡
1555年 厳島の戦い
1584年 沖田畷の戦い

◉四国と九州の情勢

四国は讃岐（現在の香川県）、阿波（現在の徳島県）、伊予（現在の愛媛県）、土佐（現在の高知県）の4つの国からなる。

阿波を治めていたのは**阿波細川氏**だったが、やがて家臣であった**三好氏**の傀儡となる。讃岐では、国人から身を起こした**十河《そごう》氏**が三好氏と結びつつ、国を支配していたが、三好長慶に養子を送り込まれて家を乗っ取られた。伊予は、伊予水軍で名高い守護**河野《こうの》氏**が中国の**毛利氏**の庇護を受け、国を守っていた。土佐には応仁の乱で京都から逃れてきた公家の**一条《いちじょう》家**が君臨しており、土佐七雄と呼ばれる家来たちによって支えられていた。

その中で**長宗我部《ちょうそかべ》氏**は、元親のときに信長とも結んで勢力を伸ばすと、讃岐、阿波を手中にする。そして伊予の河野氏と争っていた。

九州では、耳川の戦いで**大友氏**を破った**島津氏**と、肥前を本拠地として台頭した**龍造寺氏**が激突する（**沖田畷《おきたなわて》の戦い**）。島津氏は兵力で劣勢だったが、龍造寺軍を湿地帯におびき寄せ、鉄砲隊で猛攻撃を加えた。龍造寺軍は大軍が災いして陣形が崩れ、大敗を喫する。その後、島津氏による九州統一が進められることになる。

Point 明との貿易で栄えた大内氏の滅亡は、西国の勢力図を一変させた。

16世紀半ばのおもな戦国大名②

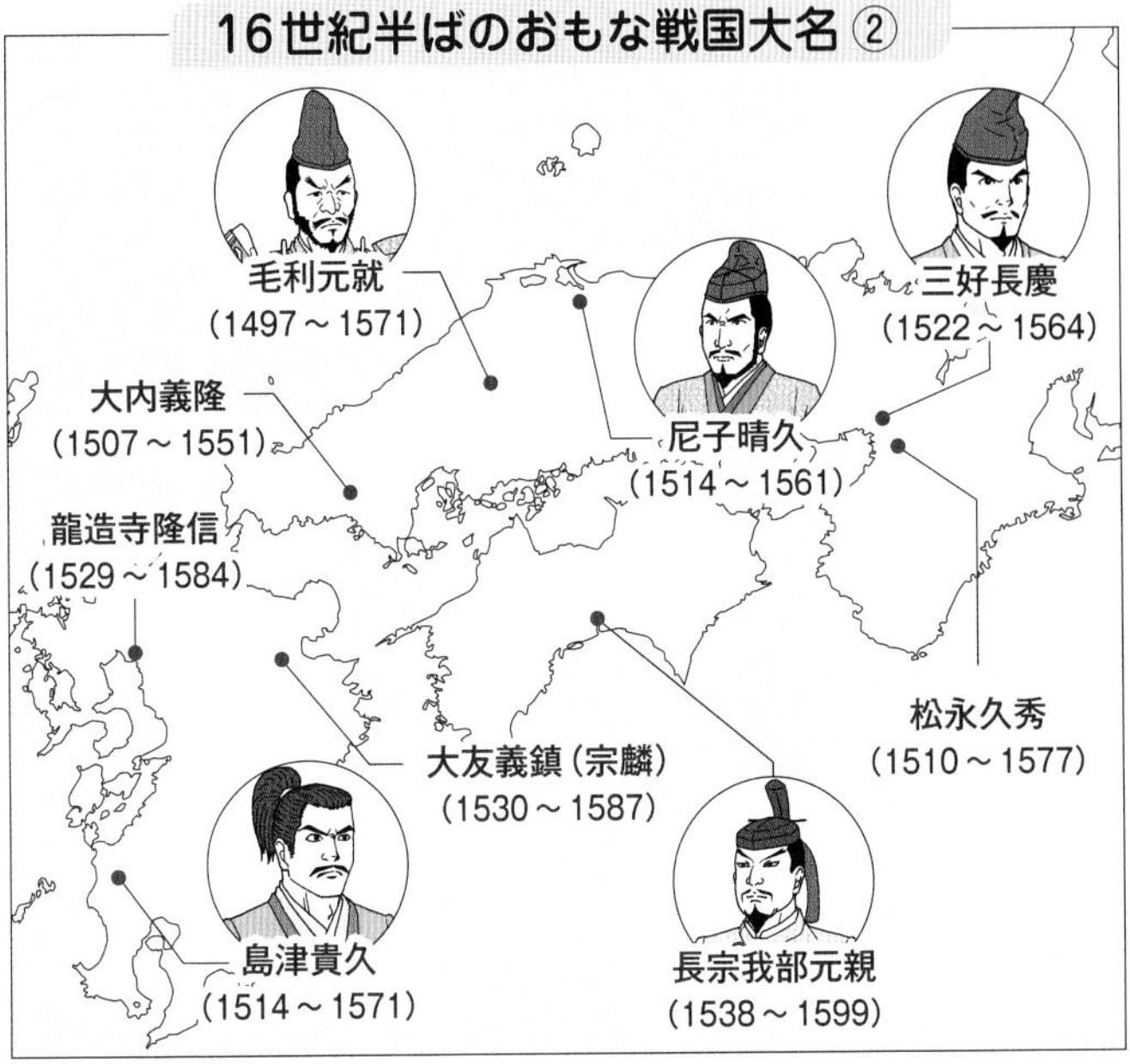

▲西の諸国の戦国大名たち。

中国地方の情勢

中国地方では、守護大名として権勢を誇っていた**大内《おおうち》氏**が、最盛期には、周防、長門、石見、豊前、筑前、備後、安芸の7か国の守護を兼ねていた。それに対抗していたのが、出雲守護代から戦国大名に成り上がった**尼子《あまご》氏**だった。しかし大内氏は家臣の**陶晴賢《すえはるかた》**によって国を奪われてしまう。まさに下克上だった。

安芸の一国人だった**毛利《もうり》元就《もとなり》**は、次第に勢力を拡大し、厳島で陶晴賢を破る。さらには尼子氏も打ち破って中国地方を手中にした。

06 西洋の技術・思想が時代を変えた 鉄砲・キリスト教・南蛮貿易

1543年　鉄砲伝来
1549年　ザビエル来日
1587年　バテレン追放令

◉鉄砲の伝来

1543年、九州南方の**種子島**《たねがしま》に、明の船が漂着した。その船には、ふたりのポルトガル人が乗船していた。彼らは日本にはまだない**鉄砲**《てっぽう》をもっていた。島の領主であった**種子島時堯**《ときたか》は即座に鉄砲を購入し、刀鍛冶に命じて複製を作らせた。

それからわずか数年で、日本で鉄砲が量産できるようになる。鉄砲は、日本における戦争のあり方を大きく変えてしまった。以後、戦では鉄砲を撃つ足軽鉄砲隊が重要になっていくのだ。

▼《南蛮屏風》（部分、リスボン美術館所蔵）

Point 宣教師の到着により、中国・朝鮮中心の対外関係が変化し、新しい技術や文化が流入した。

宣教師と南蛮貿易

鉄砲が伝来した6年後の1549年、今度は鹿児島の地に、キリスト教宣教師**フランシスコ・ザビエル**が上陸した。

当時のヨーロッパは、海外進出の盛んな**大航海時代**であり、また、キリスト教の**宗教改革**の中、カトリックの優位を確立すべく世界各地への布教活動を行っていたのが、ザビエルの所属する**イエズス会**であった。

ザビエルは、まず天皇に会って布教の許可を得ようとしたが、都は戦乱で荒廃していた。そこで、布教を許可してくれそうな大名を探すことになる。

ザビエルは、ヨーロッパの製品・技術に興味を示す大名たちを見つけ、**大内義隆**《よしたか》や**大友義鎮**《よししげ》**（宗麟**《そうりん》**）**らに保護してもらいながら、西日本を中心に布教活動を行った。キリスト教に帰依する戦国大名も現れた。彼らは**キリシタン大名**と呼ばれている。

ザビエルのあとにも、**ガスパル・ヴィレラ**や**ルイス・フロイス**ら、何人ものキリスト教宣教師が日本を訪れて布教した。

彼らは日本人に、医学や国際情勢も伝えた。キリスト教宣教師の布教は、貿易と不可分の関係にあった。当時の日本では、ポルトガル人やスペイン人は「南蛮人《なんばんじん》」と呼ばれたため、彼らとの貿易を**南蛮貿易**という。

鉄砲や火薬、珍しいガラス細工やタバコ、カボチャやジャガイモ、カルタなどを輸入、日本からは銀などを輸出した。

天下統一の野望を実行に移した男

革命児 織田信長の登場

1560年	桶狭間の戦い
1568年	義昭を奉じて上洛
1575年	長篠の戦い

◉織田家の三男

戦国武将の中でも特に人気の高い**織田信長**《おだのぶなが》は、尾張国（現在の愛知県西部）の武将**織田信秀**《のぶひで》の息子だった。彼は**斎藤道三**の娘と結婚して力をつけ、父の死を受けて家督を継ぐと、織田家をまとめあげて尾張統一をなし遂げた。

1560年には、**今川義元**の2万5000の兵を、わずか2000の兵で打ち破ったとされる。有名な**桶狭間**《おけはざま》**の戦い**である。

その後、美濃をも支配下に置くと、頼ってきた**足利義昭**《あしかがよしあき》を助けて上洛（京都に上ること）し、彼を室町幕府の15代将軍に擁立する。

◉快進撃が続く

しかし義昭は、自分を操り人形のように利用する信長を嫌い、**武田信玄**や越前の**朝倉義景**《あさくらよしかげ》、大坂の**石山本願寺**《いしやまほんがんじ》や**比叡山延暦寺**《ひえいざんえんりゃくじ》に呼びかけて**信長包囲網**を作る。妹婿の**浅井長政**《あさいながまさ》に背かれ、一時は苦境に陥るも、信長はすぐさま態勢を立て直して、朝倉義景・浅井長政の連合軍を破り、比叡山を焼き討ちした。

1572年、信長と同盟した**徳川家康**《とくがわいえやす》の軍は、

Point 戦国武将の中で傑出した力をもった織田信長は、勢力を拡大しながら、天下統一の実現へ向けて進軍する。

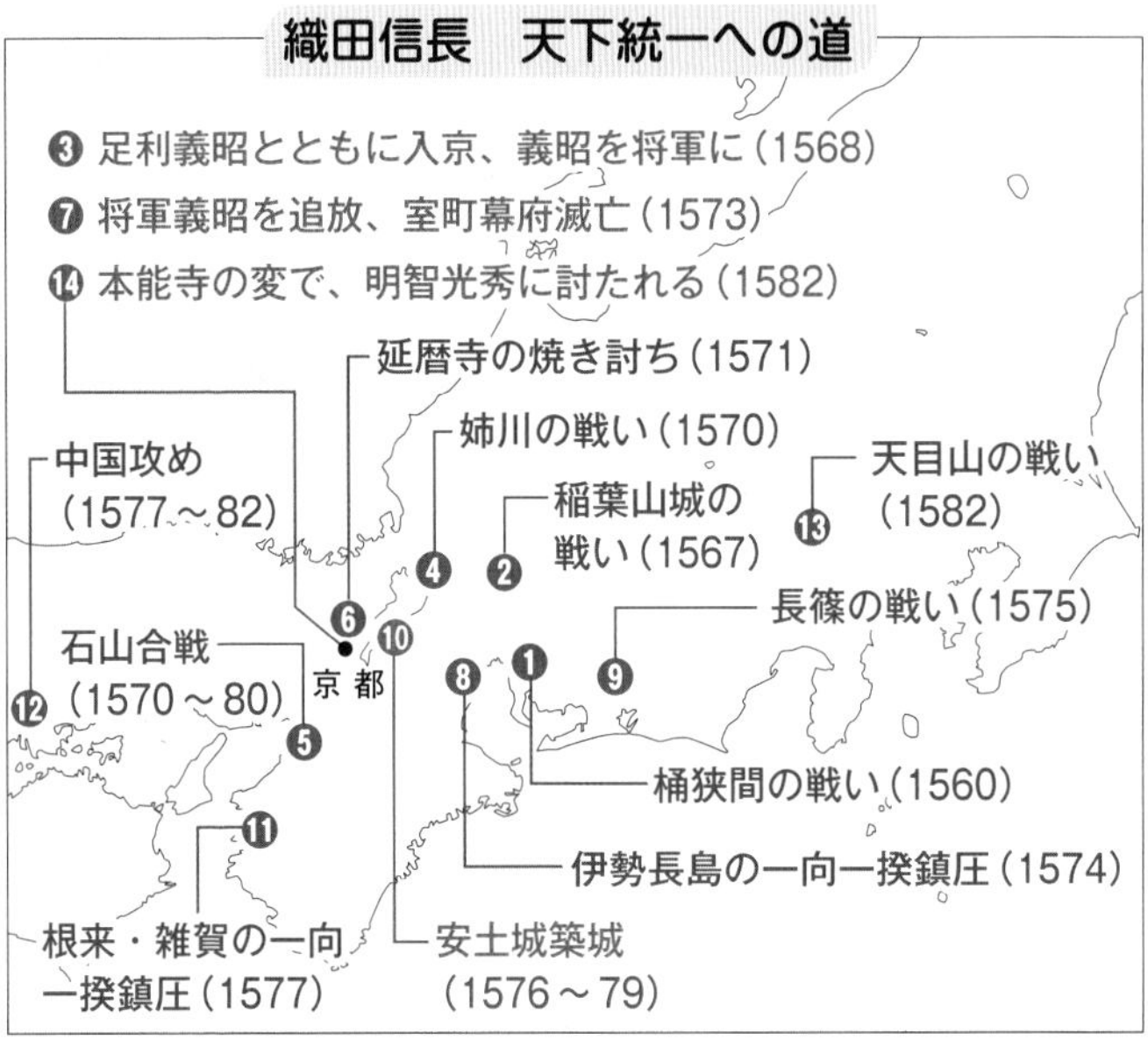

▲織田信長は、織田家中および尾張の統一に７年、隣国美濃の制圧にさらに７年を費やしている。快進撃はそのあと始まった。

三方ヶ原《みかたがはら》の戦いで武田騎馬軍団に敗北したが、武田信玄は病没。これに勢いを得た信長は、将軍義昭を京都から追放した。これをもって、室町幕府は滅亡したとされている。

信長は伊勢長島（現在の三重県）で起こった**一向一揆**を鎮圧。1575年には**長篠《ながしの》の戦い**で、**武田勝頼《かつより》**の騎馬軍団を鉄砲隊の威力で打ち破った。さらに**柴田勝家《しばたかついえ》**に命じて、自治国と化していた加賀（96ページ参照）をも平定する。

1576年からは、都に近い琵琶湖のほとりに**安土城《あづちじょう》**を建設。城下町を作って、天下統一をめざしていった。

戦い以外のことにも手腕は発揮された

信長の独特な政策

1567年 楽市令
1568年 関所の撤廃
1582年 本能寺の変

◉実力主義

織田信長は、徹底した実力主義者だった。もとの身分が高くない家臣の**木下藤吉郎**《きのしたとうきちろう》（のちの**羽柴秀吉**《はしばひでよし》、**豊臣秀吉**《とよとみひでよし》）たちが活躍できたのも、適材適所・実力主義の人事体系があったからだ。

しかし、実力主義であるがゆえに、**明智光秀**《あけちみつひで》や**荒木村重**《あらきむらしげ》のような謀反者を生んだのではないかともいわれている。

また意外なことに、自分に従わなかった**前田**《まえだ》**利家**《としいえ》や**柴田勝家**《しばたかついえ》を許したことがある。

戦略・戦術面を見ると、信長は臨機応変に本拠地を移動した。これはそれまでは見られない信長独特のやり方だった。

◉商業を重視した信長

当時の武士たちは、農業によって生計を立てていたが、信長は、武士を農業と切り離し、完全な戦闘集団の武士団を作っていったといわれる（この点については異論もある）。

また、多くの大名は、領地で商売をする商工業者に多額の税金を課していた。しかし信長は**楽市令**《らくいちれい》を発し、安土の城下町で開催される市の

Point 織田信長は、中世期を通じて重層化した権益の構造を転換し、直接的な支配の強化を進めた。

織田信長の政策

▲織田信長は重商主義を導入し、自由取引を保証するなど、新しい政策を次々と打ち出した。ただし、個々の政策には、それぞれ先行するモデルがあったこともわかっている。

税を免除した。そのため、多くの商工業者が集まって城下町が栄えることになった。また関所も廃止し、通行税をなくすことによって人が自由に行き来できるようにもした。

　しかし、天下統一の野望は、家臣のひとり明智光秀によって打ち砕かれる。1582年の**本能寺《ほんのうじ》の変**である。襲撃された信長は自害し、天下統一の夢は豊臣秀吉に受け継がれた。

秀吉の出世物語

信長の後継者の地位を固めろ！

1582年	本能寺の変 山崎の戦い
1583年	賤ヶ岳の戦い
1584年	小牧・長久手の戦い

◉主の仇を討った秀吉

織田信長の信任を得た**羽柴秀吉**は、中国地方の**毛利氏**攻めの司令官に任じられる。そして備中高松城を水攻めで攻撃している最中に、**本能寺の変**の一報を受けた。

信長の仇を討つことを決意した秀吉は、急遽《きゅうきょ》毛利氏と和睦し、猛スピードで京都方面に取って返した（**大返し**）。そして**山崎の戦い**で、信長を殺した明智光秀を打ち破るのである。

そののち、信長のあと継ぎなどについて話し合う**清洲《きよす》会議**が開かれる。信長の長男**織田信忠《のぶただ》**も本能寺の変で自害したため、次男**織田信雄《のぶかつ》**と三男**織田信孝《のぶたか》**が有力候補と目されていたが、秀吉は、**信忠**の遺児**三法師**（のちの**織田秀信《ひでのぶ》**）を担ぎ出した。結局、主の仇を討った秀吉の意見が通り、三法師が信長の後継者となり秀吉がその後見人となった。

◉天下人への道のり

秀吉は、清洲会議で対立した織田家の重臣**柴田勝家**を、１５８３年の**賤《しず》ヶ《が》岳《たけ》の戦い**で破り、織田信長の実質的な後継者としての地位を確固

Point 主の仇・明智光秀を討った羽柴秀吉が、織田信長の後継者となる。

織田・豊臣・徳川の系図

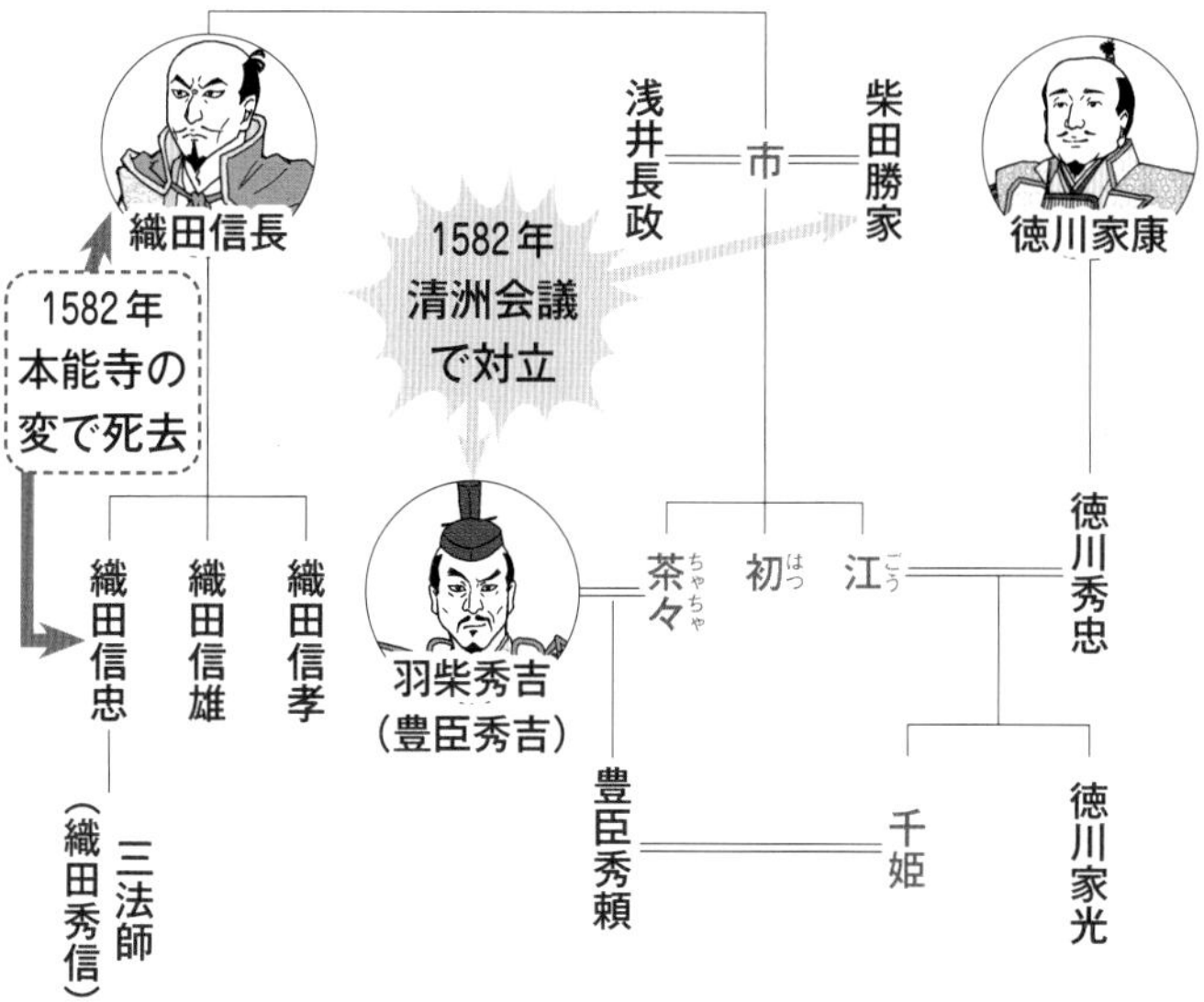

たるものにした。同年、大坂城の築城を始め、天下統一をめざしていく。

1584年、秀吉は織田信雄・徳川家康の連合軍と戦い（**小牧《こまき》・長久手《ながくて》の戦い**）、戦闘には敗れながらも、秀吉は信雄に取り入って和睦を結ぶ。家康は戦う大義名分を失って、やはり秀吉と和睦した。こののち、秀吉は家康を家臣に迎え入れる。

武士として最大の実力を誇るようになった秀吉だが、征夷大将軍の地位には就けなかった。じつは将軍になるには、源氏などの末裔である必要があったのだ（足利氏も源氏の末裔である）。そこで秀吉は将軍位はあきらめ、関白の位に就いて全国統一をめざす。

豊臣秀吉の政策

朝廷の権威も利用して天下人に

1582～1598年	太閤検地
1588年	刀狩令
1590年	豊臣秀吉が天下統一

◉刀狩と太閤検地

秀吉は、それまで全国ばらばらだった物差しや升を統一した。また、領地の田畑の面積や等級を調査し、石高という米の生産量を割り出していった（**石高制**《こくだかせい》）。これを**太閤検地**《たいこうけんち》という。ちなみに太閤とは、関白を退任した者におくられる称号で、秀吉は好んでこれを名のった。

太閤検地の結果、農民は田畑の所有権を認められることになったが、同時に石高に応じた年貢を納める義務も生じた。また、荘園はなくなり、大名は石高に応じて兵を出す軍役が義務づけられた。

また秀吉は、農民や町人、寺社からも刀や槍、鉄砲などの武器一切を取り上げた。**刀狩**《かたながり》である。目的は一揆を防ぐためだったが、これによって兵農分離が完成、身分制度が確立されることになり、下克上の時代は終わりを告げた。あまり知られていないが、刀狩は武装勢力として脅威だった寺院の**僧兵**をも消滅させている。

◉天下統一

秀吉は1586年、朝廷から豊臣の姓を賜っ

Point 豊臣秀吉の天下統一により、下剋上の時代が終わり、身分制度が確立した。

秀吉の戦いと天下統一

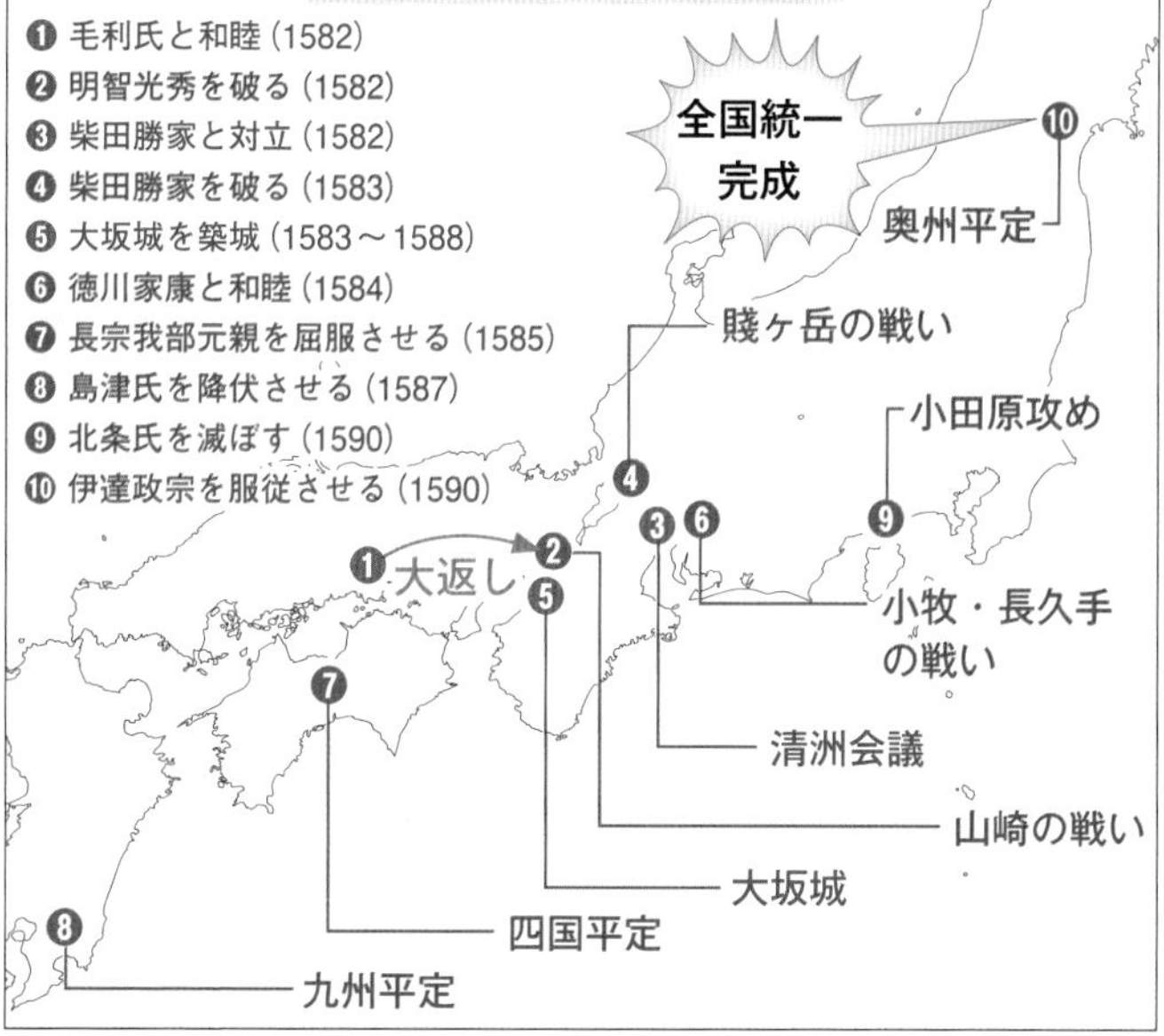

て、**豊臣秀吉**を名のるようになる。

さらに太政大臣にも就任。征夷大将軍にはなれなかったが、朝廷の権威を大いに利用して、支配者としての正当性を人々に知らしめた。

1588年、秀吉は京都に**聚楽第**《じゅらくだい》という豪華絢爛な邸宅を建て、**後陽**《ごよう》**成**《ぜい》**天皇**を迎えて饗応した。

秀吉は、抵抗する戦国大名を次々と追討していった。

1590年には**小田原攻め**で**北条氏**を滅ぼし、**伊達**《だて》**政宗**《まさむね》らも服従させて東北地方を制圧。諸大名に自分への忠誠を誓わせて、全国統一を完成し、とうとう天下人となったのである。

11 朝鮮出兵 夢の終わり

天下を取った男の欲望のゆくえは？

1592年 文禄の役
1597年 慶長の役
1598年 豊臣秀吉没

文禄の役

日本全国を支配下に置いた豊臣秀吉だったが、さらに大きな野望を抱いていた。海外への進出である。

中国の明を攻めるために秀吉は、まず、朝鮮に協力を求めたが、拒否されたために１５９２年、朝鮮に出兵した。その兵力は15万以上の大軍だった。

日本軍は、戦国時代を生き抜いた優秀な武将で構成され、武器も鉄砲をはじめ、大筒も国産化され、量産していた。対して朝鮮は長く明の庇護下にあって戦争を経験していなかった。

日本軍は快進撃を続けたが、**李舜臣**《りしゅんしん》らの水軍の反撃にあい、さらに明からも援軍が送られてきたために苦戦し、一時休戦した。これを**文禄**《ぶんろく》**の役**《えき》という。

慶長の役と晩年の秀吉

秀吉は講和を画策するが、結局のところ決裂する。そのため、１５９７年に再び朝鮮へ出兵した。その数は、14万人以上だった。この戦いを**慶長**《けいちょう》**の役**という。

Point 明の征服を目標とした朝鮮出兵は、豊臣秀吉の死とともに撤退した。

文禄・慶長の役

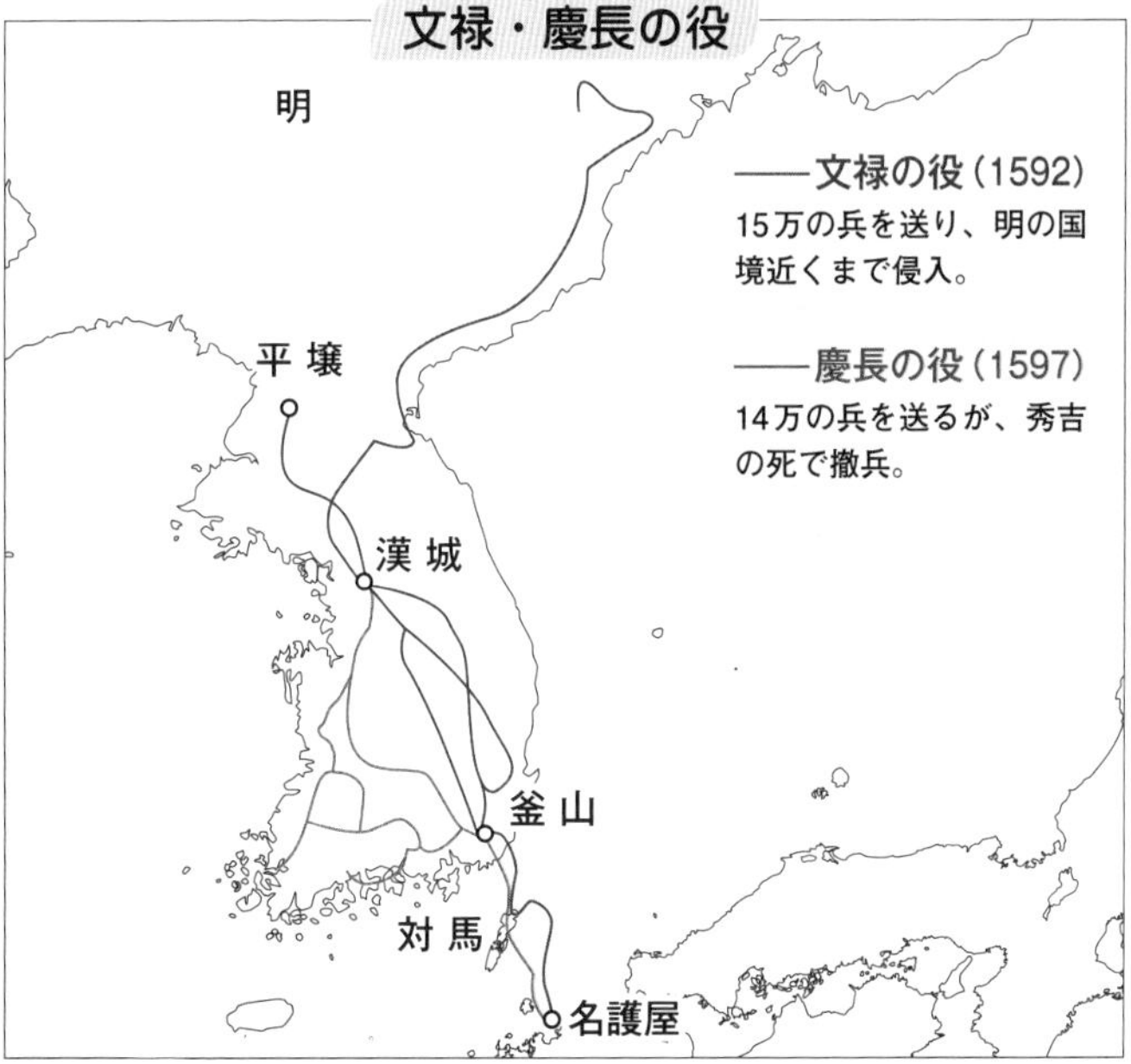

しかし、今度は最初から苦戦する。その原因のひとつは、今回の戦う相手が、朝鮮軍ではなく、実質的には明軍だったことだ。明の兵は戦いに慣れていた。

朝鮮出兵は、朝鮮の人々を苦しめただけでなく、日本の多くの大名にも多大な負担を強いた。ここでの不満が、のちに豊臣政権が短命に終わる一因となった。

晩年、病の床の秀吉は、政務を任せた**五奉行**《ごぶぎょう》と、顧問を任せた有力大名である**五大老**《ごたいろう》を集めて、息子**豊臣秀頼**《ひでより》を支えることを誓わせる。そして1598年にこの世を去ったのだった。

関ヶ原の戦いの真実

戦国時代を終わらせた一大合戦

1599年 前田利家没
石田三成、奉行の座を追われる
1600年 関ヶ原の戦い

◉五大老と五奉行

秀吉の死後、あとに残された**豊臣秀頼**はまだ幼少で当然、政治はできない。そこで政治は秀吉が任命した**五大老**と**五奉行**の合議によって決めることになった。

五奉行は秀吉の家臣たちで、じつは家臣ではない五大老を牽制し、抑えるという目的があったのだ。しかし、五大老の筆頭**徳川家康**の石高は２５０万石、五奉行のひとり**石田三成《みつなり》**はその10分の１にも満たない20万石だった。三成が家康に対抗するのは困難だったといえるだろう。

◉家康と三成の対決

秀吉の死後、徳川家康は地位を高め、豊臣政権に従わない行動も目立ってきた。石田三成がこれに対立し、１６００年、「天下分け目」ともいわれる**関《せき》ヶ《が》原《はら》の戦い**が起こる。

この戦いは、豊臣政権維持を目的とする三成と自らの政権の樹立をめざす家康との対決だとみなされがちだが、実際はそこまで単純ではない。家康も大義名分としては「秀頼の御為《おんため》」を標榜し、豊臣政権内の覇権争いという形にしたのである。戦いは家康の勝利に終わった。

Point 豊臣政権内での覇権争いは天下を二分する戦いに発展し、徳川家康が勝利した。

五奉行・五大老と関ヶ原の戦い

五奉行 政務を行う（秀吉の腹心の部下）

西軍

石田三成
（行政担当）

増田長盛《ましたながもり》
（土木担当）

長束正家《なつかまさいえ》
（財政担当）

前田玄以《げんい》
（宗教担当）

東軍

浅野長政《あさのながまさ》
（司法担当）

1600年
関ヶ原の戦い

西軍

西軍の総帥
毛利輝元

宇喜多秀家《うきたひでいえ》

上杉景勝《かげかつ》

東軍

徳川家康

1599年に死去
前田利家

五大老 重要な政務について話し合う（有力大名）

桃山文化❶

桃山《ももやま》文化を代表するのは、荘厳な天守閣を備えた城である。戦国大名の一円支配が進んだこの時代は、政治的・経済的な理由により、交通の便利な平地や小高い丘に、重層の天守閣《てんしゅかく》をもつ城が多く建てられた。また軍事的にも、鉄砲の登場により険阻な山城の優位性が失われると、土塁や水濠で囲まれ、石垣で築かれた郭をもつようになった。

池田輝政が改築した姫路城は、大天守と3棟の小天守からなる連立式天守閣の美しさで知られており、壁や瓦の合わせ目を白の漆喰で塗り固めていることから「白鷺城」とも呼ばれる。

▼姫路城。

▲備中松山城。（画像提供：高梁市教育委員会）

ここで少し時代をさかのぼって、日本における城の形態の変遷を追ってみよう。

備中松山城は天守の現存する城として唯一の**山城**《やまじろ》だが、もともとは地頭が築いた簡素な砦だった。鎌倉から室町初期にかけて多く建てられた山城は、斜面を利用した土塁と空堀で敵に備えた。豪族の支配力・動員力がさほど大きくなかったころは、交通上の不便や補給の困難よりも、戦時の守りやすさが重視されたのである。

しかし戦国時代も後半になると、城の役割は純粋に軍事的なものから、政庁としての機能をもつものに変化した。1576年に柴田勝家が甥の勝豊に築かせた**丸岡城**は、外観は2層、内部は3層の望楼型天守閣をもつ。石垣は野づら積みという古い方式で、すき間が多く粗雑な印象ながら排水がよく、大雨に崩れる心配がないとされ

▼丸岡城。（画像提供：丸岡城）

る。戦国初期の城には土塁に仮設の掘立小屋を建てた程度のものが多かったが、塗り籠めの土壁や石垣を用いるようになってから、城の耐火性や居住性が大きく向上した。また見た目も壮麗になり、城主の権威を示す役割も担った。

平野の中にある山や丘陵に築かれた城を**平山城**《ひらやまじろ》という。木曽川を望む小高い丘に現在もそびえ建つ**犬山城**は、織田信長の叔父信康が建てたとされ、その天守閣は3層4重の独立式である。尾張と美濃の国境に位置する戦略的に重要な城で、小牧・長久手の戦い（113ページ参照）では羽柴秀吉が本陣を置いた。秀吉と対峙した徳川家康は、かつて信長が居城とした小牧山城に入城した。このふたつの城はいずれも平山城であり、合戦の大規模化にともない、軍事的にも城郭の役割が変化していたことをうかがわせ

▼犬山城。（画像提供：犬山城）

▲松本城。(画像提供:松本城管理事務所)

る。

近世城郭の石垣の美しい反りは、地盤沈下への対策の結果とも考えられている。築城は当時の土木技術の結晶だったのだ。

松本城は地盤の強くない扇状地に建てられた**平城**《ひらじろ》であり、石垣の中に土台支持柱を入れ、地面全体で均等に1000トンもの重さを持つ大天守を受け止める工夫がなされている。5層6階の大天守と乾小天守、その両者をつなぐ渡櫓は、豊臣家臣の石川数正によって築かれたとされる。これらの3棟は弓や鉄砲を放つための小さな窓が数多く設置されており、軍事的性格が色濃い。一方、江戸初期には戦う備えをほとんど持たない辰巳附櫓・月見櫓の2棟が建てられており、異なる時代の天守・櫓が複合連結しているのが松本城の特色である。

桃山文化❷

桃山文化の城の内部を飾ったのは**障壁画**《しょうへきが》で、信長と秀吉に仕えた狩野永徳《かのうえいとく》の《**洛中洛外図屏風**《らくちゅうらくがいずびょうぶ》》などが有名である。永徳は水墨画と大和絵を融合させ、豊かな色彩と大胆で力強い線、そして雄大な構図の《**唐獅子図屏風**《からじしずびょうぶ》》などの装飾画を描いた。彫刻では、欄間《らんま》彫刻が盛んになった。蒔絵《まきえ》をほどこした家具や建物の飾り金具などにも装飾性の強い作品が作られた。

都市で活動する町衆もまたこの時代の文化を担った。なかでも堺の**千利休**《せんのりきゅう》は茶人として知られ、簡素・閑寂の精神を主体とする**侘び茶**《わびちゃ》の方式を完成した。茶の湯は豊臣秀吉や諸大名の保護を受けて大いに流行し、それにともなって華道や香道も広く浸透していった。

南蛮貿易に代表される、積極的な海外との交流も桃山文化の特徴である。宣教師たちは天文学、医学、地理学、金属製の活字による印刷術などを伝えた。活字印刷術は朝鮮出兵の際の捕虜によっても伝えられ、数種類の書籍が出版された。陶工も日本に連れ帰られ、有田焼などの発展につながった。

演劇では**出雲阿国**《いずものおくに》という女性が登場し、阿国歌舞伎という**かぶき踊り**が京都で評判になった。これがもとになって、のちに女性歌舞伎が誕生した。また三味線を伴奏にして人形が操られる**人形浄瑠璃**《にんぎょうじょうるり》も流行し、各地で盆踊りも行われるようになった。

第5章

250年のパクス・トクガワーナ

江戸時代

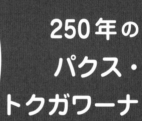

01

江戸幕府の成立

朝廷をもしのぐ全国政権

1600年 関ヶ原の戦い
1603年 徳川家康が征夷大将軍に
1605年 家康が徳川秀忠に将軍職を譲る

徳川家康が征夷大将軍に

関ヶ原の戦いで勝利した徳川家康は、1603年に征夷大将軍に任ぜられた（源氏などの子孫でなければ将軍になれない決まりだったが、家康は系図を工作して任官されたという説も）。

家康は、大名を統率するための法典**武家諸法度**を定めた（将軍の代替わりごとに発することになる）。さらには、朝廷や公家を統制する**禁中並公家諸法度**も定めている。これまでの鎌倉幕府や室町幕府は、あくまで武家社会の内部組織だったが、江戸幕府は朝廷をも凌駕する全国政権となったのである。

家康は在位わずか2年で、将軍の職を3男の**徳川秀忠**に譲る。徳川氏で将軍職を受け継いでいくことを示したのである。「次期将軍は息子の豊臣秀頼のはずだ」と思っていた秀頼の生母の**茶々**（**淀殿**）は、家康に裏切られたと激怒するが、将軍職が豊臣氏に戻ることはなかった。

江戸幕府の仕組み

家康は、大名たちの配置を行った。まず、徳川氏の親戚である**親藩**を、江戸近くの重要な場

Point 征夷大将軍に任ぜられた徳川家康は、大名たちの配置を行い、将軍職世襲の道筋をつけた。

江戸幕府の政治機構

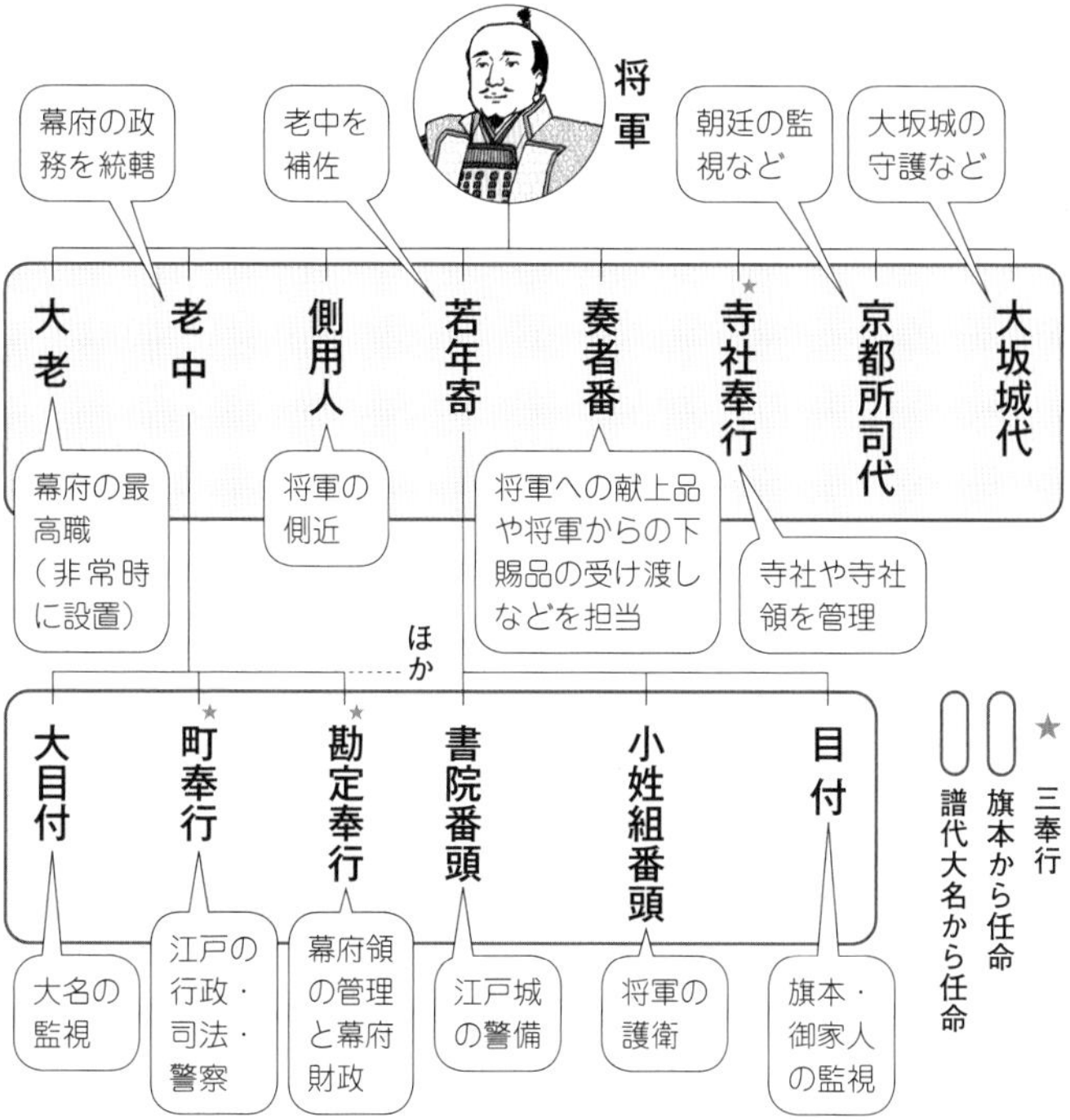

▲「旗本」とは、将軍直属の家臣で、将軍に直接会うことの許された１万石未満の者である。

所に置いた。特に徳川一門の尾張藩、紀伊藩、水戸藩は**御三家**と呼ばれた（133ページ参照）。その次に重要な地域には、関ヶ原の戦い以前から徳川家の家臣や味方だった**譜代**《ふだい》を配置した。関ヶ原の戦いのあとで徳川家に従った**外様**《とざま》は、江戸から遠い地に置かれた。

幕府は将軍を頂点に、複数の**老中**が譜代の中から選出され、合議制で政策が決められた。

大坂冬の陣・夏の陣

家康が秀吉の子に牙をむく

1605年 秀忠将軍就任
1614年 大坂冬の陣
1615年 大坂夏の陣

◉方広寺鐘銘事件と大坂冬の陣

1605年に息子の徳川秀忠に将軍職を譲って駿府（現在の静岡県）に移った家康だったが、**大御所**（前将軍）として実権を握りつづけた。

一方、大坂城にはいまだ豊臣秀頼が、淀殿とともに暮らしていた。放置すれば幕府をおびやかす危険な存在になると家康は危惧した。

そして起きたのが、1614年の**方広寺鐘銘事件**である。秀吉の創建した方広寺を秀頼が再建したのだが、そこに奉納された釣鐘に、「国家安康」「君臣豊楽」の文字があった。家康はこれについて、自分の名の「家」と「康」を引き離して徳川氏を呪詛し、豊臣家が君主となることを願うものだと難癖をつけたのだ。

家康は豊臣方に、大坂城明け渡しと大和郡山《やまとこおりやま》に移ることを命じた。秀頼が断ると、開戦の口実を得たと挙兵に踏み切った。1614年、**大坂冬の陣**である。

戦う前から豊臣方の劣勢は明らかで、頼りになるのは**真田幸村**ら何人かの武将と、難攻不落といわれた大坂城だけだった。

家康は天守閣に大砲を撃ち込んだうえで和議にもちこむと、堀をすべて埋めてしまった。大坂城の防御力は、これによって一気に落ちた。

Point 「大御所」となった徳川家康は、大坂冬の陣・夏の陣で大坂城の豊臣秀頼を攻め、これを滅ぼした。

豊臣家と徳川家

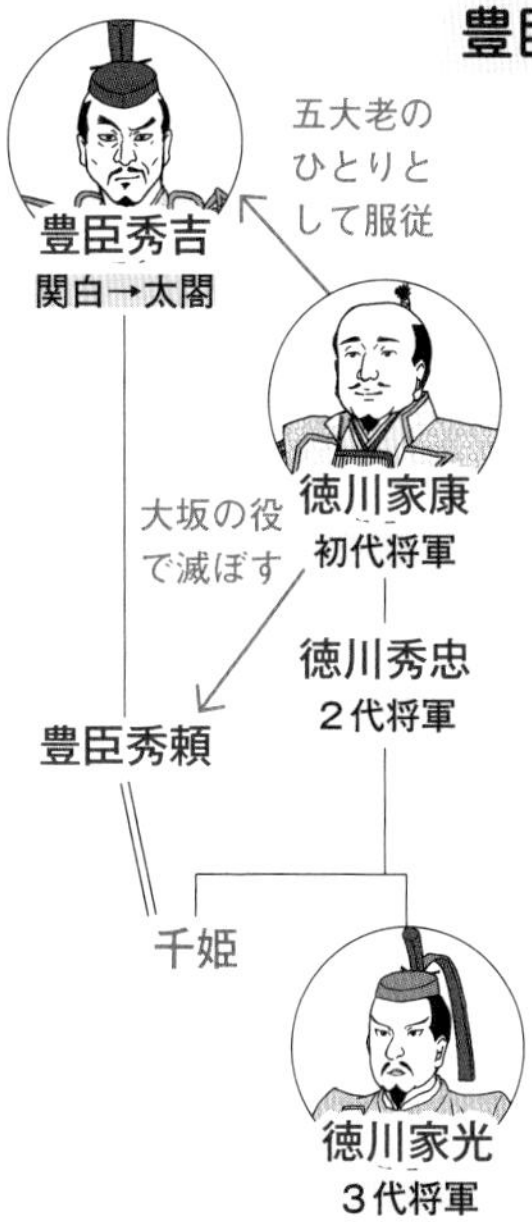

1584	小牧・長久手の戦い 豊臣秀吉と徳川家康が戦う 秀吉優位で講和
1585	秀吉が関白に
1586	家康が秀吉の家臣に
1590	秀吉が家康を東海から関東に移す
1598	秀吉死去
1600	関ヶ原の戦い
1603	家康が征夷大将軍に 千姫が豊臣秀頼に嫁ぐ
1605	家康は徳川秀忠に将軍職を譲る
1614	方広寺鐘銘事件 大坂冬の陣
1615	大坂夏の陣 豊臣家滅亡

▲徳川家康が豊臣家を滅ぼした大坂冬の陣・大坂夏の陣を、合わせて「大坂の役」とも呼ぶ。

大坂夏の陣

1615年、家康は豊臣方に領地替えを命じる。豊臣方はこれを拒否し、再び戦いが始まった。**大坂夏の陣**である。堀がない大坂城は炎上、淀殿と秀頼は命を落とした。秀吉が築いた豊臣家はわずか2代で滅んだのだった。家康はそれを見届けて、翌年死去する。

大坂夏の陣の終結により、応仁の乱以来続いてきた戦乱状態がようやくおさまった。これを**元和偃武**《げんなえんぶ》という。以降の徳川の泰平の世は、「徳川の平和《パクス・トクガワーナ》」とも呼ばれる。

幕藩体制と「鎖国」

3代将軍が築いた「徳川の平和《パクス・トクガワーナ》」の基礎

1623年 徳川家光が将軍に
1637年 島原の乱
1641年 オランダ商館が出島に移る

◉さまざまな制度が作られる

1623年、徳川秀忠は息子**徳川家光**に将軍職を譲る。この3代将軍家光の代で、幕府と各大名の藩からなる**幕藩体制**が確立された。

家光は武家諸法度（126ページ参照）に、**参勤交代**の制度を追加した。大名の妻子を人質として江戸に置き、領地と江戸を往復させるのである。これには多額の費用が必要であり、大名に財政負担をかけることで謀反を防ぐ狙いがあった。

江戸の日本橋を起点とする**五街道**（東海道、中山道、日光道中、奥州道中、甲州道中）の整備も進み、宿場や関所が作られていった。

年貢（税）納入の連帯責任を定めた**五人組**など、農民を管理する制度も作られた。ちなみに、江戸時代の身分制度として、農民を相対的に高い身分とする「士農工商」の言葉が有名だが、近年の研究により、当時そのような制度は実際には存在しなかったことがわかっている。

◉キリスト教弾圧と鎖国

幕府は以前から、外国からの干渉や信徒の団

Point ３代将軍徳川家光の時代に、幕藩体制が確立され、「鎖国」といわれる状態も作られた。

「鎖国」時代の４つの口

▲江戸時代というと「鎖国」のイメージが強いが、じつは日本は完全に閉ざされていたわけではない。近年の研究では、「鎖国」は批判的に見直されている。

結を恐れ、キリスト教を禁じるようになっていた。また、貿易の利益を独占するため、渡航や交流の制限も進めていた。

　1637年、長崎の島原で、キリスト教徒**益田（天草四郎）時貞**を中心とした農民らが一揆を起こした。この**島原の乱**は翌年鎮圧されるが、幕府はこれを機に、キリスト教の禁教を強化していく。

　そして1639年にポルトガル船の来航を禁止。1641年には、オランダ商館を長崎の**出島**のみに置いて、厳しく管理することになった。いわゆる「鎖国」の状態が作られたのである。

文治主義への切り替え

平和な時代への政策転換

1651年　徳川家光没
1680年　家綱死去　徳川綱吉が将軍に
1709年　綱吉死去

慶安の変

家光は武力を背景に幕府の体制を確立したが（**武断政治**）、4代将軍**徳川家綱**の頃から、泰平の世が定着していった。

しかし、江戸時代の初めに多くの大名が処分されたために、**牢人**《ろうにん》（仕《つか》える家を失った武士）も多数発生していた。1651年、兵学者**由井**《ゆい》**正雪**《しょうせつ》が牢人らとともに幕府転覆をはかる**慶安**《けいあん》**の変**が起こる。これを機に、幕府は牢人の発生を防ぐ政策を取るとともに、法や儒学の精神にもとづく**文治主義**《ぶんち》へと方針転換した。

5代将軍綱吉と元禄時代

5代将軍**徳川綱吉**《つなよし》の時代になると、文治主義によって安定した社会がさらに発展する。この時代を**元禄時代**《げんろく》という。綱吉は大老**堀田正俊**《ほったまさとし》の補佐を受けて政治を行った。学問を奨励《しょうれい》し、自らも朱子学《しゅしがく》（儒学の一派）に傾倒した。

綱吉といえば、殺生《せっしょう》を禁じる**生類憐み**《しょうるいあわれ》**の令**によって政治を混乱させたダメ将軍のイメージが強いが、悪政が行われたのは後半になってからのことだった。側用人《そばようにん》の**柳沢吉保**《やなぎさわよしやす》を過度に重用、財政面では貨幣価値の下落も招いたのである。

Point ４代将軍家綱や５代将軍綱吉の頃、幕府の政治は文治主義へと切り替わった。

徳川家の系図 ①

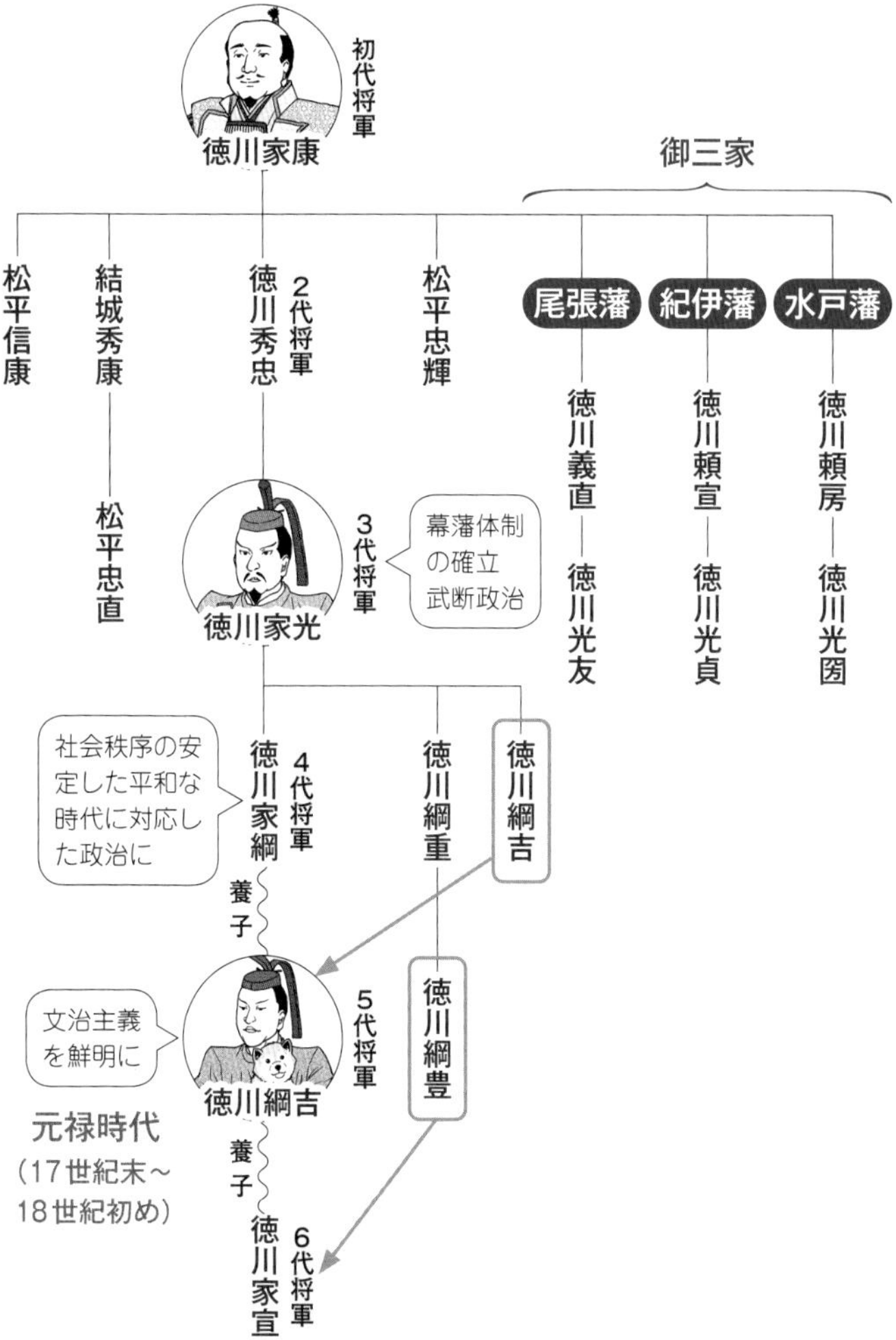

▲徳川綱吉は、兄の家綱の養子となって５代将軍に。また、綱吉の甥の徳川綱豊は、綱吉の養子となって家宣と改名し、６代将軍に就任する。

新井白石の時代

綱吉政治を否定した正徳の政治

6代将軍家宣と正徳の政治

1709年に5代将軍綱吉が没し、**徳川家宣**が6代将軍となる。

家宣は朱子学者**新井白石**と側用人**間部**《まなべ》**詮房**《あきふさ》を重用して政治を行った。その政策は、綱吉政治の否定だった。生類憐みの令を廃止し、貨幣の質を戻したのである。

この政治の刷新は、**正徳の政治**と呼ばれ称えられる。しかし、家宣は1712年、在位わずか3年で没してしまう。家宣の息子**徳川家継**はまだ幼く、家宣は生前、尾張藩の**徳川吉通**《よしみち》を次期将軍か家継の後見にするよう望んでいたが、新井白石と間部詮房は家継を7代将軍とし、自分たちが政務を担ったのだ。

7代将軍家継

幼い家継を支えるため、新井白石らは、ひとりひとりの将軍ではなく、将軍という地位そのものに権威をつけようとした。

家継と、より幼い皇女八十宮《やそのみや》との婚約をまとめて、天皇家との結びつきを強めた。また、儀式を重視し、身分秩序を強めるため、衣服の制

1709年	徳川家宣が将軍に
1712年	家宣死去 徳川家継が将軍に
1716年	家継没

Point 新井白石と間部詮房は、短命の6代将軍家宣と幼い7代将軍家継を支え、正徳の政治を行った。

徳川家の系図②

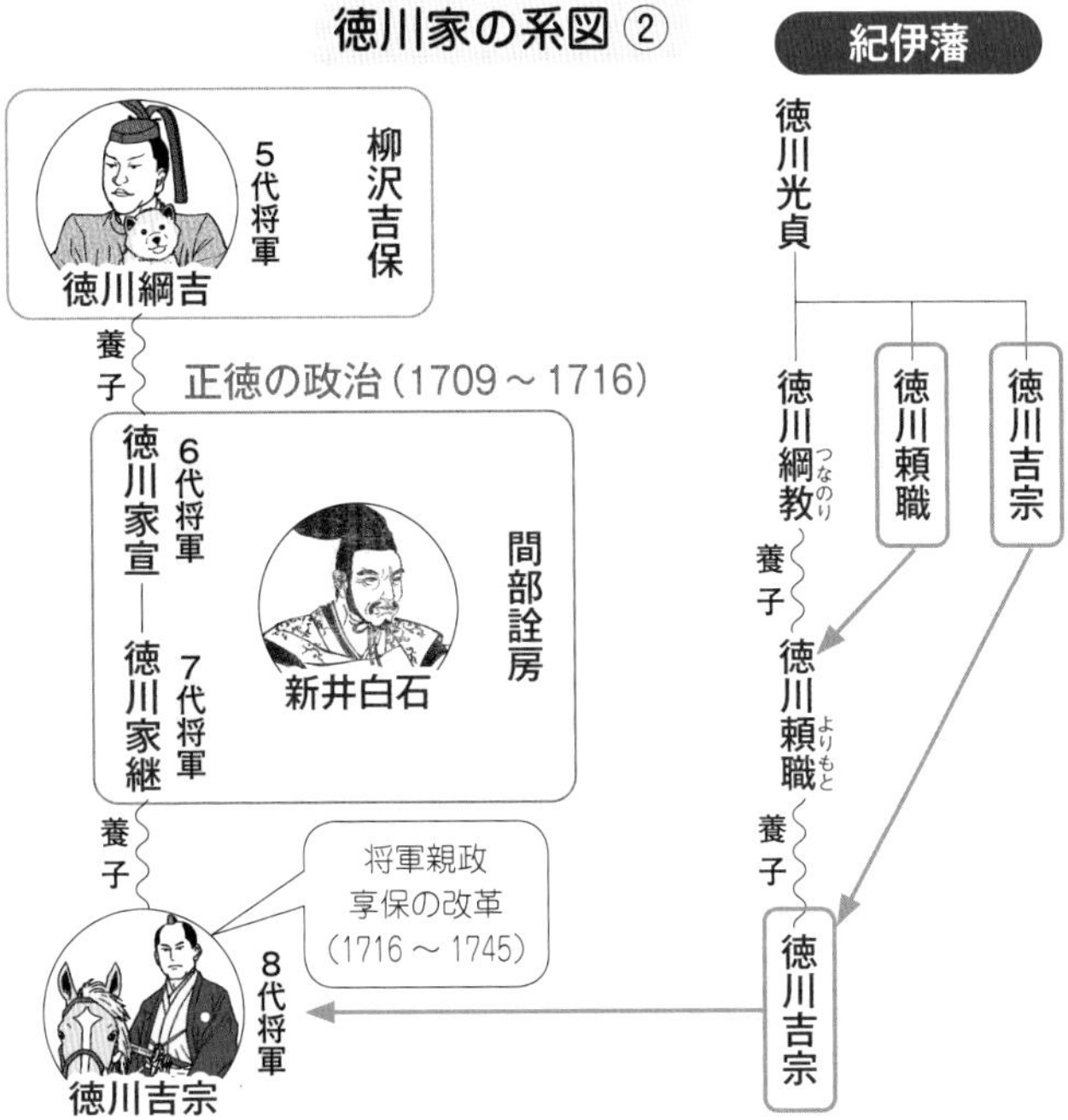

▲短命の将軍と幼い将軍を支えた新井白石の正徳の政治は、8年にも満たなかった。

度を整えて見た目で序列がわかるようにした。

朝鮮からは、将軍の代替わりごとに**朝鮮通信使**が来日するようになっていたが（131ページ参照）、白石は、家継の就任祝いにやってきた通信使の待遇を簡素化した。さらに、長崎貿易で多くの金銀が流出していたのを防ぐために、1715年、**海舶互市新令**を発布している。

しかし、家継も1716年、在位わずか3年で没してしまう。新井白石と間部詮房は失脚、正徳の政治も終わった。

紀伊藩からやってきた将軍
吉宗の享保の改革

1716年 吉宗就任
1722年 定免法
1742年 公事方御定書

8代将軍徳川吉宗誕生

徳川吉宗は紀伊藩の出身だが、四男で母親の身分も低かった。しかし、兄たちがあいついで亡くなり、紀伊藩主となった。

幕府は、7代将軍家継に世継ぎがなかったため、御三家から次期将軍を選ぶ必要に迫られていた。そこで紀伊藩主の徳川吉宗が、8代将軍に選ばれたのである。

吉宗は在位29年間で数々の改革を実施していく。これを**享保の改革**といい、江戸時代の3代改革のひとつといわれている。

吉宗の数々の業績

吉宗は自ら政治を行う将軍親政に乗り出す。最優先の改革は幕府の財政再建だった。そのため、**倹約令**を出して支出を抑えた。大名たちには**上げ米**として、石高1万につき100を臨時に上納させた（代わりに参勤交代の江戸滞在期間を半年に短縮した）。金銀の貸借によるトラブルを当事者間で解決させる**相対済《あいたいすま》し令《れい》**を出し、米の増産のために**新田《しんでん》開発**を進めた。

この時代は、石高に応じて就ける役職が決められていたが、吉宗は人材を確保するために**足**

Point 紀伊藩出身の徳川吉宗が8代将軍として迎えられ、享保の改革を行った。

徳川家の系図 ③

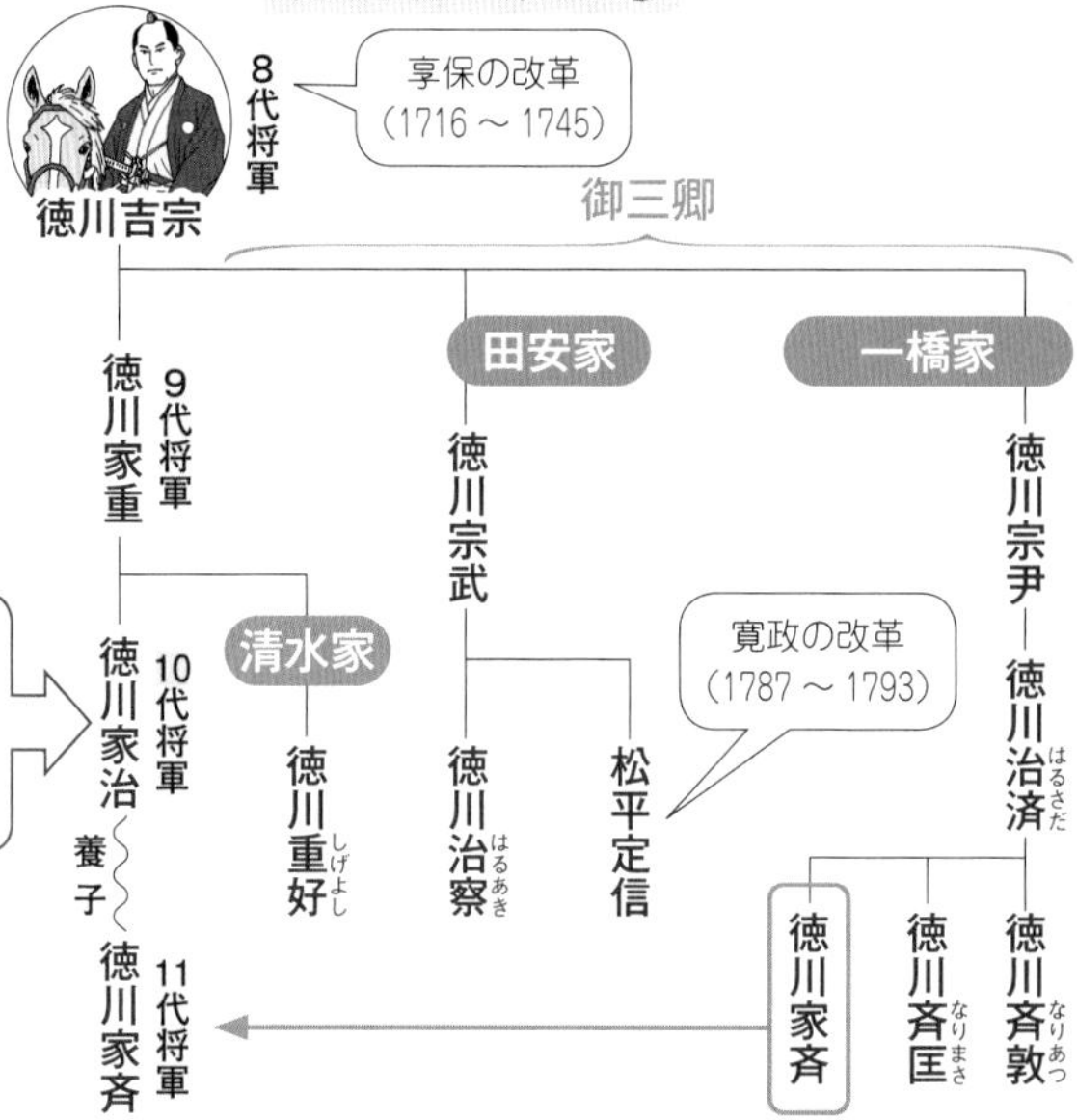

▲吉宗が息子たちに興させた田安家と一橋家は、のちに興る清水家とともに、御三卿《ごさんきょう》と呼ばれることになる。

高の制を作り、優秀な者は任期の間は石高を上げ、上の役職に就くことができるようにした。

江戸の都市政策も重視された。**目安箱**を設けて庶民の声を集め、貧しい者のための無料の医療施設**小石川養生所**を作った。

火事で苦しむ江戸の人々のために、消防組織である**町火消**《まちびけし》の制度も整備していった。

裁判の基準となる**公事方**《くじかた》**御定**《おさだめ》**書**《がき》も制定し、判例にもとづく合理的な司法判断を明示した。

また吉宗は、次男の**徳川宗武**《むねたけ》に**田安**《たやす》**家**を、四男の**徳川宗尹**《むねただ》に**一橋家**《ひとつばしけ》を興《おこ》させた。

田沼意次の重商主義

先駆的だったが不満も続出

1761年	吉宗、家重死去
1772年	田沼意次、老中に
1786年	家治死去、意次失脚

◉田沼意次の台頭

1745年、吉宗は息子**徳川家重**に将軍職を譲り、大御所として政治を行ったが、1761年、吉宗と家重は、そろって死去する。

家重の息子**徳川家治**が10代将軍となったが、家治は政治に興味がなく、側用人**田沼意次**《たぬまおきつぐ》が政治を行っていくようになる。

田沼の政治の特徴は、農業を重視して年貢の増収に期待する重農主義から、商業を重視する**重商主義**への転換であった。田沼は1772年に老中になると、商業重視による財政再建を押し進めていく。

まず**株仲間**を許可する。同じものを扱う商人同士の組合を作らせ、幕府がその専売権を認める代わりに営業税（**運上**《うんじょう》や**冥加**《みょうが》**金**という）を徴収した。

しかし、株仲間に入っていない者の商売を禁止したため、業界との間に癒着が生まれ、営業税は賄賂のようになっていく。幕府役人の間でも賄賂や縁故人事が横行し、武士の士風を退廃させたと批判されることになった。

意次はまた、**印旛沼**や**手賀沼**の干拓工事に着手。蝦夷地と言われた北海道の開拓にも乗り出していく。

Point 18世紀後半、10代将軍徳川家治の側用人から老中になった田沼意次は、商業重視の政策を実施した。

田沼時代の出来事

1760	徳川家治が第10代将軍に
1767	田沼意次が側用人に
1772	田沼意次が老中に
	明和の大火
1782	天明の飢饉（～1787年）
	印旛沼・手賀沼の干拓に着手
1783	浅間山大噴火
1784	田沼意知（意次の子）が暗殺される
1786	最上徳内らを蝦夷地に派遣
	徳川家治死去
	田沼意次失脚
1787	天明の打ちこわし
	寛政の改革（～1793年）
1788	田沼意次死去

（1767～1786　田沼時代）

▲田沼意次肖像（牧之原市相良史料館所蔵）

田沼意次の失脚

田沼意次は、商業を重視するあまり、農業を軽視したため農民たちの不満が噴出、全国に百姓一揆が広まっていった。1782年から1787年まで続いた**天明の飢饉**の間には、浅間山の大噴火や関東地区の大水害などもあった。

1784年、意次の息子**田沼意知**《おきとも》が江戸城内で刺殺される。そして1786年、意次の庇護者であった将軍家治が死去すると、意次は老中を罷免《ひめん》され、多くの政策も中止となった。田沼意次の政策は先駆的なものだったといえるが、十分な成果を得られぬまま終わったのだった。

寛政の改革

生真面目な男の倹約のゆくえは？

1789年　棄捐令
1790年　寛政異学の禁
1793年　定信、老中を解任される

松平定信が改革に着手

10代将軍家治亡きあと、**徳川家斉**が11代将軍に就いたが、まだ若年だった。そのため家斉の補佐に当たったのが、白河藩主で老中の**松平定信**である。

彼が老中に就任した1787年、大坂で**天明の打ちこわし**が勃発。天明の飢饉で困窮した町人農民が、豊かな商人などを襲ったのである。打ちこわしは、江戸をはじめ全国に広まった。

そんな中、松平定信は前時代の田沼意次の政策を全否定し、8代将軍吉宗の**享保の改革**（136ページ参照）を手本とした節約政策を取る。江戸の3大改革のひとつ、**寛政の改革**である。

定信の政策と失脚

1789年、米を備蓄する**囲米**の制が定められる。旗本や御家人に金を貸していた札差《ふださし》（米の支給の仲介業者）に対し、債権を放棄させる**棄捐令**《きえんれい》も発せられた。

1790年には、江戸の石川島に**人足寄場**《にんそくよせば》が設置され、無宿人となった者の職業訓練が行われた。また、田沼時代に農村から江戸などの都

Point 田沼時代ののち、老中となった松平定信が享保の改革を行うが、厳しい倹約政策は不評だった。

寛政の改革　関連年表

1787	天明の打ちこわし
	松平定信が老中に
1789	尊号一件（～1793年）
	囲米の制、棄捐令
1790	石川島に人足寄場を設ける
	寛政異学の禁、出版統制令
	旧里帰農令
1791	七分積金の制
1792	ロシア使節ラクスマン来航
	江戸湾・蝦夷地の海防強化
1793	松平定信が老中を解任される

▲松平定信肖像（鎮国守国神社所蔵）

会に出てきた大量の農民に対し、故郷に帰るよう命じる**旧里帰農令**も施行。これは農地の荒廃を防ぎ、収量を上げる目的があった。**寛政異学の禁**によって朱子学以外の学問を禁止し、他の学問は認めなかった。民間に**出版統制令**を出して、幕府批判・政治風刺の出版物を禁止や処罰の対象とした。

1791年には、飢饉などのときのために町費を節約させ積み立てさせる**七分積金**の制も定められるが、生真面目な松平定信の厳しい倹約政策は、民衆の反感を買うことになる。

その頃、朝廷から幕府に、**光格《こうかく》天皇**の父に太上天皇の尊号《そんごう》をおくりたいとの意向が示されていたが、松平定信はこれに反対していた（**尊号一件**）。これが将軍家斉とのトラブルに発展し、定信は老中を罷免されてしまう。そしてここから、幕府と朝廷の関係も変化し、幕末に向けて朝廷の存在感が増していくことになる。

天保の改革

幕府の起死回生はかなうのか？

幕府の弱体化が顕著に

11代将軍家斉は、息子**徳川家慶**に将軍職を譲ったあとも、大御所として政治を行った。

18世紀末以降、日本にたびたび外国船が訪れるようになっていたが（１４４、１４７ページ参照）、幕府はこれにうまく対応できずにおり、人々の不満は高まっていった。１８３２年には**天保の飢饉**が発生。１８３７年、貧民救済を旗印とする**大塩平八郎の乱**も起こった。

１８４１年に大御所家斉が没すると、家慶は老中**水野忠邦**に、**天保の改革**を行わせる。

天保の改革の実態

江戸の３大改革のひとつとされる天保の改革だが、旧態依然とした重農主義にもとづくその内容は享保の改革や寛政の改革のコピーにすぎなかった。

水野忠邦は１８４３年、江戸と大坂周辺を幕府の直轄地とする**上《じょう》知《ち》令《れい》**を発した。しかしこれは大名たちの激しい反対で実施できず、水野は老中職を追われる。そして、一度発令した法を諸藩の反対でくつがえされたという事実は、幕府権力の弱体化を世間に知らしめてしまった。

１８３７年	徳川家斉が家慶に将軍職を譲る
１８４１年	家斉没 天保の改革始まる
１８４３年	上知令 水野忠邦失脚

Point 19世紀半ば、水野忠邦が天保の改革を行ったが、幕府の弱体化を可視化しただけだった。

徳川家の系図④

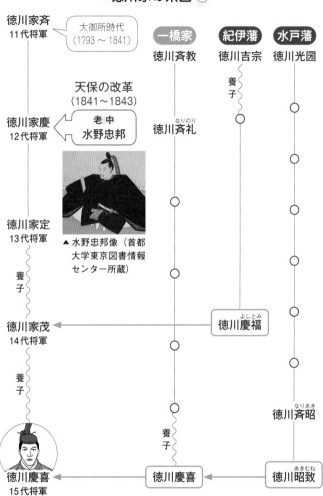

徳川家斉
11代将軍
大御所時代
(1793〜1841)

天保の改革
(1841〜1843)

徳川家慶
12代将軍
老中
水野忠邦

▲水野忠邦像（首都大学東京図書情報センター所蔵）

徳川家定
13代将軍
養子
徳川家茂
14代将軍
養子

徳川慶喜
15代将軍

一橋家
徳川斉教
徳川斉礼《なりのり》
養子
徳川慶喜

紀伊藩
徳川吉宗
養子
徳川慶福《よしとみ》

水戸藩
徳川光圀
徳川斉昭《なりあき》
徳川昭致《あきむね》

黒船の衝撃 ペリー来航

無策な幕府と力をつける諸藩

1804年 ロシア使節レザノフ来航
1825年 異国船打払令
1853年 ペリー来航

◉外国船の襲来

19世紀前半、ヨーロッパやアメリカからの船が日本にしばしば来航するようになっていた。1804年、ロシアの**レザノフ**が通商を求めて来日した。幕府はいったん拒絶するも報復を受け、やむなく**薪水給与令**を出して対応を軟化させた。しかし1808年、英国軍艦フェートン号が長崎に侵入する事件が発生。そののちも外国船員と日本の住民とのトラブルがあったため、幕府は態度を硬化し、1825年には**異国船打払令**を発した。

▼ヴィルヘルム・ハイネ原画による石版画《ペリー提督・横浜上陸の図》（1855年）。（横浜開港資料館所蔵）

Point 幕府は列強の外圧に苦慮し、朝廷や諸大名の発言力が強まる。

◉外圧から開国へ

このような状況の中、1853年6月、アメリカの東インド艦隊司令長官**マシュー・ペリー**が、4艘の軍艦を率いて浦賀に来航する。その巨大な軍艦を、日本人は「黒船」と呼んだ。

ペリーはアメリカ合衆国大統領の国書を提出し、日本に開国を迫る。狼狽《ろうばい》した幕府は、1年後に返事をすると約束してペリーを帰すが、具体的な考えがあるわけではなかった。

老中首座（老中の筆頭）の**阿部正弘**《あべまさひろ》は、朝廷や諸大名とも相談して対策を立てようとしたが、そのことで朝廷や諸大名の発言力が強まった。また、前水戸藩主**徳川斉昭**を幕政に参加させ、国防充実をめざす**安政の改革**を行った。

さて、1854年1月、ペリーは7隻の艦隊を率いて再び来航。**日米和親条約**が結ばれ、**下田**と**箱館**の2港の開港、燃料や食料の供給、**領事**の下田駐在の許可、アメリカに対する**片務的最恵国待遇**（日本が他国に有利な条件を与えた場合、その条件をアメリカにも与えること）などが定められた。

幕府はさらに、ロシアやイギリス、オランダとも同じような条件で和親条約を結ぶ。こうして、17世紀以来続いてきた「鎖国」状態が終わったとされる。

1856年には、アメリカ総領事として**タウンゼント・ハリス**が来日し、通商条約の締結を求めた。時の老中首座**堀田正睦**《ほったまさよし》は勅許（天皇の許可）を求めたが、**孝明天皇**は首を縦に振らなかった。

井伊直弼の決断と死

不平等条約を引き受けた大老

1858年　井伊直弼、大老に
1858年　家茂、将軍に／安政の大獄
1860年　桜田門外の変

井伊直弼の苦しい判断

1858年、**井伊直弼**が大老に就任する。中国の清王朝がイギリスやフランスから半植民地化されている状況の中、井伊は勅許が下りぬまま、不平等な**日米修好通商条約**に調印してしまう。折からの**将軍継嗣問題**でも、井伊は反対派を押し切って、**徳川家茂**を14代将軍に決定した。

井伊の行動は、**徳川慶喜**を将軍に推していた一派や、尊王攘夷（天皇を尊び外国勢力の撃退をはかること）を志す者たちから非難されたが、井伊は反対派を厳しく罰した（**安政の大獄**）。

桜田門外の変へ

井伊直弼は、独断専行で不平等条約を結んだ人物として、悪玉扱いされがちだが、近年の研究では、井伊自身は条約締結を望んでいなかったことがわかっている。井伊がやむをえないときの裁量を任せた若手の交渉役が、条約締結を決めたというのだ。この日米修好通商条約をはじめとする**安政の五カ国条約**（178ページ参照）は、その後の日本の足枷となっていく。

1860年、井伊直弼は水戸の元藩士らに襲撃され、命を落とした（**桜田門外の変**）。

Point 井伊直弼は厳しい弾圧で幕府権威の回復をはかったが、尊王攘夷派に暗殺された。

開国への道

❶ ラクスマン来航（1792）
❷ レザノフ来航（1804）
❸ フェートン号事件（1808） イギリス軍艦侵入
❹ ゴロブニン事件（1811） ロシア軍艦の艦長を捕らえる
❺ 英船員大津浜上陸（1824）
➡ 1825年　異国船打払令
❻ モリソン号事件（1837）
アメリカ軍艦を撃退
❼ オランダ国王開国勧告（1844）
➡拒絶
❽ ビッドル来航（1846） アメリカ軍人
❾ ペリー来航（1853、1854）
➡ 1854年　日米和親条約

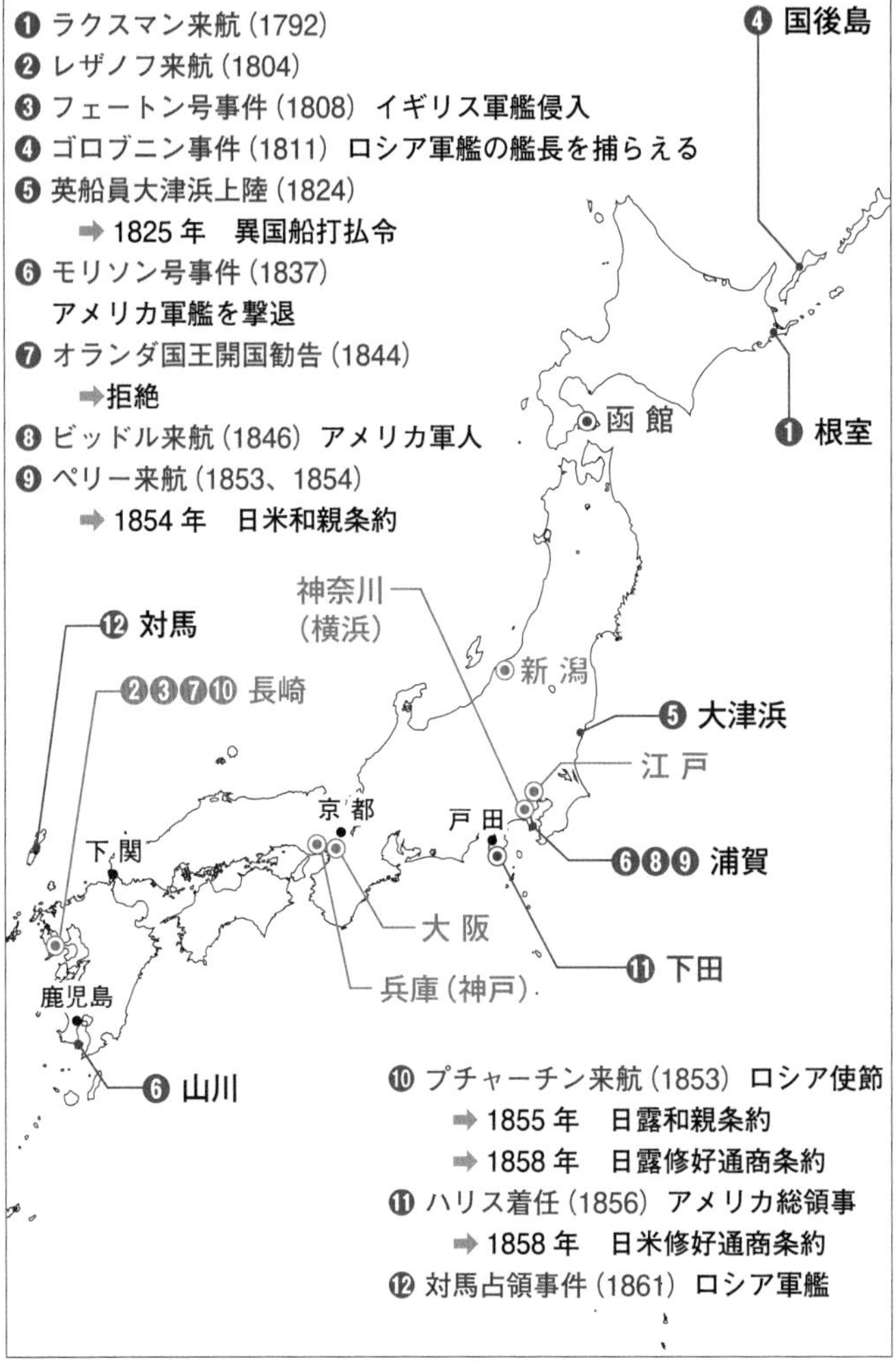

❿ プチャーチン来航（1853） ロシア使節
➡ 1855年　日露和親条約
➡ 1858年　日露修好通商条約
⓫ ハリス着任（1856） アメリカ総領事
➡ 1858年　日米修好通商条約
⓬ 対馬占領事件（1861） ロシア軍艦

公武合体論の登場

朝廷と幕府は手を結べるか？

1862年 和宮降嫁
坂下門外の変
寺田屋事件

◉和宮降嫁の公武合体

桜田門外の変以降、尊王攘夷派の活動はますます激しくなっていった。幕府はそれらの矛先をかわすため、老中の**安藤信正**が**公武合体**を提案。将軍家茂の妻に孝明天皇の妹の皇女**和宮**を迎えようとした。朝廷と武家の婚姻だ。

１８６２年、和宮の将軍家への降嫁は実現するが、政略結婚は尊王攘夷派から非難され、安藤も江戸城の坂下門外で水戸藩士らに切りつけられる（**坂下門外の変**）。安藤は老中を退くことになる。

◉島津久光の活躍

尊王攘夷は、もともとは幕末の水戸学の思想だったが、井伊直弼が天皇の許可を得ずに日米修好通商条約を結んだときから、尊王攘夷は反幕府論となり、政治革命運動へと発展した。尊王攘夷を主張する者を**尊攘派**と呼び、幕府の政治を支持する者を**佐幕派**という。

１８６２年、尊攘派と佐幕派の対立が激化していく中、薩摩藩の**島津久光**が動き出す。

久光はまず京都へ入る。孝明天皇に建言するためだった。それを尊攘派の薩摩藩士は、久光

Point 尊攘派は和宮降嫁に強く反発し、坂下門外の変で安藤信正は失脚した。

和宮降嫁と公武合体論

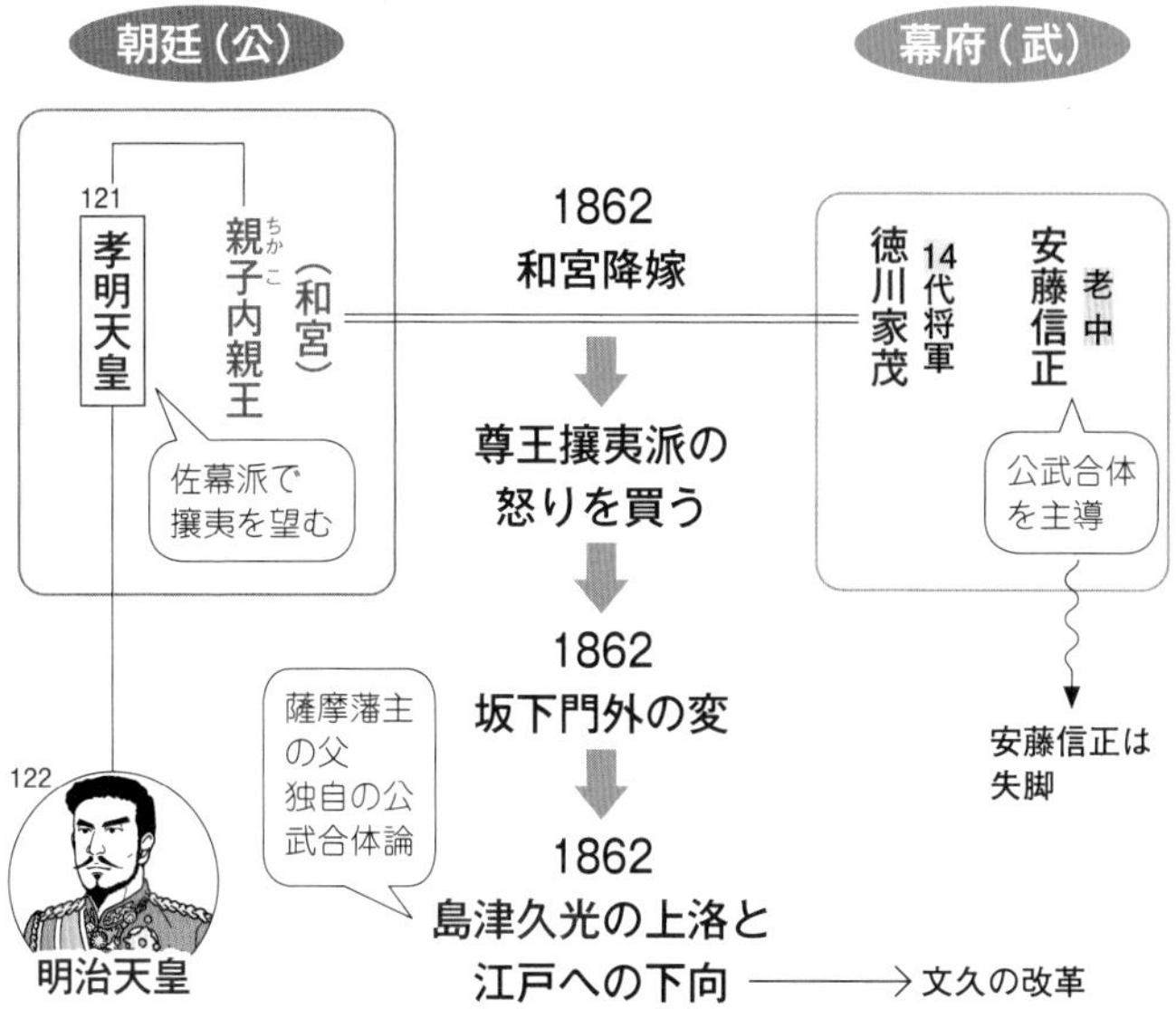

が倒幕の挙兵をしたと誤解した。しかし、この頃の久光にはまだその気はなかった。過激派の薩摩藩士が京の寺田屋に集結するとの噂を聞き、久光はこれを鎮圧した。これを**寺田屋事件**という。

　久光は京都から江戸に下って幕府に意見し、**松平春嶽**《しゅんがく》を政事総裁職に、**徳川慶喜**を将軍後見職に就任させる。これが**文久の改革**で、西洋式軍制の導入や参勤交代制度の緩和などのきっかけとなる。そして島津久光は、この江戸からの帰りに、**生麦事件**を引き起こすのである。

攘夷運動の挫折

外国勢力の排除をめざしたが……

1862年	生麦事件
1863年	薩英戦争
1864年	第1次長州戦争

◉生麦事件と薩英戦争

久光は江戸で文久の改革という大仕事をやり終え、故郷の薩摩に帰る途中、生麦の地でイギリス人のふるまいを無礼な行為と怒り、襲撃した。**生麦事件**である。翌1863年、自国民を殺されたイギリスが鹿児島湾まで艦隊を率いてやってきて薩摩を砲撃し、**薩英戦争**となった。戦備の差は明らかで、薩摩は攘夷が不可能だと知り、倒幕へとシフトしていく。この戦争は、イギリスに賠償金を支払うことで解決するが、その賠償金は幕府が肩代わりしてくれた。

◉長州藩の動向

攘夷色の強い長州藩は、下関に砲台を設置し、外国船を攻撃していた。これをよしとしない薩摩藩と会津藩は**八月十八日の政変**を断行。長州藩勢力と公家の**三条実美**《さんじょうさねとみ》らを京都から追放した。

1864年、長州藩は逆襲に転じて京に攻め入るが、薩摩や会津、桑名藩と戦って敗れ去る（**蛤**《はまぐり》**御**《ご》**門**《もん》**の変**）。さらに、イギリスなど**4か国の連合艦隊が下関砲台を攻撃・占拠**。長州は攘夷が不可能なことだと知った。そんな長州へ、幕府軍が攻め寄せていった（**第1次長州戦争**）。

Point 当時の日本と列強の軍事力の差は明らかで、武力による攘夷の試みは挫折した。

尊王攘夷に関する事件

1860年 ❶ 桜田門外の変
1862年 ❷ 坂下門外の変
❸ 寺田屋事件
❹ 生麦事件
1863年 ❺ 長州藩外国船砲撃事件
❻ 薩英戦争
❼ 八月十八日の改変 ➡ 七卿落ち
❽ 天誅組の変
❾ 生野の変

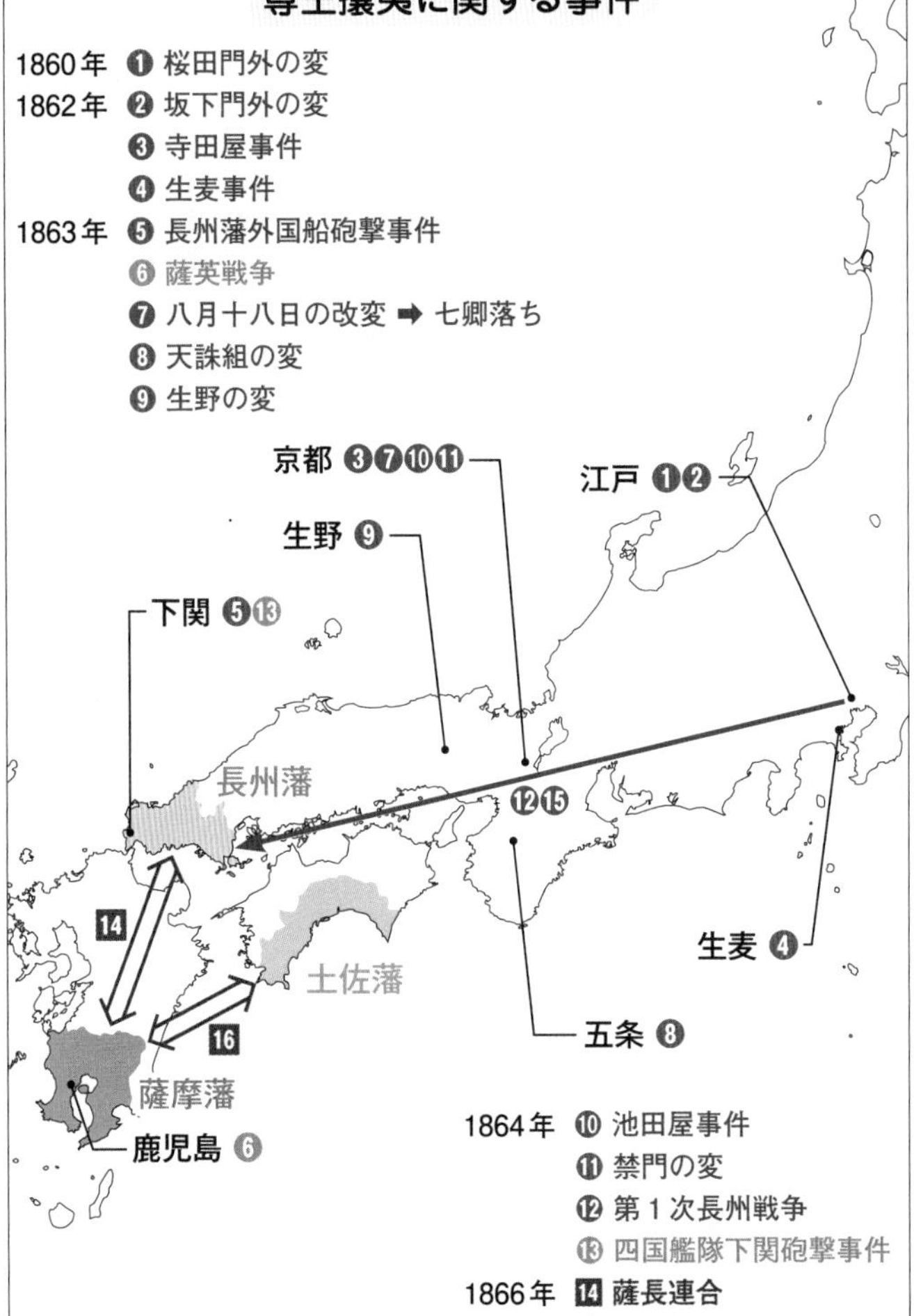

1864年 ❿ 池田屋事件
⓫ 禁門の変
⓬ 第１次長州戦争
⓭ 四国艦隊下関砲撃事件
1866年 14 薩長連合
⓯ 第２次長州戦争
1867年 16 薩土盟約

各藩が方針を転換する 攘夷から倒幕へ

秘密の薩長連合

下関で英仏米蘭の4か国連合艦隊に完敗した長州を救ったのは、**奇兵隊**の創始者でもある**高《たか》杉晋作《すぎしんさく》**だった。彼は、4か国との和平交渉のため、英国から急遽帰国した、のちに初代総理大臣となる**伊藤博文《いとうひろぶみ》**を通訳にして交渉に当たり、多額の賠償金を幕府に払わせる形で和平交渉は成立する。この時点で長州は朝敵だった。**第1次長州戦争**では屈辱的な扱いで和睦した。

一方、薩摩は幕府に協力する形で長州と対立してきた。いわば薩摩と長州は敵同士だったが、共通点があった。両藩とも攘夷の無謀さを骨身にしみて理解していたことだ。薩摩は薩英戦争で、長州は下関事件でそれぞれ体験していた。

そこで両藩をつないだのが土佐の**坂本龍馬《さかもとりょうま》**だった。1866年、薩摩の**西郷隆盛《さいごうたかもり》**と長州の**桂《かつら》小五郎《こごろう》**（のちの**木戸孝允《きどたかよし》**）を引き合わせ、倒幕の密約を交わさせる。**薩長《さっちょう》連合**（**薩長同盟**）だ。

第2次長州戦争

1866年、世直しの風が吹き荒れた。この頃、農民による一揆が多発するが、この一揆は

1866年
- 薩長連合（薩長同盟）
- 第2次長州戦争
- 徳川慶喜将軍就任

Point 土佐藩士の坂本龍馬らの仲介による薩長連合の成立により、倒幕勢力の骨格が定まった。

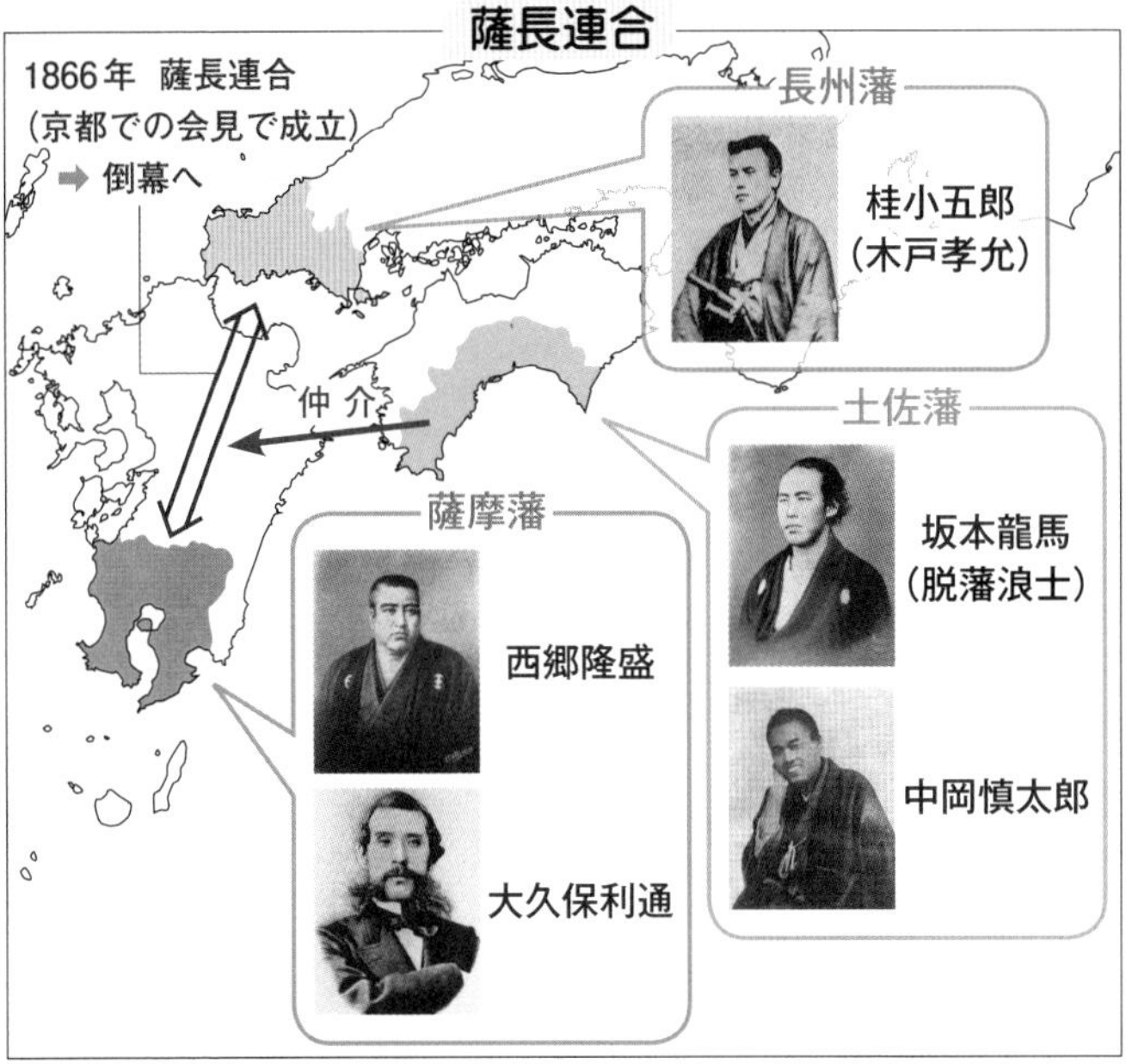

▲画像提供：国立国会図書館

世直し一揆と呼ばれた。

薩長連合の半年後、幕府は長州の不穏な動きを察知。「朝敵」を理由に**第2次長州戦争**を行う。しかし秘密の同盟を結んでいた薩摩は動かなかった。大藩である薩摩の兵が当てにできなかったことに加え、**大村益《おおむらます》次郎《じろう》**の作戦のもと、高杉晋作の奇兵隊などの活躍で幕府は長州に大敗。幕府は大坂城に出陣中の将軍家茂の急死を口実に戦闘を中止した。

第2次長州戦争で幕府が大敗したことで、諸藩の心は離れていった。

1866年12月、第15代将軍に**徳川慶喜**が就任。徳川幕府最後の将軍である。

徳川慶喜と大政奉還

生き残りと覇権をかけたせめぎ合い

最後の将軍慶喜

時代の流れは、すでに倒幕へと大きく傾いていた。そんな中、徹底した尊王派であり、同時に外国事情に精通し攘夷の不可能性も理解する徳川慶喜が、幕府の中心を担うことになったのであった。矛盾の中で動乱の世を鎮める方法を考えなければならなかった、悲運の将軍といえるだろう。

徳川慶喜が将軍に就任した20日後、**孝明天皇**が没する。次の天皇にはまだ年少の**明治天皇**が即位した。

王政復古

1867年10月、慶喜は**大政奉還**（政治を天皇に返すこと）を申し出る。滅ぼされることを防ぎ、新時代に生き残っていくための策であったといえる。

これに対し、薩長を中心とする討幕派は、公家の**岩倉具視**と手を結び、旧幕府勢力を朝廷内から一掃するために、**王政復古の大号令**を発し、新政府を樹立した。

こうして、徳川幕府の時代に終止符が打たれた。日本はさらなる激動の近代へと突入する。

Point 大政奉還には、朝廷のもとに徳川主導の諸藩連合政権を作るねらいがあった。

江戸幕府の終焉

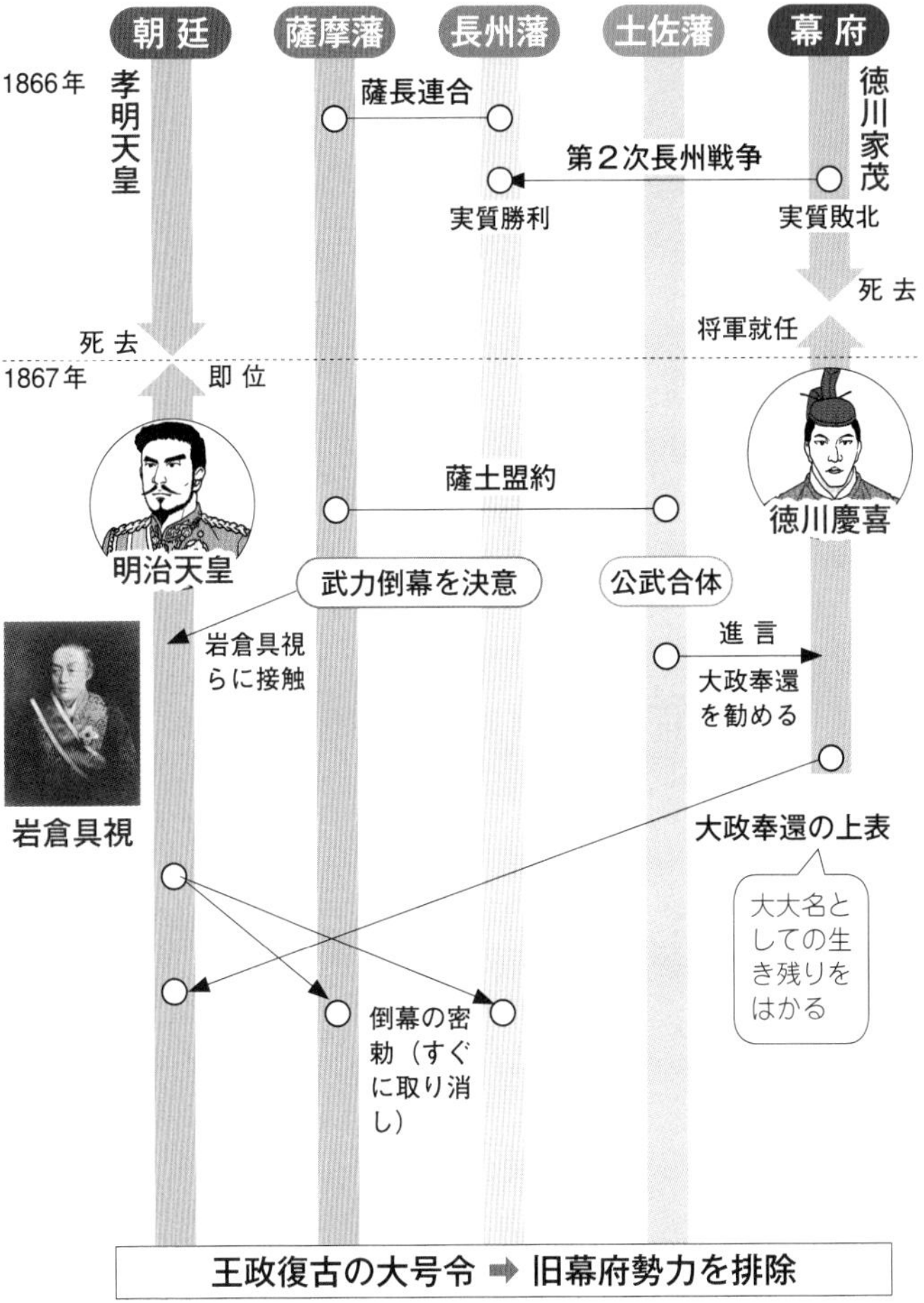

▲画像提供：国立国会図書館

文化のページ10

◉元禄文化

17世紀後半から18世紀初頭にかけ、徳川綱吉の治下、経済が大きく発展した（132ページ参照）。その結果、関西を中心に、人間性・合理性を重んじる町人気質を特徴とした文化が花開いた。これを年号にちなんで**元禄文化**という。

井原西鶴は現実の世相や風俗を背景に『日本永代蔵』や『世間胸算用』、『好色一代男』などの**浮世草子**を著した。**近松門左衛門**は『曽根崎心中』や『冥途の飛脚』『女殺油地獄』など、**人形浄瑠璃**の脚本家として人気となった。竹本義太夫らによって語られた近松作品は**義太夫節**という独立した音曲に発展していく。

連歌から発展した**俳諧**には、俳諧を教養と考える**貞門派**と奇抜な趣向を重んじる**談林派**があったが、**松尾芭蕉**がイメージの映発の中で生じる景と情の融合を重んじた**蕉風**を打ち出し、連歌の**発句**を単独の文学形式に昇華させた。芭蕉は各地を旅して地方の武士や商人たちと交わり、『奥の細道』を著した。

絵画では京都の**尾形光琳**が装飾性を特徴とする**琳派**を起こし《かきつばた》などの名作を残した。また、江戸の**菱川師宣**が**浮世絵**の版画を始めた。美人や役者などを題材にして都市の風俗を描き、安価に入手できることもあり人気を博した。

陶器では**野々村仁清**が上絵付法をもとに**色絵**を完成、染め物では**宮崎友禅**が**友禅染**を始めた。

儒学・国学・蘭学

幕藩体制の安定とともに、**儒学**は封建社会を維持するための教学として幕府や藩に歓迎された。なかでも**新井白石**は、一介の儒者でありながら政権運営を担当した（134ページ参照）。

儒学の隆盛による学問的思考の蓄積は、他分野の下支えとしても機能し、本草学や和算、歴史の研究などで日本独自の成果が生まれた。**契沖**や**北村季吟**の古典研究に端を発する**国学**が始まったのもこの時代である。伊勢商人の家に生まれた**本居宣長**は『古事記伝』を著し、日本古来の精神に立ち返ることを主張して漢意《からごころ》を激しく攻撃した。宣長の影響を受けた**平田篤胤**は復古神道を主張し、幕末の尊王攘夷運動にも大きな影響を与えた。

オランダ語の書物を通して西洋の学術と知識を受容しようとする**蘭学**は、徳川吉宗による洋書の解禁を契機に生じた。オランダの医師**シーボルト**は鳴滝塾を開いて多くの蘭学者を育てた。しかし彼は**伊能忠敬**が作った最初の日本地図を持ち出そうとして国外退去処分を受ける。

医学に貢献したのは、**前野良沢**と**杉田玄白**だった。彼らはオランダ語で書かれた『ターヘル＝アナトミア』を辞書なしで翻訳し、『**解体新書**』として刊行している。

また、摩擦発電器《エレキテル》で有名な**平賀源内**は、長崎で学んだ科学の知識をもとに、物理学の研究を始めた。

文化のページ12

◉化政文化

江戸後期の文化文政年間には、世相を反映し、皮肉や滑稽を遊ぶ文化が江戸を中心に花開いた。この文化を**化政文化**と呼ぶ。

化政文化は現在の日本人が思い浮かべる江戸のイメージをよく反映している。この頃には全国各地に多くの**藩校**が作られ、庶民も**寺子屋**で「読み・書き・そろばん」などを学べるようになったため、文化の裾野は大きく広がっていた。

文学では、笑い話としても楽しめる紀行文『**東海道中膝栗毛**』が十返舎一九によって書かれている。これらのジャンルは**滑稽本**と呼ばれ、他には式亭三馬の『浮世風呂』などがある。

恋愛を扱った**人情本**も庶民に受け入れられて流行したが、その代表的作家**為永春水**は、天保の改革（142ページ参照）で処罰された。

伝説や歴史を題材にした小説は**読本**といわれ、上田秋成の『**雨月物語**』などが知られている。滝沢馬琴の『**南総里見八犬伝**』は、SFと儒教道徳、仏教観が融合された長編である。

俳諧では、**小林一茶**が民衆の生活を詠んだ。**与謝蕪村**には、情景描写にすぐれた句が多い。

浮世絵では、写実が見事な**歌川広重**の『東海道五十三次』や、**葛飾北斎**が描いたスケールの大きな『富嶽三十六景』、**東洲斎写楽**の極端なデフォルメがなされた役者絵、**喜多川歌麿**の美人画などがある。浮世絵は、海外に渡りゴッホらの画家に強い影響を与えた。

第6章

近代日本の光と影

明治時代

戊辰戦争の顚末

旧幕府軍と新政府軍の決戦

1868年 鳥羽・伏見の戦い
江戸無血開城
1869年 五稜郭の戦い

鳥羽・伏見の戦い

1867年に徳川幕府は消滅したが、徳川家は依然として莫大な財産を所有しており、新政府はそれを脅威ととらえていた。

明治政府の**西郷隆盛**は旧幕臣を挑発し、戦争をさせる作戦に出る。**徳川慶喜**はやむなく開戦を決意。そうして1868年に始まった新政府軍と旧幕府軍の戦争を、**戊辰戦争**と総称する。

京都で始まった**鳥羽・伏見の戦い**では、新政府軍が官軍（天皇の軍）の印である「錦《にしき》の御《み》旗《はた》」を掲げて戦ったため、旧幕府軍は戦意喪失して大坂城へ逃げ込んだ。大坂城には徳川慶喜がいたが、慶喜も朝敵となることを恐れ、城を捨て江戸へ向かった。

戊辰戦争

江戸城に入った慶喜を追い、新政府軍は江戸へと進軍する。途中、**新撰組**を主体とする旧幕府軍を打ち破り、士気は大いに上がった。

元幕臣の**勝海舟**は、江戸が戦場となることを避けるため、**山岡鉄舟**を使者にして西郷隆盛と交渉。そして勝と西郷の直接会談の結果、江戸

Point 徳川慶喜が朝敵となることを恐れ恭順したため、内戦は比較的短期間で終了した。

戊辰戦争の展開

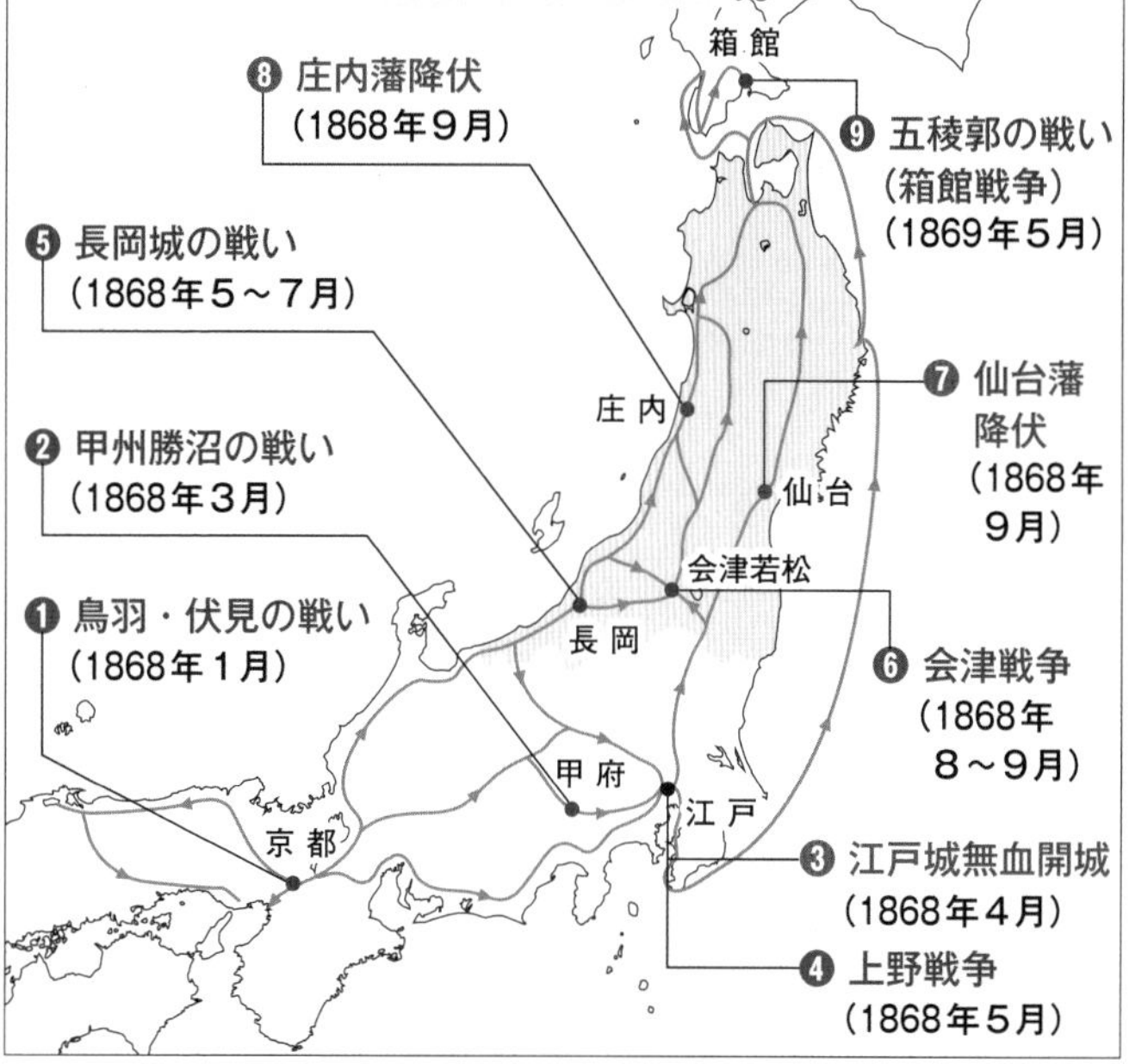

▲旧式の兵器しかもたない旧幕府軍を、新しい武器をもつ新政府軍が破ったというイメージが流布しているが、実際は旧幕府軍も新式兵器で武装していた。

城は戦わずして新政府に明け渡された。この**江戸城無血開城**に納得しない旧幕臣ら（彰義隊）は、上野で新政府軍と戦うが、敗退する（**上野戦争**）。

東北では、会津藩が新政府に抵抗し、仙台藩なども同調して**奥羽越列藩同盟**を結成したが、新政府軍はこれらをも破っていった。

旧幕臣**榎本武揚**や新撰組の**土方歳三**は1869年5月、北海道の箱館《はこだて》で官軍を迎え撃つが敗れる（**箱館戦争**）。こうして戊辰戦争は終結したのだった。

五箇条の誓文と中央集権化

本音と建前を使い分ける新政府

1868年 五箇条の誓文
1869年 版籍奉還
1871年 廃藩置県

五箇条の誓文

1868年、戊辰戦争のさなかの明治新政府は、**五箇条の誓文**と**五榜の掲示**を公布した。

五箇条の誓文は、政府の基本的な方針を諸外国へ示したものだ。すべての政治は会議の話し合いで決め、庶民の言葉を聞き入れるとし、新国家の希望と理想が読み取れる。

一方、五榜の掲示は日本国民への指南として示されたものであり、旧態依然とした儒教的道徳を説いている。またこの掲示は、徒党を組んでの行動や強訴、キリスト教も厳禁とした。

理想の旗ともいえる五箇条の誓文と、民衆への圧力ともいえる五榜の掲示は、それぞれいわば建前と本音であり、その内容には大きな隔たりがあった。

短期で中央集権化

戊辰戦争の間も、中央の政権は着々と新政府の体制を整えていく。

1868年7月には、江戸を「東京」と改称。9月には元号を「明治」とし、**一世一元の制**（ひとりの天皇の在位中はひとつの元号で通す制

Point 明治新政府は矢継ぎ早に政策や理念を打ち出し、中央集権化をおしすすめた。

中央集権化

1868	**五箇条の誓文**	……天皇が神々に誓う形で、新政府の国策の基本を示す。天皇親政を強調。
	五榜の掲示	……５種類の高札を掲げ、人民の心得を説く。旧時代の道徳と大差のない封建的な内容。
	政体書	……五箇条の誓文にもとづき、政府の組織のあり方を規定した法。欧米的・近代的な体制をめざす。
	７月	江戸を「東京」に改名
	９月	「明治」に改元 ➡ **一世一元の制**
1869（明治２）	３月	東京行幸（天皇が京都から東京に移り、事実上の遷都となる）
	版籍奉還	……藩主が朝廷に領地と人民を返還。ただし、旧大名は知藩事として、変わらず藩の政治を統括。
1871（明治４）	**廃藩置県**	……すべての藩を廃止して府県とし、その行政責任者（府知事や県令）は中央が任命。

度）を決めた。

翌１８６９年には、新政府の中心である薩摩、長州、土佐、肥前の４藩が**版籍奉還**（上表参照）を行い、中央集権化への道筋をつける。

３月、首都を京都から江戸へ移した。５月に戊辰戦争が終わると、６月には、すべての藩に版籍奉還を命じた。

版籍奉還の時点では、旧藩主は各藩の行政のトップにとどまっていた。しかし１８７１年、新政府は**廃藩置県**を実施し、府知事や県令を中央から任命する。こうして中央集権化が実現した。１８７２年には、新しい教育制度**学制**の公布も行っている。

明治政府の体制

要職に就く薩長の志士たち

1868年	太政官制の開始
1869年	開拓使の設置
1871年	太政官制の改正

明治政府の体制

明治天皇をトップとする明治新政府では、公家の**岩倉具視**や**三条実美**のほか、薩摩藩の**西郷隆盛**と**大久保利通**、長州藩の**木戸孝允**と**伊藤博文**、土佐藩の**板垣退助**と**後藤象二郎**、肥前藩の**大隈重信**らが要職に就いた。

500年以上も途絶えていた天皇親政が行われるはずだったが、当時の明治天皇はまだ少年で、自ら執政することはできなかった。選挙で代議士が選ばれるような制度もなく、維新で活躍した各藩の実力者が政治を動かしたのである。

太政官の整備と岩倉使節団

初期明治政府における最高官庁は**太政官**《だじょうかん》と呼ばれ、立法・司法・行政を統轄した。太政官の機構は何度も改変、整備され、1871年の廃藩置県後は、正院・左院・右院の三院制となった。

この制度が確立されると、岩倉具視ら多くの政府首脳が、幕末に結ばれた不平等条約の改正の予備交渉、および視察のために欧米へ派遣された（**岩倉使節団**）。留守政府は、封建的な慣習や身分制度の廃止を進めていった。

Point 倒幕を主導した各藩の実力者が、立法・司法・行政・軍事の要職に就いた。

明治政府の太政官制　1871年7月

▲画像提供：国立国会図書館

富国強兵と文明開化

欧米諸国に追いつけ追い越せ

1873年 徴兵令
地租改正
秩禄奉還

国を富ませて兵を強くする

近代化の点で欧米諸国に対して遅れを取っていると認識した初期明治政府は、**「富国強兵」**のスローガンを掲げた。文字どおり、経済を発展させ、軍事力を高めようという意味である。

「富国」としては、近代産業を育成し資本主義化を進める**殖産興業**に力を注ぎつつ、1873年には**地租改正条例**を発して税制を整えた。**郵便制度**の制定や**鉄道**の敷設も行われた。

「強兵」としては、1873年に**徴兵令**を発し、兵役を国民の義務とした。

急速に進む文明開化

「富国強兵」をめざす政府は、欧米の文化や技術を積極的に取り入れた。そのため人々の生活や意識は短期間で激変していった。この明治初期の風潮を**文明開化**と呼ぶ。

人間は生まれながらの自然権を有するという**天賦人権**の思想が広まり、福沢諭吉の『学問のすゝめ』や中村正直訳のスマイルズ『西国立志編』などが読まれた。また、新政府発足当初は禁止されていたキリスト教も、1873年に実質的に黙認されることになった。

Point 新政府は身分制度の解体と税制の改革による富国強兵をめざした。

明治初期の政策

1867年	大政奉還・王政復古の大号令
1868年	戊辰戦争始まる
	五箇条の誓文・五榜の掲示
	神仏分離令
	政体書公布
1869年	東京行幸（事実上の遷都）
（明治2）	戊辰戦争終わる
	版籍奉還
	蝦夷地を「北海道」に改称し開拓使を設置
1870年	**大教宣布の詔**（神道国教化を推進）
（明治3）	**平民に苗字の使用許可、平民に帯刀禁止令**
1871年	**戸籍法の公布**（施行は翌年）
（明治4）	**廃藩置県**
	郵便制度開始
	岩倉使節団の派遣
1872年	富岡製糸場の開設（官営模範工場）
（明治5）	**壬申戸籍**（初の全国統一戸籍）
	地券の発行（土地の所有者に所有権を認める）
	学制の公布
	初の鉄道敷設（新橋・横浜間）
1873年	太陽暦の採用
（明治6）	徴兵令
	キリスト教禁止の高札を撤廃（キリスト教黙認）
	地租改正条例
	岩倉使節団の帰国

明治政府と北海道・沖縄

日本の領土はこの時代に形成されていった

1869年	開拓使設置
1875年	樺太・千島交換条約
1879年	琉球藩の廃止

北海道開拓

政府は1869年、それまで「蝦夷地」と呼んできた土地を**北海道**と改称し、**開拓使**の役所を置いた。1875年には**屯田兵**の制度を設ける。

また政府は、ロシアとの間で樺太の帰属について争っていたが、北海道開拓に手いっぱいだった政府は1875年、**樺太・千島交換条約**を結ぶ。これは、樺太の一切の権利をロシアに譲る代わりに、千島列島の領有権を得た条約だった。

北海道周辺

1869	開拓使設置 蝦夷地を「北海道」に改称
1875	樺太・千島交換条約 屯田兵を配置
1882	開拓使廃止 函館・札幌・根室の３県を設置
1886	３県を廃止 北海道庁を設置

▲屯田兵は北海道開拓とロシアに対する警備に当たったが、先住民族アイヌに対する圧迫ともなった。

Point 江戸期には帰属があいまいだった蝦夷地・琉球を、明確な領土として編入した。

沖縄

1871 琉球王国を鹿児島県に編入

1872 琉球藩を設置（外交権は明治政府）

1875 清との関係断絶（明治政府の命令）

1876 裁判権・警察権を明治政府が接収

1879 琉球藩の廃止 ➡ 沖縄県の設置

◉琉球処分

琉球王国は江戸時代以降、薩摩藩および中国の清王朝の両者と関係をもっていた。

明治政府は琉球を日本の領土とすることにし、1872年に**琉球藩**を置いた。

さらに1879年には琉球藩の廃止を決め、600人の軍隊を派遣して、**沖縄県**を設置した。

しかし清国はこれを認めず、この件にまつわる紛争は続く。結局、のちの**日清戦争**（180ページ参照）における日本の勝利によって、琉球に関する日本側の主張が認められることとなる。

沖縄県となった琉球だが、土地制度・租税制度・地方制度などは旧時代のままで、本土との経済格差は大きかった。

明治六年の政変

戊辰戦争の生き残り士族たちを救え

1871年 岩倉使節団出発
1873年 征韓論争
明治六年の政変

◉西郷隆盛らの征韓論

当時鎖国政策をとっていた朝鮮に、日本は国交回復の呼びかけを行っていたが、朝鮮はこれを拒否していた。**岩倉使節団**の留守を預かっていた**西郷隆盛**や**板垣退助**らは、武力をもって朝鮮を開国させようという**征韓論**を主張した。

かつて戊辰戦争で政府軍として戦った士族には、主張が新政府に反映されないことに不満を抱えている者が少なくなかった。征韓論は、朝鮮への進出の期待を増大させ、不平士族の気持ちを海外に向けさせる狙いがあったとされる。

◉征韓派 対 内治派

しかし、欧米の先進諸国の様子を見せつけられて帰国した使節団の**大久保利通**らは、内治が優先だと主張する。彼ら**内治派**は、**征韓派**が決定していた方針を取り消した。これを受け、西郷や板垣、**江藤新平**ら征韓派5名はいっせいに職を辞する（**明治六年の政変**）。政治の中枢にいた西郷隆盛の辞職は、各方面に衝撃を与えた。

こののち、大久保利通が政権の中心に立つ。そして皮肉なことに、征韓派を排除した政府が、朝鮮に圧力をかけていくのである。

Point 征韓論の背景には、特権を奪われた士族の不満があり、やがてそれは士族反乱に発展していった。

征韓論をめぐる対立（1873年）

留守政府

太政大臣

三条実美
（公家）

参 議

西郷隆盛
（薩摩藩）

参 議

大隈重信
（肥前藩）

参 議

板垣退助
（土佐藩）

岩倉使節団

右大臣

岩倉具視
（公家）

参 議

木戸孝允
（長州藩）

大蔵卿

大久保利通
（薩摩藩）

工部大輔

伊藤博文
（長州藩）

1871年派遣 → 1873年帰国

（賛成） **征韓論** （反対）

征韓派

参 議 西郷隆盛
参 議 板垣退助
参 議 後藤象二郎（土佐藩）
参 議 副島種臣（肥前藩）
参 議 江藤新平（肥前藩）

→ 下 野

内治派

右大臣 岩倉具視
参 議 木戸孝允
参 議 大久保利通
参 議 大隈重信
参 議 大木喬任《たかとう》（肥前藩）

→ 大久保政権の成立

明治六年の政変

▲画像提供：国立国会図書館

不平士族たちの反乱

征韓論者のその後はどうなった?

1874年　民撰議院設立の建白書
1876年　廃刀令
1877年　西南戦争

自由民権運動の始まり

政府を離れた**板垣退助**らは、政治結社**愛国公党**を結成し、**民撰議院設立の建白書**を提出した。ここから**自由民権運動**が広がっていく。

1874年、板垣は故郷の高知で**立志社**を結成。翌年には民権派の全国組織をめざして大阪で**愛国社**を設立した。

これを受けて政府側は、大久保利通と木戸孝允が**大阪会議**で板垣と話し合い、国会開設の方針を決定する。板垣は政府に復帰、政治結社運動はいったん急速に収束した。

征韓派のその後

西郷隆盛　江藤新平　板垣退助　後藤象二郎　副島種臣

西郷隆盛 → 1877年（明治10）西南戦争　敗死

江藤新平 → 1874年（明治7）佐賀の乱　敗死

江藤新平・板垣退助・後藤象二郎・副島種臣 → 1874年（明治7）愛国公党を結成　民撰議院設立の建白書 → 自由民権運動

▲画像提供：国立国会図書館

Point 皮肉にも維新で中心的な役割を果たした旧藩で、士族の反乱が相次いだ。

おもな士族反乱

1874年1月	岩倉具視が東京の赤坂で襲撃される
2月	❶佐賀の乱
1876年10月	❷敬神党（神風連）の乱
	❸秋月の乱
	❹萩の乱
1877年2月	❺西南戦争（～9月）
1878年5月	大久保利通が東京の紀尾井町で暗殺される

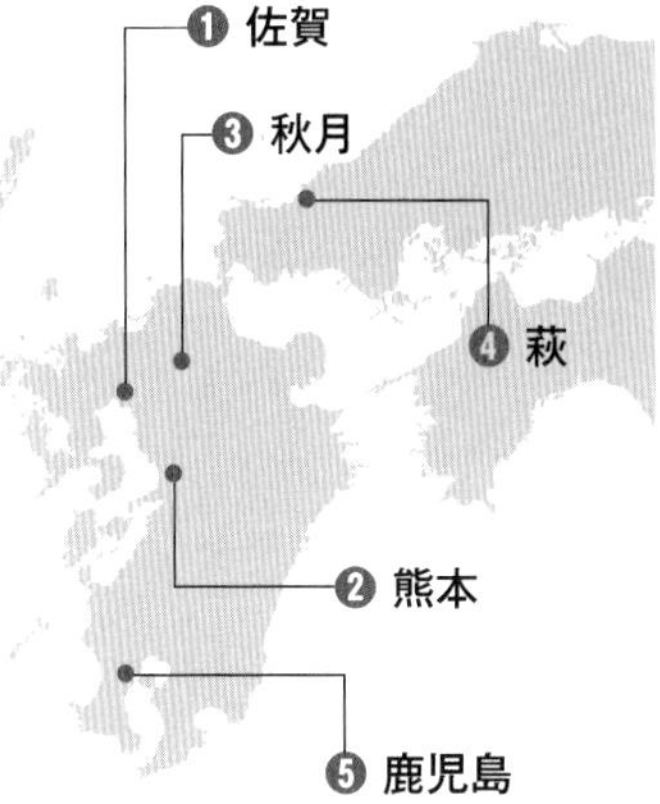

◉西南戦争へ

1874年、**江藤新平**は故郷の佐賀で不平士族を率いて武力決起（**佐賀の乱**）。鎮圧され処刑されるが、1876年に**廃刀令**が出されると、さらに次々と士族の反乱が起こった。

徴兵制度や学制による負担を嫌った農民も、1873年に**血税一揆**を起こす。1876年には地租改革により土地にかかる税への不満から**地租改正反対一揆**が起きた。

1877年、西郷隆盛は、鹿児島の士族を中心とした大規模の士族反乱に担ぎ出される（**西南戦争**）。九州各地の不平士族が集まったが敗れ、西郷は自決する。これをもって、不平士族の反乱は終息した。

自由民権運動のゆくえ

平民の力は政治を変えるか？

自由民権運動と国会開設の詔

西郷の死後、**大久保利通**も東京紀尾井坂で暗殺される。以降、明治政府は、**伊藤博文**、**井上馨**、**大隈重信**らが中心となった。

板垣退助は、1880年に**国会期成同盟**を組織して、8万筆以上の署名を集め、国会の開設や憲法の制定を要求した。政府は**集会条例**を定めて**自由民権運動**を制限したが、**開拓使官有物払下げ事件**で激しく批判される。

1881年、明治天皇から1890年に国会を開設するとした**国会開設の勅諭**が発せられた。

3つの政党が作られる

国会開設に備え、板垣退助は**自由党**を結成した。王がいない共和制のフランスを手本にしていたため、天皇中心の日本では当時は急進的すぎて過激だと思われていた。知識人だけでなく、地方の貧しい農民たちにも支持者は多くいて、**秩父事件**などの武装蜂起を各地で起こした。

また1881年に**明治十四年の政変**が起きる。翌年、**伊藤博文**によって政府から追放された**大隈重信**は、イギリス流の穏健な**立憲改進党**を結党し、政府側は**立憲帝政党**を設立した。

1880年　国会期成同盟
1881年　国会開設の勅諭
明治十四年の政変

Point 士族反乱の失敗により、政治改革の要求は自由民権運動となってあらわれた。

自由民権運動の展開

	自由民権運動	政府
1874（明治7）	**愛国公党**（板垣退助・後藤象二郎・副島種臣・江藤新平）→ 民撰議院設立の建白書 →	
	江藤が佐賀の乱に参加して解党	
	立志社 土佐で結成（板垣退助）	
1875（明治8）	**愛国社** 大阪で結成（板垣退助）	大阪会議（板垣の政府復帰） 漸次立憲政体樹立の詔 元老院・大審院の設置 地方官会議の開催 讒謗律《ざんぼうりつ》・新聞紙条例の公布
	板垣の政府復帰で事実上解散	
1878（明治11）	再興	地方三新法
1880（明治13）	**国会期成同盟** → 国会開設請願書 →	（受理せず） 集会条例の公布
1881（明治14）	**自由党**（板垣退助・後藤象二郎）	**明治十四年の政変** 伊藤博文が大隈重信を排除 国会開設の勅諭
1882（明治15）	**立憲改進党**（大隈重信）	**立憲帝政党**（福地源一郎）

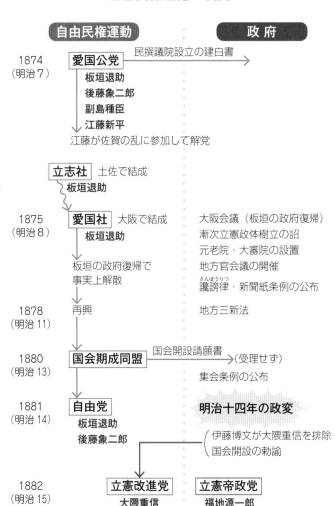

09

議会制立憲君主政治の始まり

大日本帝国憲法の制定

1885年	内閣制度制定
1889年	大日本帝国憲法発布
1890年	第1回衆議院総選挙

◉憲法制定

政府は**伊藤博文**をヨーロッパに派遣し、各国の憲法を検討させ、国王の権力の強いドイツの憲法を手本として憲法草案作成に着手した。

1885年には行政を担当する**内閣**が組織され、**伊藤博文**が初代総理大臣となった。

そして1889年、**大日本帝国憲法**が発布される。

この憲法では、主権は天皇にあった。ただし、天皇の政治行為には内閣の輔弼《ほひつ》（助言）が必要とされた。

また、陸海軍の統帥権は天皇に属し、国民も天皇の臣民とされた。

◉第1回総選挙

1890年、**第1回衆議院総選挙**が実施された。大日本帝国憲法に定められた**帝国議会**は、**貴族院**と**衆議院**の二院制だったが、このうち衆議院議員だけが選挙で選ばれたのである。

選挙といっても、現在の日本で実施されているような普通選挙ではなく、制限選挙だった。選挙権は、満25歳以上の男子のうち、直接国税

Point 憲法の制定と国会の開設により、日本は三権の分立する立憲国家となった。

大日本帝国憲法のもとでの政治機構

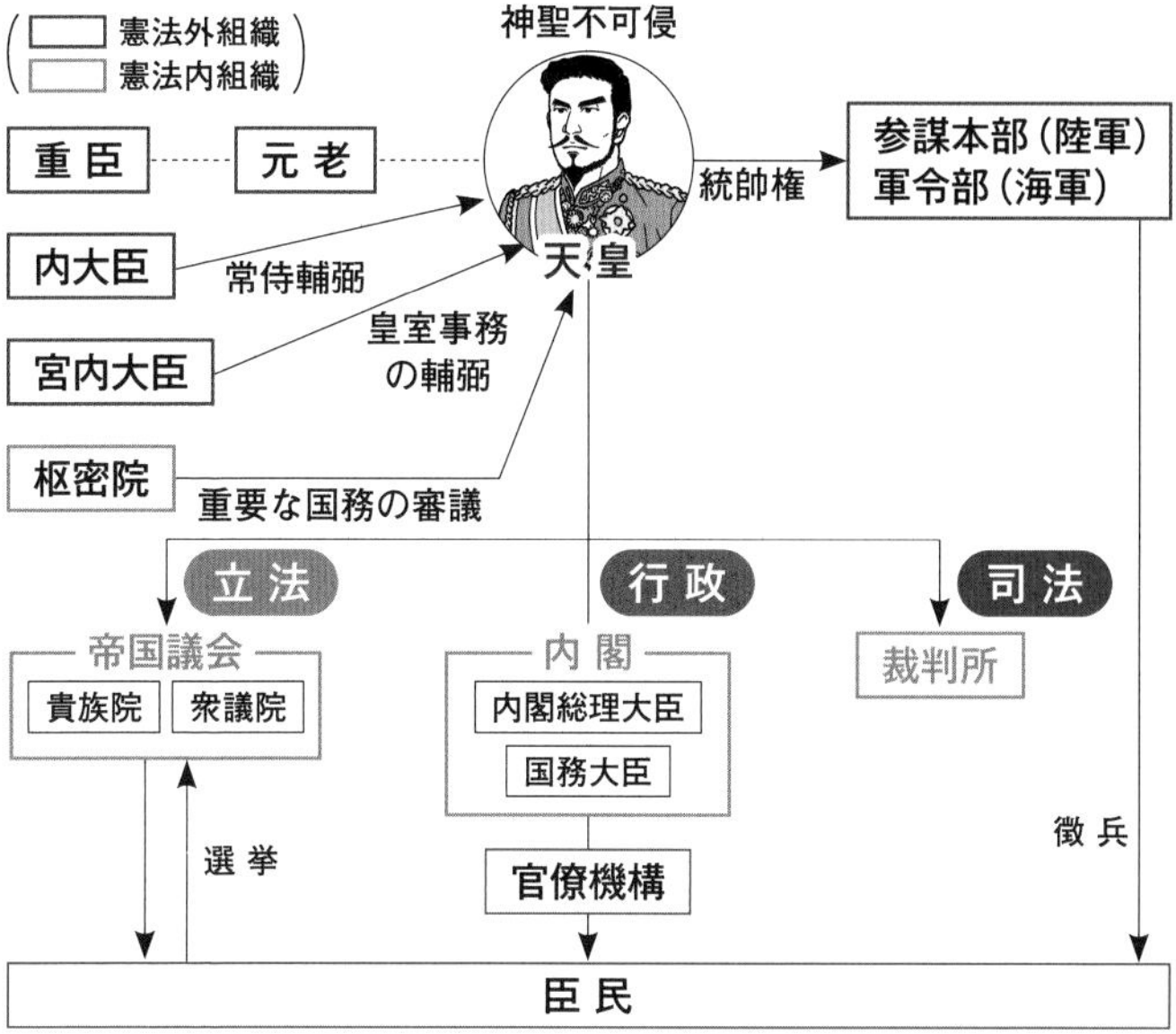

を15円以上収めた者のみに限られ、その数は、全人口の1・1パーセントにすぎなかった。被選挙権は満30歳以上の男子に与えられた。

選挙の結果、反政府系の議員が過半数を占めた。貴族院が衆議院と対等の権限をもっていたので、衆議院は立法権行使などで実質的な制限を受けていた。しかし、衆議院の同意がなければ予算や法律が成立しないため、政府は衆議院との間で妥協を図るようになる。

そのため、衆議院の政党の力が次第に強くなっていく。政府は民党の抱き込み作戦などで、法律や予算を通していった。

10 悲願の不平等条約改正

外交担当者たちの努力が実を結ぶ

1886年　ノルマントン号事件
1894年　領事裁判権撤廃
1911年　関税自主権の回復

◉不平等条約改正の道のり

近代国家の形を整えた日本の次の目標は、江戸幕府が締結した不平等条約の改正だった。特に、日本で起きた外国人犯罪の領事裁判権を認めた**治外法権**と、日本に関税の決定権がない**関税自主権の欠如**が問題だった。

1886年、**ノルマントン号事件**が起こる。座礁した船のイギリス人船長が、日本人客を全員見殺しにしたのに、領事裁判権のせいで日本が裁くことができなかったのだ。これをきっかけに、条約改正の必要性が叫ばれた。

不平等条約

1858　日米修好通商条約　安政の五カ国条約
日蘭修好通商条約
日露修好通商条約
日英修好通商条約
日仏修好通商条約
↓
1868　新政府が内容継承
特に❶❷の改正が課題に
1871（明治4）　岩倉使節団派遣（～1873）
→条約改正の予備交渉をするも成功せず

不平等な点
❶領事裁判権（治外法権）
❷関税自主権がない
❸片務的最恵国待遇
❹有効期限や撤廃条項がない

Point 条約改正の難関だったイギリスがシベリア鉄道を起工したロシアを警戒したことも交渉成功の一因となった。

条約改正への道

外務卿　寺島宗則（交渉：1876～1878年）
アメリカと関税自主権の交渉
ほぼ成功するがイギリスなどの反対で無効に

外務卿（のち外務大臣）　井上馨（交渉：1882～1887年）
欧化主義、鹿鳴館外交 ➡ 世論の反発
1886年　ノルマントン号事件

外務大臣　大隈重信（交渉：1888～1889年）
条文以外の条件に世論が反発
1889年　大隈外相遭難事件（テロ）➡ 辞任

外務大臣　青木周蔵（交渉：1891年）
イギリスと交渉、理解を得る
1891年　大津事件 ➡ 引責辞任

外務大臣　睦奥宗光（交渉：1894年）
領事裁判権の撤廃に成功

外務大臣　小村寿太郎（交渉：1911年）
関税自主権の回復

▲画像提供：国立国会図書館

◉陸奥宗光の活躍

その後、日本は**大隈重信**や**青木周蔵**を代表に、粘り強く交渉を重ねた。

そして**陸奥宗光**が１８９４年、ついにイギリスと**日英通商航海条約**を締結、領事裁判権を撤廃した。これにより、同じような不平等条約を締結していた諸外国も、次々と領事裁判権の撤廃に応じるようになる。

さらに１９１１年には、外務大臣**小村寿太郎**のもとで関税自主権も回復することができた。

日清戦争 眠れる獅子を倒す

朝鮮をはさんでのせめぎ合いから決戦へ

1894年 甲午農民戦争
日清戦争開始
1895年 下関条約

清との戦いの火ぶたが切られる

1894年、朝鮮で**東学党**が武力決起（**甲午**《こうご》**農民戦争**）。朝鮮政府は鎮圧できず、清に支援を要請した。清は「眠れる獅子」と呼ばれる大国である。朝鮮半島への清の勢力拡大は、日本にとって脅威だった。清が朝鮮半島を支配下に置く意図をもっていると睨んだ日本は、日本大使館の保護を理由に派兵する。

内乱鎮圧後も、やはり清は朝鮮に留まりつづけた。朝鮮から清の勢力を排除したい日本は、清に宣戦布告。**日清戦争**が始まった。

日本軍の連戦連勝

この戦争で日本は連戦連勝。朝鮮制圧に加えて**遼東**《りょうとう》**半島**にも進出し、**大連**《だいれん》、**旅順**《りょじゅん》、**威海衛**《いかいえい》も占拠した。

ヨーロッパ列強の進出を受けていたとはいえ、大国の清が小さな日本に負けるとは、どの国も想像しておらず、「日本のこれ以上の勢力拡大は歓迎しない」という空気が広がった。

これを察した日本は頃合いを見て、講和会議を提案。会議の結果、**下関**《しものせき》**条約**が結ばれ、戦争は終結した。

Point 朝鮮をめぐって日本と清が対立して開戦。軍隊の近代化を進めていた日本が勝利した。

朝鮮をめぐる日本と清の動き

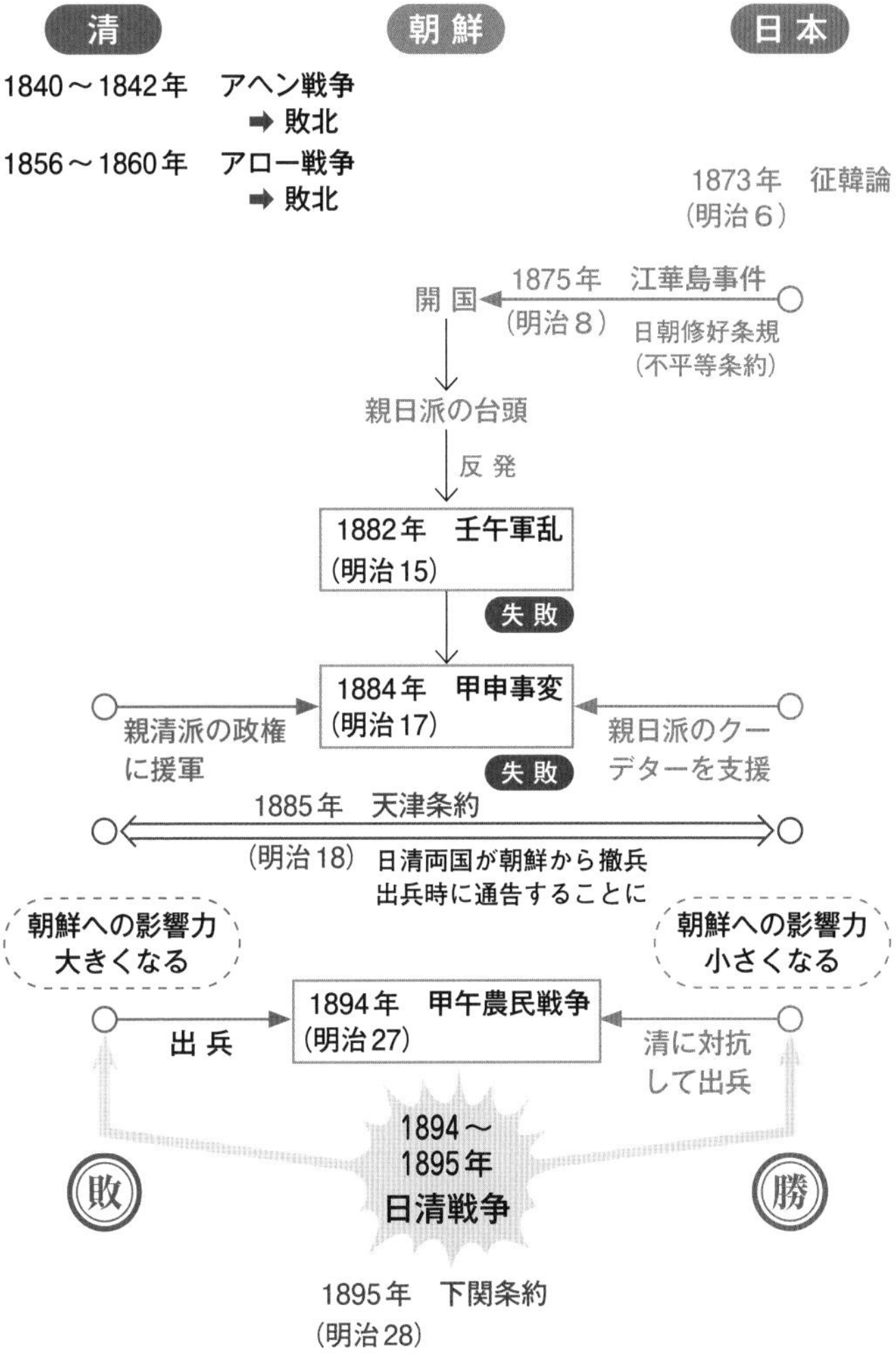

三国干渉の屈辱

露・仏・独が下関条約にもの申す

1895年　下関条約
　　　　三国干渉
1902年　日英同盟

◉下関条約

下関条約では、清が朝鮮の独立を認め、さらに**遼東半島**、**台湾**、**澎湖《ほうこ》諸島**などを日本に割譲した。この時点で、台湾は日本の植民地となった。

そして清は、2億両《テール》の賠償金を日本に支払うことになった。日本はその賠償金で**八幡製鉄所**を建設する。また清国の**杭州**や**重慶**なども日本に開放し、**最恵国待遇**を認めさせた。かつて日本が列強諸国に認めさせられた不平等条約を、今度は日本が清に認めさせたことになる。

◉三国干渉

アジア最大の大国である清を日本が破ったことで、列強は日本に対しての警戒を強めた。特に満州進出を狙うロシアは、フランスとドイツを誘い、遼東半島を返却するよう勧告してくる。**三国干渉**である。

日清戦争終結直後の日本は、3列強を相手に戦う力がなかった。日本はこの屈辱的な勧告を受け入れ、遼東半島を返還した。

この屈辱感はその後の日本の軍備拡張へとつながっていく。

Point 清の弱体化を知った列強は、租借地や鉄道建設など、中国内の権益拡大を争った。

下関条約と三国干渉

下関条約

日本側：伊藤博文・睦奥宗光
清国側：李鴻章

❶清国は朝鮮の独立を認可
❷遼東半島・台湾・澎湖諸島の割譲
❸賠償金２億両《テール》
❹沙市、重慶、蘇州、杭州の開市・開港

など

三国干渉

ロシア・ドイツ・フランス

❶日本は清国に遼東半島を返還
❷清国は日本に 3000 万両支払う

日英同盟と中国分割

日本は1902年、同じくロシアを警戒するイギリスとの間に**日英同盟**を結ぶ。その内容は、「一方が他国と交戦するとき、もう一方は中立を守る」「一方が複数の国と交戦するとき、もう一方は味方として参戦する」などだった。それまで「光栄ある孤立」を守ってきたイギリスが、日本との同盟に踏み切ってくれたのは、日本にとって心強いことだった。

また、日清戦争で清の弱体化を知ったドイツ・ロシア・イギリス・フランスなどの列強は、次々と清国内で勢力を拡大し、鉄道建設などを進めていった（**中国分割**）。

激突 日露戦争

世界最強のバルチック艦隊を撃破！

1900年 義和団の乱
1900年 北清事変
1904年～1905年 日露戦争

◉義和団の乱と北清事変

清の国内では、**義和団**という宗教団体が、外国勢力排除をめざして立ち上がる（**義和団の乱**）。清の権力者**西太后**は、義和団を当初黙殺していたが、やがてこれに同調し、１９００年、列強に宣戦布告。イギリス・アメリカ・ロシアなど世界主要８か国の連合軍と戦うことになった（**北清事変**）。清国にある日本の施設も攻撃を受けたため、日本も陸軍を派兵した。

清は徹底的に打ち破られ、１９０１年、**北京議定書**を受け入れた。

◉日本とロシア ついに戦う

ロシアは、義和団の乱に便乗し満州（中国東北部）を支配下に置く。これが火種で１９０４年、**日露戦争**が始まった。日本は苦しみながらも**旅順**を攻略。世界最強といわれたバルチック艦隊も、**東郷平八郎**率いる連合艦隊が撃破した。

開戦からすでに戦後処理のことを考えていた日本は、戦局が有利なうちに講和を結ぼうとし、アメリカ大統領に仲介を依頼。敗戦を認めなかったロシアに最大限の譲歩をし、１９０５年、**ポーツマス条約**が締結される。

Point 日本はイギリスを味方につけてロシアに勝利し、アメリカの仲介により戦争を終結させた。

清をめぐる日本とロシアの動き

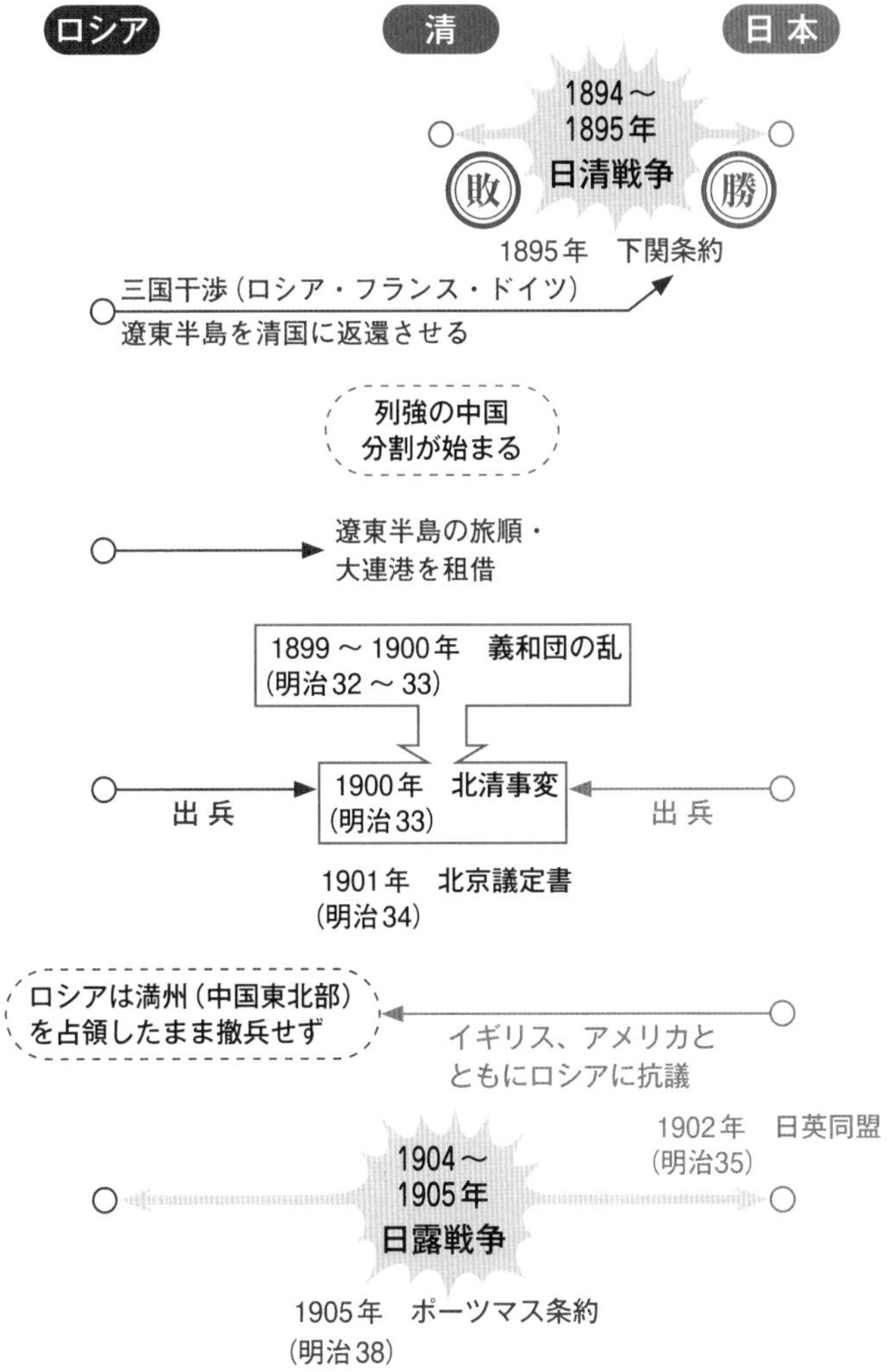

韓国併合と東アジアの変動

日露戦争後の日本周辺の情勢は？

1906年 満鉄設立
1910年 韓国併合
1912年 清滅亡

韓国併合の経緯

ポーツマス条約では、長春以南の鉄道の譲渡、樺太の南半分の譲渡などが決められた。

さて、朝鮮は1897年に国名を**大韓帝国**とし、清からの独立を果たしていたが、大国の保護を必要としていた。

日露戦争で日本の優勢が明らかになった1904年8月、**第1次日韓協約**が結ばれ、大韓帝国は日本からの財務顧問と外交顧問の派遣を受け入れることになる。

翌1905年には**第2次日韓協約**が結ばれる。日本は韓国に**統監府**を置き、外交権を掌握した。これで韓国は事実上、日本の保護国になったのだった。

1910年には**韓国併合条約**が結ばれる。大韓帝国皇帝から日本の天皇へ統治権が譲与され、大韓帝国皇帝は退位した（**韓国併合**）。漢城は京城と改称され、**朝鮮総督府**が置かれた。

激動の東アジア

日本は満州へも本格的に進出を始めた。1906年、遼東半島南端の租借地**関東州**を統治す

Point 清の滅亡により、名実ともに中国を中心とした東アジア世界という枠組みは終焉した。

明治末の日本の支配領域

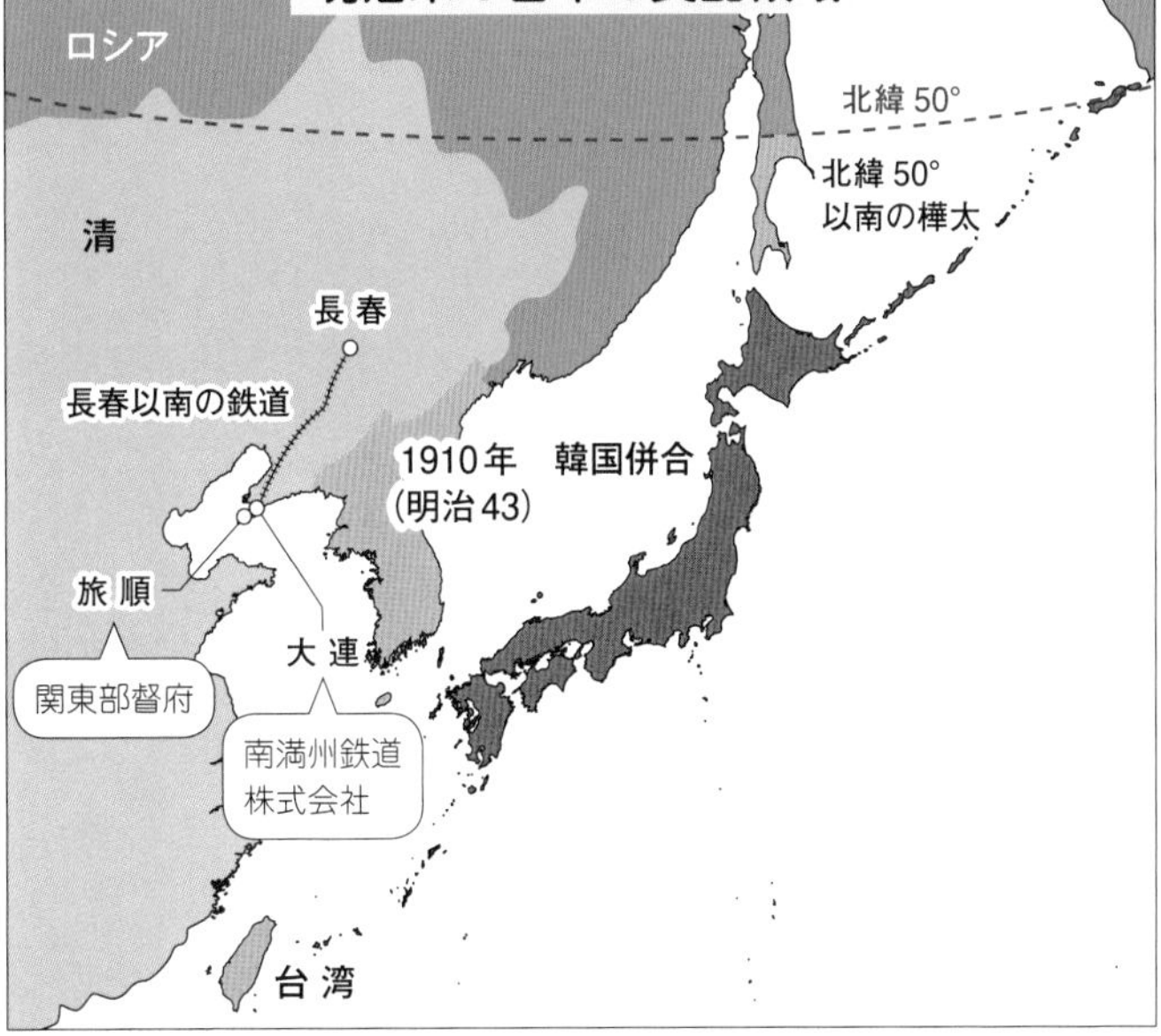

る**関東都督府**を旅順に設置、**南満州鉄道株式会社**（「満鉄」）を大連に設立した。

　その頃、中国でも、清が滅亡に向かっていた。1911年、**孫文**を中心とする**辛亥革命**が起こる。翌年、**孫文**を臨時大総統とする**中華民国**が成立。革命の鎮圧に向かった清の軍人**袁世凱**は、自らが臨時大総統となることを条件に革命側に寝返る。こうして1912年、清は滅亡した。袁世凱は孫文に圧力をかけて中華民国の臨時大総統の座に就くが、以後、中国では軍閥政権が互いに争い合う状態が続くことになる。

労働者たちが立ち上がった 社会運動と大逆事件

1891年	足尾鉱毒事件
1901年	社会民主党結成
1910年	大逆事件

◉社会運動の発生

明治時代に工場制工業が発達すると、工場で働く人々の労働条件が問題になってきた。

繊維産業で働く女性労働者（「女工」）たちは、苦しい家計を助けるために出稼ぎにきた小作農の子女たちで、一日15時間、ときには18時間におよぶ長時間労働に従事していた。賃金は欧米よりはるかに安く、また、賃金の前借りや寄宿舎制度によって工場に縛りつけられていた。

日清戦争前後の産業革命期、待遇改善や賃金引き上げを要求して、工場労働者による**ストライキ**が多発した。またアメリカの労働運動に影響された**高野《たかの》房《ふさ》太郎《たろう》**や**片山潜《かたやません》**らは**労働組合期成会**を結成し、労働運動の指導に当たった。

1891年、銅山の公害事件である**足尾鉱毒事件**が発生。これに心を痛めた**田中正造《たなかしょうぞう》**は、1901年に天皇への直訴を試みる。

欧米から**社会主義**思想も流入し、さまざまな社会運動が発生していったのである。

◉大逆事件

日露戦争の前から10年以上にわたって、**桂《かつら》太《た》**

Point 明治期にはさまざまな社会運動が発生したが、大逆事件で社会主義は「冬の時代」を迎える。

社会運動の歴史

1886（明治19）	雨宮製糸スト（日本最初のストライキ）
1891（明治24）	足尾鉱毒事件（～1907年）
1897（明治30）	労働組合期成会の結成
1900（明治33）	治安警察法（労働運動の取り締まり）
1901（明治34）	社会民主党の結成（最初の社会主義政党）、直後に結社禁止 田中正造が足尾鉱毒事件について天皇に直訴（失敗）
1903（明治36）	幸徳秋水・堺利彦らが平民社を結成
1906（明治39）	日本社会党の結成（翌年結社禁止）
1910（明治43）	大逆事件（翌年幸徳秋水らの死刑執行）
1911（明治44）	工場法の制定（施行は1916年）

田中正造

幸徳秋水

▲画像提供：国立国会図書館

郎《ろう》と**西園寺公望**《さいおんじきんもち》が交互に内閣を担当した。この時代を**桂園時代**《けいえん》という。

1910年、第2次桂内閣のとき、社会運動の盛り上がりに冷や水を浴びせるような事件が発生した。**大逆事件**である。日露戦争への反戦論を展開したこともある社会主義者の**幸徳秋水**《こうとくしゅうすい》らが、天皇暗殺計画に関与したとして逮捕され、処刑されたのだ。しかし実際は、孝徳らの容疑は濡れ衣であった。

大逆事件の厳しい処罰を目の当たりにした社会主義者たちは、なすすべがなくなり、労働運動や民主化運動は「冬の時代」を迎える。

文化のページ13

明治時代の文化

明治の文明開化には、江戸時代の文化を受け継ぎつつ、徐々に近代的文化が発展していった面も強い。

文学ではまず、自由民権論や国権論などの宣伝を目的に、政治運動家たちの手によって**政治小説**が書かれた。また**坪内逍遙**《つぼうちしょうよう》は『**小説神髄**』を発表し、西洋の文学論をもとにして人間の内面を写実的に描くことを提唱した。この主張に賛同した**二葉亭四迷**《ふたばていしめい》は、**言文一致体**を用いた小説『**浮雲**』で、逍遙の理論を実践しようとした。**尾崎紅葉**《おざきこうよう》の率いた**硯友社**《けんゆうしゃ》は、江戸戯作文学と写実主義を折衷しつつ、小説の大衆化を進めた。

日清戦争前後には、感情や個性の躍動を重んじる**ロマン主義**が盛んになった。**北村透谷**《きたむらとうこく》らの雑誌「文學界」が中心となり、小説では**森鷗外**《もりおうがい》や**泉鏡花**《いずみきょうか》が、短歌では**与謝野晶子**《よさのあきこ》が活躍した。

また日露戦争前後には、人間社会の現実を映し出そうとする**自然主義**が文壇の主流となり、**田山花袋**《たやまかたい》や**島崎藤村**《しまざきとうそん》らが台頭した。そして**夏目漱石**《なつめそうせき》が、独自の立場ですぐれた小説を書いた。

西洋音楽の受容は**音楽取調掛**《とりしらべがかり》（後の東京音楽学校）の設立によって進められ、小学校教育にも西洋の歌謡を模倣した**唱歌**が採用されるようになった。絵画では、**フェノロサ**、**岡倉天心**《おかくらてんしん》らの影響のもとで**狩野芳崖**《かのうほうがい》や**橋本雅邦**《はしもとがほう》らがすぐれた日本画を描いた。西洋画では留学から帰国した**黒田清輝**《くろだせいき》や**藤島武二**《ふじしまたけじ》らが活躍した。

第7章

ふたつの世界大戦

大正〜昭和初期

01

新兵器がつぎ込まれた戦争

第1次世界大戦と日本

1912年	明治天皇没　大正天皇即位
1914年	第1次世界大戦始まる
1918年	第1次世界大戦終わる

第1次世界大戦開戦

1912年、明治天皇が没し、**大正天皇**が即位する。その頃ヨーロッパでは、ドイツ・オーストリア・イタリアの**三国同盟**（**同盟国**）と、ロシア・フランスの露仏協商にイギリスがついた**三国協商**（**連合国**）が対立し、緊張状態にあった。

1914年、バルカン半島のサラエボで、オーストリア皇太子が、親露的なセルビア人青年に暗殺される（**サラエボ事件**）。これをきっかけに、ヨーロッパで戦線が拡大し、**第1次世界大戦**へと発展する。

それまでの戦争は戦地で行われ、職業軍人を中心としたものだったが、この戦争は一般国民をも巻き込んだ**総力戦**となり、戦車・潜水艦・毒ガスなどの新兵器が次々と使われた。

日本の参戦

1914年、第2次大隈内閣は、日英同盟協約と日露協約を理由に、連合国側での参戦を決定。日本は中国のドイツ基地を占拠する。中国に駐留した**加藤高明**外相は、翌年、中華民国の

Point 列強が戦争に注力するなか、戦争の圏外にいた日本では、重化学工業や鉄鋼業などの工業が発達した。

第1次世界大戦前の各国の関係

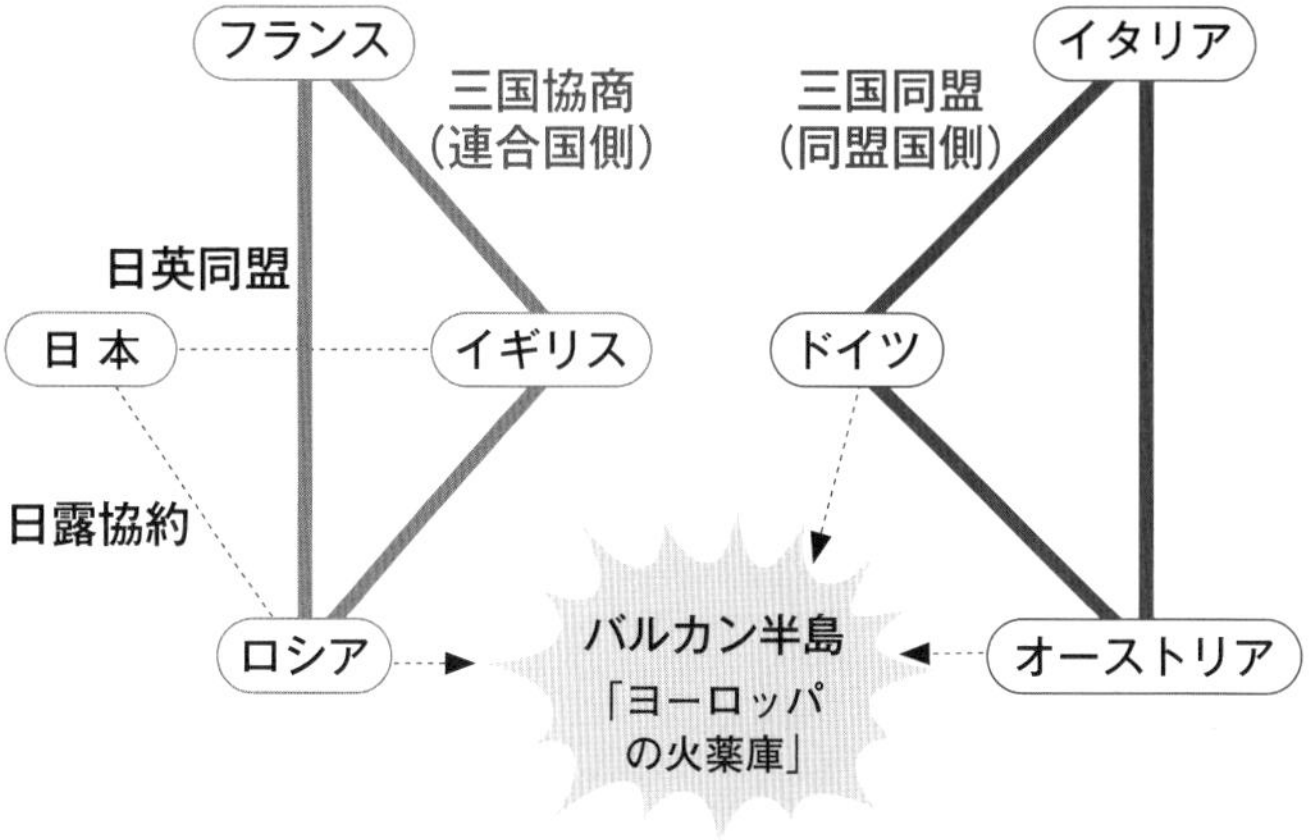

▲汎スラヴ主義のロシアと、汎ゲルマン主義のドイツ・オーストリアは、それぞれバルカン半島への進出を狙っていた。イタリアは三国同盟の一角だったが、オーストリアと対立し、第1次世界大戦には連合国側で参戦した。

袁世凱政府に**二十一カ条の要求**を受け入れさせた。これは、日本の大陸での足場固めとなったが、反日感情の高まりも招いた。

連合国側のロシアでは、苦しい戦争継続への反対から、1917年に**ロシア革命**が勃発。帝政が倒され（**三月革命**）、**レーニン**ら**ボリシェヴィキ**の**ソヴィエト政権**が誕生した（**十一月革命**）。ソヴィエト政権は1918年、ドイツ・オーストリアと単独で講和を結び、戦線から離脱した。

同盟国側のドイツ国内でも厭戦感情が充満。1918年、キール軍港での水兵の蜂起から革命運動が広まり、皇帝を退位に追い込んで共和国が成立する（**ドイツ革命**）。共和国政府が休戦協定を結ぶと、第1次世界大戦は連合国側の勝利に終わった。

国際連盟への参加

世界の一等国の仲間入り

1919年	ヴェルサイユ条約
1920年	国際連盟
1922年	ワシントン海軍軍縮条約

ヴェルサイユ体制の成立

第1次世界大戦末期、ロシアで革命が起こって共産主義のソヴィエト政府が成立したことは、ほかの連合国にとって脅威であった。革命が波及し、資本主義を土台とする自国の体制が崩されるかもしれないからである。各国は**対ソ干渉戦争**に乗り出し、日本も**シベリア出兵**を行った。しかしソヴィエト政府は**赤軍**を組織してこれに対抗、1922年には**ソヴィエト社会主義共和国連邦**（**ソ連**）を成立させることになる。

さて、1919年、大戦の戦後処理として、連合国代表による**パリ講和会議**が開かれ、**ヴェルサイユ条約**が調印された。アメリカ大統領**ウィルソン**が1918年に発表していた**十四カ条**にのっとり、「民族自決」の原則が掲げられたが、ドイツの租借地や植民地は戦勝国に分配され、日本が中国で得た権益も認められた。

悲惨な大戦への反省から、1920年、国際平和のための世界組織**国際連盟**が設立され、日本も常任理事国となった。しかし、ウィルソンの提案で設立されたというのにアメリカは議会の反対により不参加で、敗戦国ドイツや共産主義国ソ連は排除された。全会一致の原則や、武力制裁手段をもたなかったことも弱点だった。

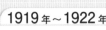

Point 日本は国際連盟の常任理事国となり、協調外交へと進んだ。

第1次世界大戦と戦後の出来事

1914年	6月	サラエボ事件（オーストリア皇太子暗殺）
	7月	第1次世界大戦勃発
	8月	日本、第1次世界大戦に参戦
1915年	1月	日本、中華民国に二十一カ条の要求
1917年	3月	ロシアで三月革命
	4月	アメリカがドイツに宣戦布告
	11月	ロシアで十一月革命
1918年	1月	ウィルソンの十四カ条が発表される
	8月	日本がシベリア出兵を宣言
	11月	ドイツ革命。第1次世界大戦が終結
1919年	1月	パリ講和会議
	3月	朝鮮で三・一独立運動おこる
	5月	中国で五・四運動おこる
	6月	ヴェルサイユ条約調印
1920年	1月	国際連盟の発足
1922年	2月	ワシントン海軍軍縮条約
	12月	ソヴィエト社会主義共和国連邦の成立
1925年	1月	日ソ基本条約調印
1928年	8月	パリ不戦条約
1930年	4月	ロンドン海軍軍縮条約調印

ウラジーミル・レーニン

▲パリ講和会議によって決定したヨーロッパの秩序をヴェルサイユ体制、ワシントン会議によって決定されたアジア・太平洋地域の秩序をワシントン体制という。

ワシントン体制

1921年から翌年にかけて、アメリカ大統領ハーディングの呼びかけで、軍備縮小のための**ワシントン会議**が開かれた。この会議の結果、主力艦の保有を制限する**ワシントン海軍軍縮条約**や、中国に関する**九カ国条約**、太平洋諸島に関する**四カ国条約**が結ばれ、日英同盟が解消された。

日本はいったん東アジアでの膨張を抑えられ、**協調外交**へと進んでいくことになる。

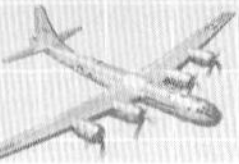

大正デモクラシー

天皇主権と民主主義は両立するか

１９１２年　第１次護憲運動
１９１３年　大正政変
１９１８年　米騒動

◉大正デモクラシーの始まり

大正期の社会の、民主主義の実現が希求される風潮を表す用語として、**大正デモクラシー**という言葉が広く知られている。しかしじつは、その具体的内容については研究者の中でも意見が分かれており、期間についても諸説ある。

大正デモクラシーの始まりを考えるには、明治期からの連続性を見る必要がある。１９０５年、日露戦争後のポーツマス条約への不満から起こった**日比谷焼打ち事件**を発端とする論者が多い。ここでは、もう少し前から見ていこう。

大日本帝国憲法発布と衆議院選挙実施で自由民権運動はおさまったが、そののち、日清戦争の戦費負担で財政が行き詰まると、**伊藤博文**が１９００年に**立憲政友会**を結成した。このことにより、藩閥の中だけで行われていた政権交代に、政党が参加できるようになった。

桂園時代（１８９ページ参照）の政権交代は、立憲政友会（**西園寺公望**）と藩閥（**桂太郎**）との間で行われた。しかし１９１２年末に第２次西園寺内閣が総辞職に追い込まれ、第３次桂内閣が組織されると、藩閥の打破を掲げる**第1次護憲運動**が起こり、１９１３年、デモによって桂内閣を退陣させた。これを**大正政変**という。

Point 天皇機関説と民本主義が、大正デモクラシーにおける車の両輪だった。

大正デモクラシーの理念

吉野作造

民本主義

天皇主権の中でデモクラシーを取り入れる。

天皇機関説

統治権は国家にあり、天皇は国家の最高機関であるとする。

美濃部達吉

▲画像提供：国立国会図書館

◉デモクラシーの理念

大正デモクラシーの理念とされるのが、**吉野作造**が提唱した**民本主義**である。これはデモクラシーの訳語だが、今日《こんにち》のように「民主主義」と訳すと、天皇主権を定める大日本帝国憲法に抵触する恐れがあった。吉野は、天皇主権の原則のもとで欧米流のデモクラシーの長所を採用することを提案したのだ。

もうひとつの理念が、美濃部達吉の**天皇機関説**である。国家を法人ととらえ、その最高の意思決定機関が天皇であるとする理論であった。

さて1918年、**シベリア出兵**（194ページ参照）に際して商人が米を買い占め、米の価格が上昇すると、買い占めに反対する**米騒動**が起こる。これも大正デモクラシーを象徴する事件のひとつとされる。

普通選挙と治安維持法

アメとムチの加藤内閣

1923年 関東大震災
1924年 第2次護憲運動
1925年 普通選挙法 治安維持法

デモクラシーのその後と関東大震災

長州出身の**寺内正毅**《てらうちまさたけ》の内閣が、**米騒動**の責任を取って総辞職すると、1918年、初の本格的政党内閣といわれる**原敬**《はらたかし》内閣が組織された。原は立憲政友会の総裁で、「平民宰相」と呼ばれ人気を得たが、大戦後のヨーロッパの復興で日本が不景気になると行き詰まり、1921年に暗殺される。

1923年9月1日、**関東大震災**が起こる。地震は火事を誘発し、東京には焼け野原が広がった。これによって不景気が拡大し、日本経済は大打撃を受けることになる。

▼関東大震災によって半壊した高層建築物「凌雲閣《りょううんかく》」。

Point 政府は、共産主義の台頭を警戒し、普通選挙法と治安維持法という「アメとムチ」を用意した。

第2次護憲運動と普通選挙法

1924年、普通選挙の実施を求めて、**第2次護憲運動**が起こる。

結果、連立3派の内閣が誕生した。首相は、第1次世界大戦中に外相として中国に**二十一カ条**を要求した**加藤高明**であった（192ページ参照）。

1925年、加藤内閣のもとで**普通選挙法**が制定され、選挙権における納税額の条件が撤廃された。有権者は4倍になり、大正デモクラシーのひとつの成果とされる。

ただし、有権者は25歳以上の成年男子に限られた。女性の選挙権が認められるのは、第2次世界大戦後である。

治安維持法

加藤内閣は普通選挙法を制定した1925年、**治安維持法**も公布している。

この法律は、天皇制を否定する結社などを処罰するために定められた。同年に**日ソ基本条約**が結ばれてソ連との国交が樹立されており、政府としては、ソ連の影響を受けた共産主義者の活動が盛んになるのを防ぐ必要があったのだ。普通選挙法と治安維持法は、国民に対する巧妙な「アメとムチ」だった。

第2次世界大戦期に弾圧に用いられたことでも悪名高い治安維持法だが、当初は極端に過激な思想のみを取り締まるものだったことが、近年の研究でわかっている。

世界恐慌と「昭和維新」

世界恐慌後のファシズムの台頭

1926年 大正天皇没、昭和天皇即位
1929年 世界恐慌
1930年 浜口首相狙撃（翌年死去）

世界恐慌と各国の対応

１９２６年、大正天皇が没し、**昭和天皇**が即位した。

１９２９年、ニューヨーク証券取引所で株価が大暴落し、**世界恐慌**が起こる。

すでに不況の中にあった日本は、世界恐慌の影響と１９３０年の**金《きん》輸出解禁**による不況の二重の打撃を受け、**昭和恐慌**に陥った。１９３１年、**犬養毅《いぬかいつよし》**内閣の**高橋是清《たかはしこれきよ》**蔵相が金の流失を止めるが、この間、欧米各国は不況対策に躍起になっていた。

アメリカでは**フランクリン・ルーズヴェルト**大統領が**ニューディール政策**を行い、社会資本の充実をはかった。イギリスとフランスは**ブロック経済策**をとった。

ドイツでは、イタリアですでに一党独裁体制を築いていた**ムッソリーニ**の**ファシスト党**を追うようにして、**ヒトラー**の**ナチ党**が台頭した。これらを**ファシズム**（**全体主義**）という。

統帥権干犯問題

１９３０年の**ロンドン海軍軍縮会議**で、日本

Point 世界恐慌ののち、協調外交は挫折し、軍部の暴走が始まる。

世界恐慌の影響

1929年　世界恐慌

アメリカ

フランクリン・ルーズヴェルト

ニューディール政策

イギリス

ポンド・ブロック

フランス

フラン通貨圏

ソ連

スターリン

五カ年計画

イタリア

ムッソリーニ

ファシスト党

ドイツ

ヒトラー

ナチ党

ブロック経済（アメリカ・イギリス・フランス）
本国と植民地の間での貿易を中心にし、他国との間には高い関税障壁を設ける。

共産主義（ソ連）
資本主義と自由競争を否定し、生産手段や財産を共有。

ファシズム（イタリア・ドイツ）
独裁体制によって資本主義の行き詰まりの克服をめざす。

▲共産党が一党独裁を行う共産主義国ソ連は、世界恐慌の影響を直接は受けなかったとされている。

の全権団は**ロンドン海軍軍縮条約**に調印する。これに対し、大日本帝国憲法に定められた天皇の統帥権《とうすいけん》を侵害しているとして、海軍などが猛反発した（**統帥権干犯《かんぱん》問題**）。その後、**浜口《はまぐち》雄幸《おさち》**首相は右翼青年に狙撃されて退陣し、命を失う。

　この事件をきっかけに政党政治が機能しなくなり、軍の青年将校や右翼らが、**「昭和維新」**を標榜してさまざまな行動を取るようになる。軍部独裁による新体制樹立と、積極的な大陸進出がめざされていったのである。

満州事変と日本の孤立

軍部の台頭で世界から孤立

１９３１年　満州事変
１９３２年　満州国建国
　　　　　　五・一五事件
１９３３年　日本、国際連盟脱退

◉満州事変とは

１９３１年９月、満州の**柳条湖**付近で、南満州鉄道の爆破が起こった。中国軍のしわざだとして、満州駐留の日本の**関東軍**が軍事行動を開始する（これは関東軍の自作自演といわれている）。日本の世論は、熱に浮かされたように軍の行動を支持。関東軍は戦線拡大を禁じる**若槻礼次郎**首相の意向を無視し、満州のほぼ全域を占領した。これを**満州事変**という。関東軍は満州国支配を正当化するために、１９３２年、**愛新覚羅溥儀**を執政（のち皇帝）に立て、**満州国**の建国を宣言した。

一方、日本国内では、事態を収束できない若槻首相に代わって**犬養毅**が首相に就くが、１９３２年、首相官邸に押し入った海軍の青年将校たちにより暗殺されてしまう（**五・一五事件**）。もはや首相も軍部を止められなくなったのである。犬養が暗殺されると、次の首相には海軍大将の**斎藤実**が就任。政党内閣は崩壊した。

◉満州国は傀儡国家

満州国建国に納得できない中国は、これを日

Point 日本による満州国建設は列強の反発を招き、日本は国際的に孤立する。

満州事変までの日本と中国

中国　　**日本**

1912年　中華民国建国
清朝滅亡

1915年　二十一カ条の要求（大正4）　日本 → 中国

反日運動の高まり

1918年　米騒動（日本）

1919年　中国国民党の設立
1921年　中国共産党の設立
協力
1924年　第1次国共合作

1923年　関東大震災（日本）

1926年　北伐《ほくばつ》（～1928年）
1927年　南京国民政府樹立
崩壊
第1次国共内戦

1931年　柳条湖事件（昭和6）　満州事変　日本 → 中国

1932年　満州国建国

1932年（昭和7）　リットン調査団が来日
五・一五事件
1933年（昭和8）　国際連盟を脱退

本の侵略行為とみなし、**国際連盟**に訴えた。国際連盟は**リットン調査団**を派遣して調査させた結果、中国の言い分を認め、日本に満州国の承認撤回を求めた。

日本はこれに反発。**松岡洋右**《まつおかようすけ》を国際連盟に派遣し、満州国の正当性を訴えた。しかしこれは容《い》れられず、不服とした日本は、1933年に国際連盟を脱退する。また日本は、**第2次ロンドン海軍軍縮会議**と**ワシントン海軍軍縮会議**をも脱退した。

軍部主導の政治は、一等国となった証である常任理事国の地位を、いとも簡単に放棄した。これ以降、日本は国際社会での孤立を深めていく。

軍部の覇権と二・二六事件

雪の降る東京を制圧した青年将校たち

1933年	佐野・鍋山転向
1935年	国体明徴声明
1936年	二・二六事件

◉軍部の覇権の怖さ

軍部が権力を掌握すると、国民の言論は封殺されて、民主主義が崩壊していく。

1935年、軍出身の貴族院議員が**美濃部達吉**の**天皇機関説**（197ページ参照）を反国体的だと批判し、これに軍部などが共鳴。**国体明徴声明**が出され、天皇機関説は否認された。

また、満州事変以降のナショナリズムの高まりの中、社会主義者たちの**転向**があいついだ。転向とは、一般にはそれまでもっていた思想・信条を捨てることだが、特にこの時代の、共産主義思想の放棄がそう呼ばれる。

1933年、獄中にいた共産党幹部の**佐野学**と**鍋山貞親**が転向し、ソ連の主導する国際共産主義組織**コミンテルン**が発した方針（天皇制打倒、侵略戦争反対）を批判した。これを受けて、多くの社会主義者たちが次々と転向していった。

言論・思想の取り締まりも強化され、学者たちへの弾圧も次々と行われた。

◉二・二六事件

陸軍内部では、天皇の直接政治をめざす**皇道**

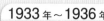

Point 社会主義勢力は厳しく弾圧され、政治の主導権をにぎった統制派により、総力戦体制の構築が進んだ。

陸軍内部の対立

陸軍

皇道派

軍事政権の樹立と天皇親政をめざす

荒木貞夫

↓ 青年将校ら

1936年　二・二六事件
(昭和11)

↓

反乱軍として鎮圧される
皇道派は陸軍から排除される

対立

統制派

軍部統制下での総力戦体制の樹立をめざす

永田鉄山

東条英機

↓

陸軍内での主導権
陸軍が政治への介入を強める

派と、財閥などと手を組み軍部の強力な統制のもとで総力戦体制を構築しようという**統制派**が対立していた。

　1936年2月26日、東京で皇道派陸軍青年将校らによるクーデター**二・二六事件**が起きる。1400名が「昭和維新」を標榜して首相官邸や警視庁を襲い、**高橋是清**蔵相や内大臣の**斎藤実**らを殺害、4日間にわたって帝都東京を制圧した。

　しかし、昭和天皇は激しく怒り、鎮圧を命じる。クーデターの首謀者たちは、反乱軍として処罰された。

　事件後、皇道派は陸軍から排除される。統制派が陸軍の主導権を握り、政治への介入を強めるのだった。

日中戦争の勃発

泥沼の15年戦争はここから始まった

1936年 西安事件
1937年 盧溝橋事件
1940年 新国民政府樹立

日中戦争始まる

１９３７年７月、日中両軍が衝突する**盧溝橋《ろこうきょう》事件**が起こる。当時日本は、占領を拡大させないという不拡大政策を取っていたので、いったんは現地で停戦協定を成立させるが、**近衛文麿《このえふみまろ》**内閣は軍部の圧力に屈し、兵を増員して戦線を拡大。**日中戦争**へと発展する。

当時の中国では、**蔣介石《しょうかいせき》**率いる**国民党**と**毛沢《もうたく》東《とう》**率いる**共産党**が激しく争っていたが、日本との全面戦争が始まると、両党は休戦を決定し、**抗日民族統一戦線**を結んだ。

再び傀儡政府樹立を狙う

日中戦争は泥沼化し長期化した。最初は有利だった日本軍も次第に疲弊していった。

１９３８年、日本は各地に傀儡政権を作ることにし、戦争終結に向け、「この戦争の目的は日本・満州・中華民国による**東亜新秩序《とうあしんちつじょ》建設**だ」との声明を出す。１９４０年、各地にある傀儡政権を統合し、**汪兆銘《おうちょうめい》**を首班とする**新国民政府**を南京に作った。しかし汪兆銘政権の弱体もあり、戦争終結は失敗。国民党軍は米・英などから物資の援助を受け、その後も抗戦を続けた。

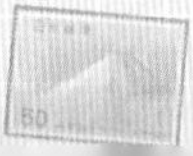

Point 日本軍は首都南京を占領したものの、国民党軍は各地で抗戦を続け、戦局は泥沼化した。

三国同盟

イタリア

1928 ファシスト党一党独裁

ベニート・ムッソリーニ

1935 エチオピア侵攻

ドイツ

アドルフ・ヒトラー

1933 ナチ党一党独裁

1935 再軍備

日本

1929 世界恐慌

1931（昭和６） 柳条湖事件 満州事変

1933（昭和８） 国際連盟脱退

1936（昭和11） 二・二六事件

中国で西安事件 → 国民党と共産党が停戦

1937（昭和12） 盧溝橋事件 → 日中戦争が始まる

中国で第２次国共合作 → 抗日民族統一戦線

日独伊三国防共協定（反ソ連、枢軸陣営形成）

1938（昭和13） 中国各地に傀儡政権 「東亜新秩序」建設

（日本・満州・中国による東アジアの新しい秩序が目標だと声明）

1939（昭和14） ポーランド侵攻

第２次世界大戦勃発

1940（昭和15） 日独伊三国同盟

第2次世界大戦が勃発する
総力戦体制への突入

1938年　国家総動員法
1939年　第2次世界大戦勃発
1940年　大政翼賛会結成

国家総動員法

1938年4月、第1次**近衛文麿**内閣は、国防のために議会の承認なしで人的・物的資源を徴用できるとする**国家総動員法**を制定する。また同時に、**電力管理法**も制定され、政府の私企業への介入を強めるきっかけとなった。

1939年、ヨーロッパでは**第2次世界大戦**が勃発。当初、ドイツは西ヨーロッパを席捲し、フランス全土を占領する。この情勢を見た日本は、「アジアに欧米の支配から脱却した**大東亜共栄圏**を樹立する」と宣言した。

大政翼賛会の成立

1940年、日本はドイツ・イタリアと**日独伊三国同盟**を結ぶ。そして近衛首相は、総力戦のために1国1党とすることを提唱、**大政翼賛会**を結成した。財界もこれにならって**大日本産業報国会**に統一された。**大日本婦人会**や**大日本青少年会**なども結成され、軍の指導のもとに**一億翼賛総動員体制**ができあがった。

内閣情報局は、ラジオ、映画、出版物や演劇までも総合的に統制した。戦争遂行のためにマスメディアが利用されたのであった。

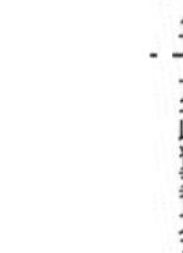

Point 国家総動員法の制定と大政翼賛会の成立により、議会は完全に無意味化した。

大政翼賛会までの流れ

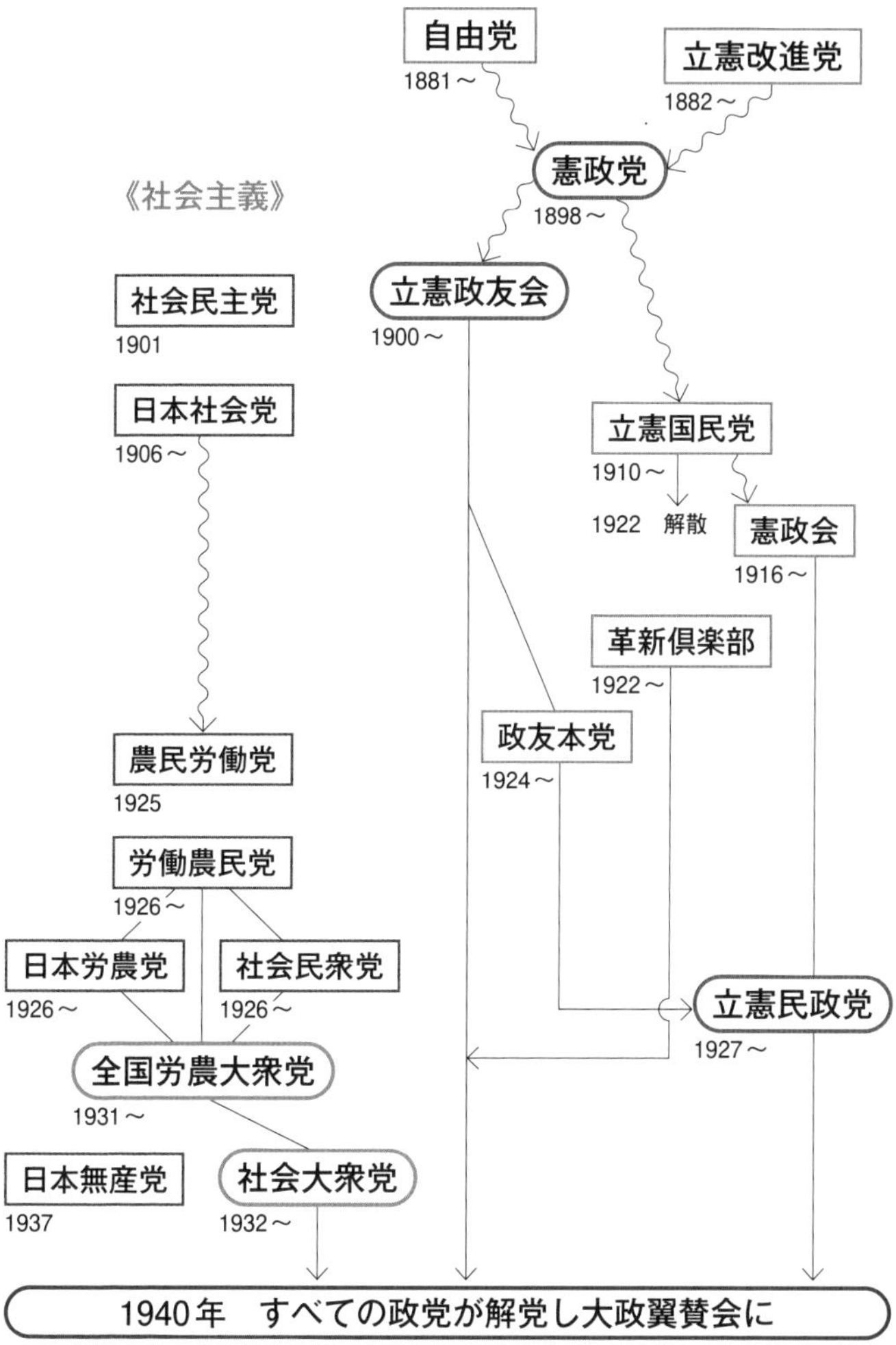

ついにアメリカに宣戦布告
太平洋戦争のゆくえ

1941年	真珠湾攻撃
1942年	ミッドウェー海戦
1944年	サイパン失陥

◉太平洋戦争はこうして始まった

第2次世界大戦で、ヨーロッパの東アジアへの関与は手薄になっていたが、アメリカは日本への警戒を強めていた。1941年、アメリカは日本への石油輸出を全面禁止。日本国内は、**東条英機**《とうじょうひでき》らの対米強硬派と、外交を継続すべきだとする意見に二分される。

第3次近衛内閣が総辞職に追い込まれたのちに首相になった東条は、内相と陸相を兼ねた巨大な権力を手に入れた。東条は天皇の意向もあり、アメリカとの交渉も継続するが、11月、日本の権益をことごとく無視した**ハル・ノート**を突きつけられ、開戦へと舵を切ることになる。対米戦争には反対していた海軍も、「短期決戦から有利な条件での講和なら」と賛同に転じた。

12月、陸軍は石油を求めてマレー半島へ上陸する。同時に海軍は、アメリカ海軍艦隊がいるハワイに奇襲をかけ（**真珠湾攻撃**）、戦艦4隻を撃沈した。**太平洋戦争**の開戦である。

◉転機となったミッドウェー海戦

日本は同月、グアム・香港を占領、ルソン・

Point 欧米からの輸入が停止したことで物資不足に陥り、日本経済と国民生活は次第に崩壊していった。

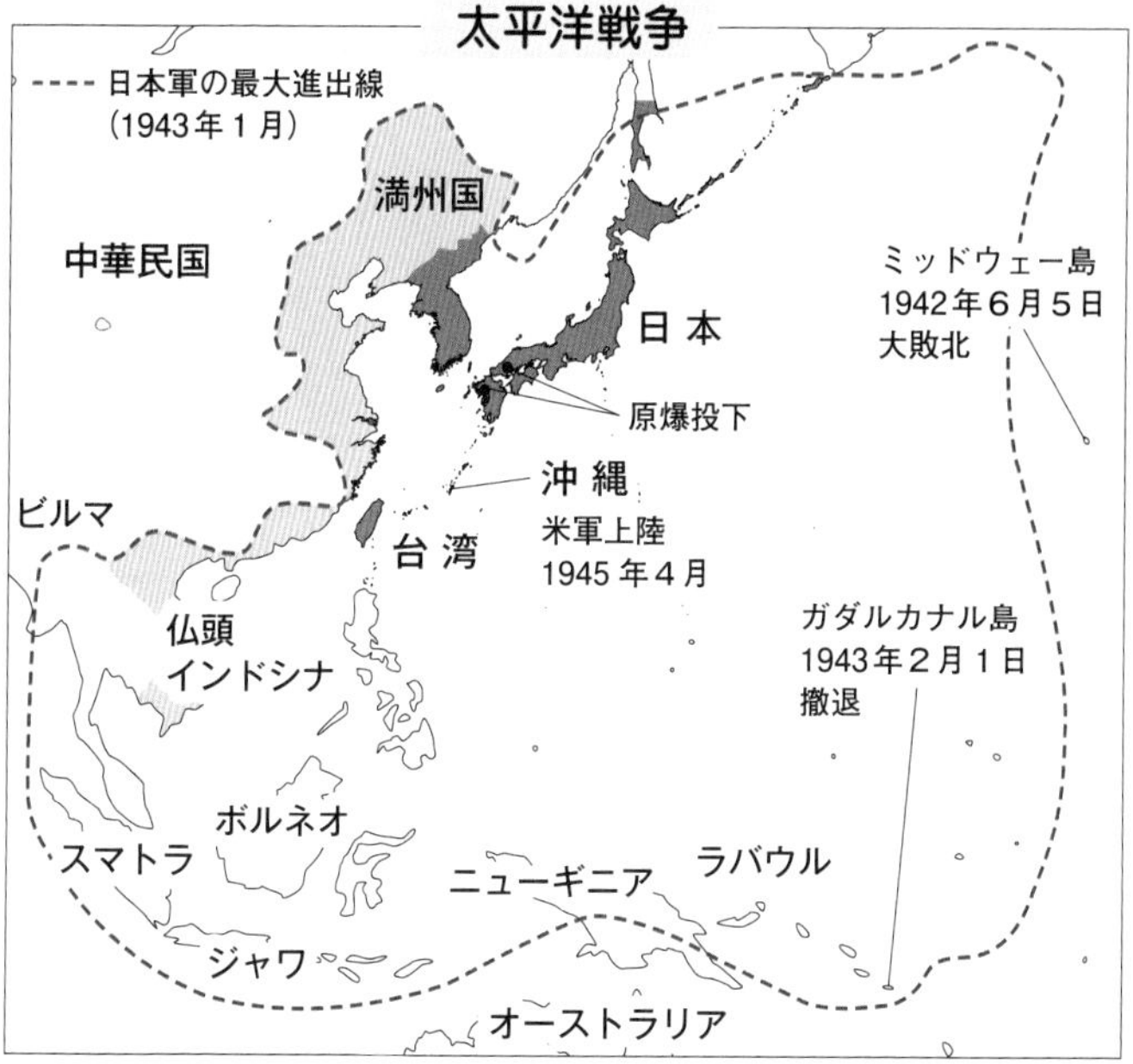

ボルネオへ上陸を果たす。1942年1月にはマニラを陥落、2月にシンガポールを制圧する。

破竹の勢いの日本軍だったが、6月の**ミッドウェー海戦**での大敗から形勢が逆転する。その後、アメリカは8月にガダルカナル島への上陸を開始。ソロモン諸島とその海域で日米は熾烈な戦いをくり広げた。

10月の南太平洋海戦で日本はかろうじて勝利するが、空母、艦載機、多くの熟練パイロットや乗組員を失った。一方、アメリカは1944年、サイパン、グアムに上陸し中継地となる硫黄島を攻略。日本本土への本格的空襲攻撃の準備を整えた。

ついに訪れた敗戦

空襲と原爆投下

1945年
米軍沖縄上陸
原子爆弾投下（広島・長崎）
ポツダム宣言受諾（終戦）

ヤルタ会談とポツダム会談

１９４３年にイタリアが連合国に降伏、１９４５年５月にはドイツも降伏した。日本はたった一国で連合国軍と戦いつづけていたが、１９４４年には本土への空襲が始まり、翌年４月にはアメリカ軍が沖縄に上陸した。

一方、連合国側は、１９４５年２月、アメリカ、イギリス、ソ連の首脳会議で、戦後の日本の処理を相談していた（**ヤルタ会談**）。７月には**ポツダム会談**で、日本に無条件降伏を勧告する**ポツダム宣言**が発せられた。

遅れた判断

しかし日本はポツダム宣言に反応しなかった。拒絶と判断したアメリカは8月6日、広島に**原子爆弾**を投下した。8日にはソ連が日本に宣戦布告する。そして9日には、長崎にも原子爆弾が落とされた。

これらを受けて10日、御前会議（天皇が臨席する会議）が開かれ、ついに昭和天皇自らが降伏を決断。14日、日本はポツダム宣言受諾を連合国側に通告、9月2日に東京湾上のアメリカ軍艦ミズーリ号上で降伏文書に署名した（**敗戦**）。

Point 原子爆弾の投下とソ連の参戦が最終的な引き金となって、日本は無条件降伏した。

三国同盟の敗北

	イタリア	ドイツ	日本
1939（昭和14）	第2次世界大戦勃発		
1940（昭和15）		パリ占領	「大東亜共栄圏」の建設をはかる南方へ進出（「中国・東南アジアを欧米支配から解放し、日本中心の共存秩序を築く」というスローガン）
	日独伊三国同盟		
1941（昭和16）		独ソ戦開始	真珠湾攻撃 → 太平洋戦争が始まる
1942（昭和17）		スターリングラード攻防戦	ミッドウェー海戦で大敗
1943（昭和18）	無条件降伏	スターリングラードで大敗	ガダルカナル島撤退
	カイロ会談（米・英・中）、テヘラン会談（米・英・ソ）		
1944（昭和19）		ノルマンディー上陸	本土空襲 サイパン島全滅
1945（昭和20）	ヤルタ会談（米・英・ソ）		
		ヒトラー自殺 無条件降伏	沖縄戦
	ポツダム会談（米・英・ソ）		
		ポツダム宣言 受諾 →	広島に原爆投下 ソ連の対日参戦 長崎に原爆投下 無条件降伏

文化のページ14

大正～昭和初期の文化

日露戦争後には、小学校の就学率は97パーセントを超え、ほとんどの国民が文字の読み書きができるようになっていた。そうした中で、新聞や雑誌、ラジオや映画などの**マス・メディア**が急速に発達し、労働者やサラリーマンを担い手とする**大衆文化**が誕生した。

大正末期には、「朝日新聞」（東京・大阪）や「大阪毎日新聞」のように発行部数100万部を超える新聞が現れた。

1925年に始まった**ラジオ放送**は、東京、大阪、名古屋で順次開始され、翌年には、これらの放送局を統合して**日本放送協会**が設立された。

自然科学の分野では、**鈴木梅太郎**によるビタミンB_1の発見や、**本田光太郎**のＫＳ磁石鋼の発明など、すぐれた成果が得られた。

文学では自然主義が退潮し、夏目漱石などの影響を受けた**芥川龍之介**らの作家が登場する。人道主義や理想主義を掲げた雑誌「白樺」が刊行され、**有島武郎**、**志賀直哉**、**武者小路実篤**らが活躍した（**白樺派**）。「白樺」は実見の困難な欧州絵画を図版で紹介し、洋画家の**岸田劉生**にも大きな影響を与えた。

さらに大正末期以降の社会運動の高まりに応じて**プロレタリア文学運動**が起こり、**小林多喜二**の『蟹工船』や**徳永直**の『太陽のない街』が著された。

第8章

現代日本は こうして 築かれた

戦後〜平成

戦後日本の出発

GHQと日本国憲法

1945年	GHQ占領下に
1946年	日本国憲法公布
1947年	労働基準法

GHQによる改革

降伏後、アメリカを主体とする**連合国軍最高司令官総司令部**（GHQ／SCAP）が、日本を占領下に置いた。その最高司令官**ダグラス・マッカーサー**は、日本の民主化をはかり、**天皇の人間宣言**、**農地改革**、**財閥解体**、軍隊の解散と軍需産業の停止など、さまざまな政策を実施した。

戦争遂行に協力したと判断された者は**公職追放**を受け、戦争犯罪に関与した疑いのある者は**極東国際軍事裁判**（**東京裁判**）にかけられた。

１９４５年、**労働組合法**が制定され、労働組合が合法化され、１９４７年、過酷な労働の制限や最低賃金を定めた**労働基準法**も成立した。

教育の分野では、民主主義の精神にのっとった**教育基本法**が制定された。選挙法も改正され、20歳以上の男女に等しく選挙権が与えられた。

占領初期には民主化・非軍事化政策が取られたわけだが、アメリカなど資本主義諸国（西側）とソ連など共産主義諸国（東側）との**冷戦**が始まる中、日本の共産化を恐れるＧＨＱは、のちに社会主義運動を取り締まり、日本の再軍備をうながすようになっていく。その動きは、**「逆コース」**と呼ばれる。

Point GHQのもと、軍隊・財閥・寄生地主が解体され、新憲法が施行された。

連合軍による日本管理機構

極東委員会（本部ワシントン）
アメリカ（議長国）、イギリス、中国、ソ連、フランス、カナダ、オーストラリア、インド、オランダ、ニュージーランド、フィリピン

↓ 基本方針

アメリカ政府

↓ 指令

連合国軍最高司令官総司令部（GHQ）

連合国軍最高司令官
ダグラス・マッカーサー

← 諮問

連合国対日理事会
アメリカ（議長国）、イギリス、ソ連、中国

↓

日本政府

↓

日本国民

▲1945年の敗戦ののち、1952年にサンフランシスコ平和条約が発効するまで、日本は連合国軍の占領下にあった。

◉日本国憲法

GHQの指導のもと、新しい憲法も制定されることになった。**日本国憲法**は、1946年11月3日に公布され、翌年の5月3日に施行された。公布の日は「文化の日」、施行日は「憲法記念日」として祝日となっている。

日本国憲法の三大原則は、**主権在民**、**平和主義**、**基本的人権の尊重**である。当時としては最先端の思想や理想がこめられた憲法だといえる。

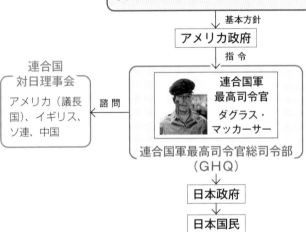

02 朝鮮戦争と日本経済

冷戦の中でどんなポジションに立つか

1950年 朝鮮戦争勃発
1951年 サンフランシスコ講和条約
1956年 日ソ共同宣言

生産させ、大量に購入した。この**朝鮮特需**で日本は空前の好景気となり、戦後復興の大きな足がかりとなった。

またアメリカは、日本を共産主義に対する防波堤とするため、再軍備を進めることにする。しかし、憲法で軍隊保持が禁止されているため、警察を重装備させる形をとった。こうして組織された**警察予備隊**は、**自衛隊**へと発展していく。

朝鮮戦争勃発

第2次世界大戦ののち、世界平和のための**国際連合**が組織されたが、同時に**冷戦**も始まっており、日本もそれに巻き込まれることになる。

1950年、**金日成**率いる**朝鮮民主主義人民共和国**（北朝鮮）と**李承晩**率いる**大韓民国**（韓国）との間で、**朝鮮戦争**が勃発。アメリカは韓国を支援したが、一方の北朝鮮にはソ連と、1949年に成立した共産主義の**中華人民共和国**（中国）が味方した。

アメリカは、朝鮮戦争に必要な物品を日本に

日本の主権回復と国連加盟

占領期に長く首相を務めた**吉田茂**は、アメリ

Point 冷戦構造が明確化するなか、アメリカは日本を反共の防波堤とするため、日本の自立をはかった。

現代史年表①

第1次吉田茂内閣 （日本自由党） 1946.5～1947.5	1946年1月	天皇人間宣言
		公職追放令
		農地改革を進める
	1946年11月	日本国憲法公布
片山哲内閣（日本社会党）1947.5～1948.3		
芦田均内閣（民主党）1948.3～1948.10		
第2～5次吉田茂内閣 （民主自由党→自由党） 1948.10～1954.12	1949年3月	ドッジ・ライン
	1949年4月	単一為替レート決定
	1949年7月	下山事件・三鷹事件
	1950年8月	警察予備隊新設
	1951年9月	日米安全保障条約調印
	1952年4月	サンフランシスコ平和条約発効
	1954年6月	自衛隊設立
第1～3次鳩山一郎内閣 （日本民主党→自由民主党） 1954.12～1956.12	1955年11月	保守合同
	1956年10月	日ソ共同宣言
	12月	国連加盟
石橋湛山内閣（自由民主党）1956.12～1957.2		
第1・2次岸信介内閣 （自由民主党） 1957.2～1960.7	1959年1月	三池争議（～1960.11）
	1960年1月	日米新安全保障条約調印
	6月	安保闘争激化
第1～3次池田勇人内閣 （自由民主党） 1960.7～1964.11	1960年12月	所得倍増計画発表
	1961年6月	農業基本法制定
	1964年10月	東京五輪開催

カとの同盟関係によって日本の安全を保障し、日本の防衛費を低く抑えて経済発展をめざすという軽武装・経済重視の路線を取った（**吉田ドクトリン**）。1951年、**サンフランシスコ平和条約**と**日米安全保障条約**を締結。日本は主権を回復したが、アメリカ軍の駐留は続くことになった。

1956年には、**日ソ共同宣言**でソ連と国交を正常化し、日本は**国際連合加盟**を実現させる。

高度経済成長の功罪

経済大国への道を駆けあがる日本

◉成立した55年体制

１９５５年、それまで分裂していた革新的な**日本社会党**（社会党）が再統一された。それに対抗するため、保守勢力の**日本民主党**と**自由党**が合流して、**自由民主党**（自民党）を結党した。こうして成立した、自民党と社会党の保革対立の政治構造を**55年体制**という。保守一党優位の55年体制は、こののち40年近く続くことになる。

同年、日本経済は早くも戦前の状態にまで回復。１９５６年度の経済白書には、「もはや戦後ではない」の一文が記される。

55年体制の成立

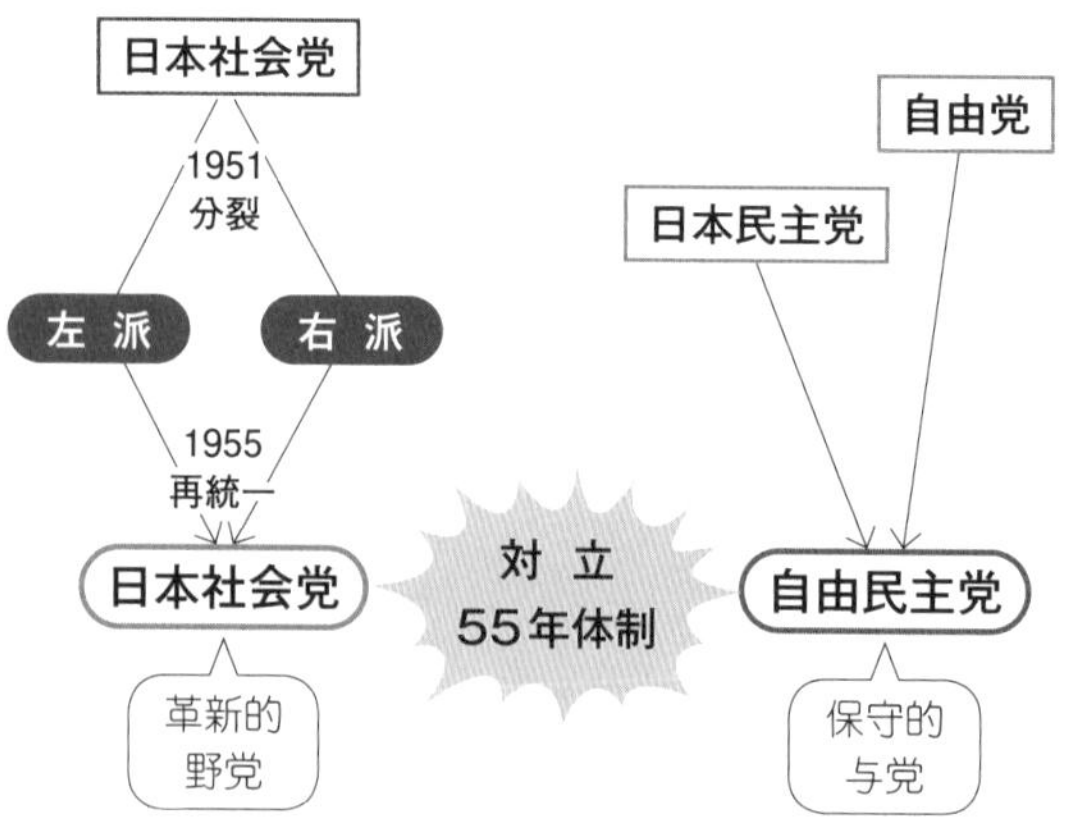

１９５５年	55年体制成立
１９６０年	60年安保闘争
１９６７年	公害対策基本法

Point 日本はアメリカの「核の傘」のもと、軽武装・経済重視路線を取り、高度経済成長を達成した。

岸信介と60年安保闘争

この頃、公職追放が解除され、戦争協力や戦争犯罪の疑いを受けていた政治家たちが政界に復帰してきていた。

そんな中のひとり**岸信介**は、1957年に首相となり、1960年、**日米新安全保障条約**に調印した。革新勢力は条約改定に反対し、条約批准を強行する岸に対して、民主主義の擁護を掲げてデモなどを行った。**60年安保闘争**である。岸内閣は条約を発効させたのちに総辞職した。

次の**池田勇人**内閣は、「所得倍増」を謳《うた》って経済発展に力を注いだ。新幹線や高速道路の開通など、日本社会は急速な発展を続けた（**高度経済成長**）。

経済成長の陰で

経済成長の中、大学の自治を求める運動や、ベトナム戦争に対する反戦運動などがからみ合い、1960年代後半から70年代にかけて、**学生運動**が隆盛した。

同じ頃、**公害**問題も次々と起こった。代表的なものは、熊本県水俣湾の工場排水が原因の**水俣病**、三重県四日市市の亜硫酸ガスの大気汚染による**四日市ぜんそく**、岐阜県神岡鉱山のカドミウムが神通川下流に引き起こした**イタイイタイ病**、新潟県阿賀野川の**新潟水俣病**である。これらの裁判（**四大公害訴訟**）は、すべて被害者側が勝訴。**公害対策基本法**が制定された。

昭和の終わりに咲いたバブル

右肩上りだった日本経済の到達点

1973年 石油危機
1985年 プラザ合意
1991年 バブル崩壊

バブル経済の出現

1973年の**石油危機**《オイルショック》で高度経済成長には歯止めがかかるが、日本経済は不況を乗り越えて、アメリカとの**貿易摩擦**を生みながらも安定成長を続けた。

80年代後半になると、証券取引が活発になって個人投資も流行し、株式市場は高騰した。さらに土地に対する投資も活発化、土地の価格が高騰したため、それを担保にして銀行は企業や個人に多額のお金を貸しつけた。実体のない投資が飛び交う**バブル経済**である。

バブルがはじける

1989年、昭和天皇が崩御し、元号は平成へと変わる。世界でも冷戦体制が崩壊するなど、激動が続いた。

そして1991年頃、もともとリアリティのなかった投資は急激に失速、株価や地価は一気に下落した。**バブル崩壊**である。ここで政府が**消費税**（1989年から実施）を引き上げたため、消費は落ち込み、経済は逼迫した。「失われた10年」とも「失われた20年」とも呼ばれる経済の長期低迷が始まるのだ。

Point 冷戦体制とバブルの崩壊により、日本経済は転換点をむかえた。

現代史年表②

第1～3次 佐藤栄作内閣（自由民主党）1964.11～1972.7	1965年6月	日韓基本条約調印
	1968年4月	小笠原諸島返還協定調印
	1971年6月	沖縄返還協定調印
	1972年2月	札幌五輪開催
	5月	沖縄返還実現
第1・2次 田中角栄内閣（自由民主党）1972.7～1974.12	9月	日中共同声明
	1973年4月	スミソニアン協定により円の変動相場制に移行
	10月	第1次石油危機発生
三木武夫内閣（自由民主党）1974.12～1976.12	1975年7月	沖縄海洋博開催（～1976.1）
	1976年2月	ロッキード事件問題化
	6月	新自由クラブ結成
福田赳夫内閣（自由民主党）1976.12～1978.12	1977年5月	漁業専管水域200海里時代の開幕
	1978年5月	新東京国際空港（成田）開港
	8月	日中平和友好条約調印
第1・2次 大平正芳内閣（自由民主党）1978.12～1980.7	1979年2月	イラン革命、第2次石油危機
	1980年5月	モスクワ五輪ボイコット決定
	6月	大平首相急死、伊東官房長官臨時代理を務める
鈴木善幸内閣（自由民主党）1980.7～1982.11		
第1～3次 中曽根康弘内閣（自由民主党）1982.11～1987.11	1983年6月	参議院に比例代表制導入
	1985年9月	プラザ合意
	1986年8月	新自由クラブ解党
	1987年4月	国鉄分割民営化
竹下登内閣（自由民主党）1987.11～1989.6	11月	全日本民間労働組織連合会（連合）結成
	1988年6月	リクルート疑惑発覚
	1989年1月	昭和天皇崩御、平成に改元
	4月	消費税実施
	11月	ベルリンの壁崩壊
宇野宗佑内閣（自由民主党）1989.6～1989.8		

激動の1990年代

連立政権の連続と衝撃の事件

1993年	55年体制終結
1995年	阪神・淡路大震災
1997年	山一證券破綻

連立政権の時代

1980年代末から90年代初頭、**リクルート事件**などの汚職事件が発覚し、国民の政治不信は頂点に達した。

1993年には38年ぶりに自民党が下野、非自民8党の連立政権である**細川護煕**内閣が成立して55年体制が終結する。こののち、新生党の**羽田孜**を首相とする連立内閣、そして社会党の**村山富市**を首相とする内閣が成立。このとき社会党は、政権を握るため、長い間対立していた自民党とも連立したのだった。

阪神大震災とオウム事件

1995年、**阪神・淡路大震災**と、新興宗教**オウム真理教**による**地下鉄サリン事件**が発生。また、住宅金融専門貸付会社（住専）への公的資金の投入で村山は支持率を低下させ、翌年、自民党の**橋本龍太郎**に首相の座を譲る。

1995年には、**金融ビッグバン**もスタート。日本の金融界は次々と外資に飲み込まれていった。さらに、北海道拓殖銀行や山一證券などの大企業が破綻し、日本経済の低迷が深刻なものであることが明らかになった。

Point バブル崩壊の後遺症を引きずるなか、政治情勢も不安定な状態が続いた。

現代史年表③

第1・2次海部俊樹内閣（自由民主党）1989.8 ～ 1991.11		
宮沢喜一内閣（自由民主党）1991.11 ～ 1993.8	1991年12月	ソビエト連邦崩壊
	1992年2月	佐川急便事件問題化
	6月	PKO協力法成立
	1993年7月	自民党分裂、内閣不信任案可決
細川護熙内閣（日本新党ほか非自民・非共産系8党連立）1993.8 ～ 1994.4	8月	非自民8党の結集により自民党下野、55年体制の終焉
	1994年3月	小選挙区比例代表並立制（政治改革四法）導入
	6月	戦後初の1ドル100円割れ
羽田孜内閣（新生党ほか非自民系9党1会派連立）1994.4 ～ 1994.6		
村山富市内閣（日本社会党・自由民主党・新党さきがけ連立）1994.6 ～ 1996.1	6月	自民党与党復帰
	1995年1月	阪神・淡路大震災
	3月	地下鉄サリン事件
第1・2次橋本龍太郎内閣（自由民主党・社会民主党・新党さきがけ連立）1996.1 ～ 1998.7	1996年1月	日本社会党が社会民主党と改称
	1997年4月	消費税5％に
	11月	山一證券破綻
	12月	京都議定書採択
小渕恵三内閣（自由民主党→自由民主党・自由党・公明党連立）1998.7 ～ 2000.4	1998年	民主、民政、新党友愛、民主改革連合の4党、民主党を結成
	1999年5月	新ガイドライン関連法成立
第1・2次森喜朗内閣（自由民主党・公明党・保守党連立）2000.4 ～ 2001.4		

06 21世紀の社会の道筋が示された 劇場型政治と格差社会

2001年 アメリカ同時多発テロ
2002年 平壌宣言
2005年 郵政民営化

9・11とテロの時代の到来

冷戦が終わっても、世界には凄惨な争いが絶えなかった。資本主義対共産主義という構図によって隠されていた、民族紛争などのさまざまな火種が、可視化されていったのである。

2001年9月11日、アメリカで**同時多発テロ**が起こる。これを受けてアメリカ政府は「テロとの戦い」を宣言し、アフガニスタンのタリバン政権を攻撃。そののちも、イラクのフセイン政権への武力行使などを行った。復讐の連鎖の中、世界はテロの恐怖に包まれていった。

小泉政権の功罪

2001年、日本では**小泉純一郎**が内閣総理大臣となり、小泉政権が誕生した。小泉は自身に反対する人々をすべて「抵抗勢力」と切り捨てた。希代のパフォーマンス政治家として民衆の人気を獲得し、そのパフォーマンスは「小泉劇場」と呼ばれた。小泉は、5年半にわたる長期政権を担うことになる。

小泉内閣は一時、自衛隊の海外派兵問題で支持率が低下するが、電撃的な北朝鮮訪問から、拉致被害者の一部の帰国を実現させたことで、

Point 郵政民営化をはじめとする各種の規制緩和が進められたが、現在の格差社会への道も開かれた。

現代史年表④

第1～3次 小泉純一郎内閣 （自由民主党・公明党・保守党連立） 2001.4～2006.9	2001年9月	アメリカ同時多発テロ事件発生
	11月	テロ対策特別措置法成立
	2002年9月	小泉首相訪朝、初の日朝首脳会議（平壌宣言）
	2004年1月	自衛隊イラク派遣
第1次安倍晋三内閣（自由民主党・公明党連立）2006.9～2007.9		
福田康夫内閣 （自由民主党・公明党連立） 2007.9～2008.9	2007年9月	憲政史上初の親子での首相就任
	2008年1月	クールアース推進構想の提唱
	7月	公文書等の管理に関する法律成立
	9月	リーマンショック
麻生太郎内閣（自由民主党・公明党連立）2008.9～2009.9		

一気に盛り返した。２００５年には衆議院を解散し、選挙で**郵政民営化**の是非を問う。その結果、「小泉チルドレン」と呼ばれる多くの当選者を出し、圧勝したのだった。高い支持率を背景に、小泉は悲願の郵政民営化を実現する。

その一方で、銀行への公的資金投入や派遣事業の緩和、外資導入の推進も行い、現在の**格差社会**への道を開いたともいえるだろう。

２００６年に小泉が辞職すると、岸信介元総理（２２１ページ参照）の孫である**安倍晋三**が組閣する。そして**福田康夫**、**麻生太郎**と、自民党政権が続いた。

現在の日本と未来

政権交代と災害を越えて

2009年 民主党政権誕生
2011年 東日本大震災
2012年 自民党与党復帰

◎民主党政権の誕生と衰退

２００７年、厚生労働省がデータをオンライン化しようとした際に不手際が発生。５０００万件超の年金記録が消えてしまった。いわゆる「消えた年金」問題である。さらに天下りに象徴される官民格差が、国民感情を逆なでした。

こうした世相を背景に、**民主党**が躍進する。「官僚主義の打破」「コンクリートから人へ」「高速道路の無料化」「高校の授業料無料化」などの政策を掲げて政権交代を実現させた。

２００９年に発足した**鳩山由紀夫**内閣は、**事業仕分け**などを行って国民の留飲を下げた。しかし、多数派維持のために連立を組んだ社会民主党や国民新党から揺さぶりをかけられて支持率が急落する。次に**菅直人**が政権を引き継いだが、２０１１年3月11日、**東日本大震災**が発生。この緊急事態時の対応を批判されて菅は退陣した。続いて**野田佳彦**が首相に就任する。

◎第2次安倍内閣誕生と日本の課題

野田内閣は就任直後、震災復興を名目に増税を主張。もともと弱り切っていた民主党政権

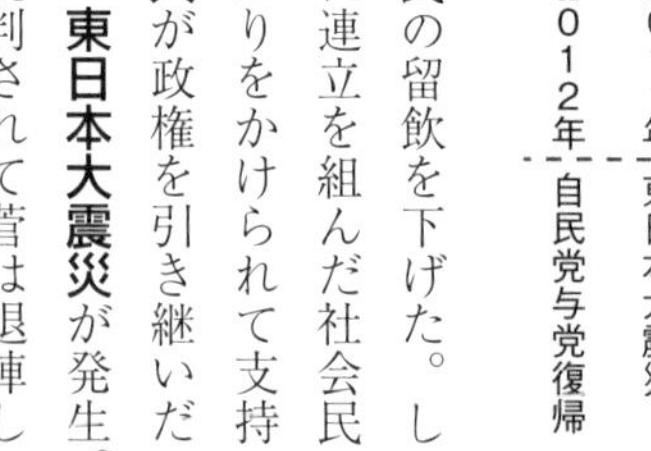

Point 安倍政権の取った大胆な金融政策は、識者の間でも評価が分かれている。

現代史年表⑤

鳩山由紀夫内閣（民主党・社民党・国民新党連立）2009.9 ～ 2010.6	2009年９月	衆院選で民主党大勝、民主党政権へ
	10月	日米の年次改革要望書交換の停止
	2010年５月	普天間基地県外移設断念、社民党連立離脱
菅直人内閣（民主党・国民新党連立）2010.6 ～ 2011.9	2010年７月	参議院選挙で与野党逆転、ねじれ国会に
	2011年３月	東日本大震災、福島第一原発事故
	8月	再生可能エネルギー特別措置法
野田佳彦内閣（民主党・国民新党連立）2011.9 ～ 2012.12		
第２～４次 安倍晋三内閣（自由民主党・公明党連立）2012.1 ～	2012年12月	解散総選挙で自民党大勝、与党復帰
	2013年１月	「アベノミクス」スタート、円安に転じる
	2014年４月	消費税８％に
	2017年２月	森友問題発覚
	2018年12月	TPP発効

だったが、これが致命傷となって２０１２年の総選挙で大敗する。

大勝した自民党は、首相に**安倍晋三**を再登板させる。安倍は「アベノミクス」と呼ばれる景気回復政策を実行し、その成果が上がっていると主張している。

支持率が高く長期政権を維持する安倍だが、強硬策でさまざまな法案を通していくその手法などには批判も多い。

現在の日本は、高齢化、少子化、格差の問題、社会保障制度の危機など、さまざまな問題を抱えている。それらを切り抜けるヒントは、歴史の中に見つかるかもしれない。

文化のページ15

戦後〜平成の文化

第2次世界大戦後の日本社会では、占領軍がもたらした個人の解放・民主化のもとで**価値観の多様化**が進み、**メディアの発達**ともあいまって、文化が新しい展開を見せた。

文学は、戦時下の体験にもとづいて自己と世界との関係を掘り下げようとする**戦後文学**から出発した。1968年には戦前から活躍していた**川端康成**が、1994年には戦後を代表する小説家**大江健三郎**がノーベル文学賞を受賞した。近年は、消費社会の中での生を描く**村上春樹**が世界的な評価を受けている。

演劇の分野では、戦前から存続する**新劇**が近代的なリアリズムの確立をめざしたが、1960年代に「アングラ演劇」と呼ばれる新しい小劇場演劇の潮流（**唐十郎**ら）が現れて表現の幅を広げ、現代演劇の多様な展開の土台を作った。

映画では**溝口健二**、**小津安二郎**、**黒澤明**らが普遍的な魅力をもつ作品を発表し、近年は**北野武**、**是枝裕和**らが世界的に評価を受けている。

音楽では電子音楽が登場し、ポップミュージックが人々の話題となるようになった。

テレビから流れるコマーシャルによって、人々は購買意欲を掻き立てられ、「消費は美徳」との風潮も広まった。同時に、**サブカルチャー**も興隆する。また、90年代も半ばになるとインターネットや携帯電話が普及しはじめ、文化の受け手と作り手の層を広げた。

静かなる激動の時代　平成の終わりに

30年続いた平成が終わる。富国強兵から平和主義へ、階級社会から平等社会へパラダイム・シフトを遂げたのが昭和だったが、平成は静かだがそれにも勝るほどの激変のプロセスたる時代であった。

戦時中ですら増え続けていた日本の人口がついに減少に転じる。戦後日本経済を支えていたお約束社会が崩壊。官吏を除けば、年功序列も終身雇用も成立し得なくなり、勤勉実直であることの価値が極端に薄れる。家族の在り方も、大家族から核家族を経て、ついには単独世帯という家族自体を不要とする形になった。律令制の時代においても武士の時代においても、近代資本主義においても、命の次に価値在るものとされた土地すら、首都圏や都道府県庁所在地のターミナル駅周辺を除けば、無価値になりつつある。このように日本人が持ちつづけ信じつづけた価値観がことごとく否定され崩れ去ったのが平成という時代だった。

一方で変わらないどころか退化したことも多々ある。一億総中流から格差社会へ。学歴社会からコネ社会へ。正規労働者と非正規労働者の待遇や所得の差は、殿上人と地下人、さらには官職にある者と庶民の差を思わせるし、普段は妻子共々都内で生活を営みながら、週末になると選挙区回りに勤しむ国会議員の姿は、江戸と領国を行き来した大名の姿にかぶる。

変わるものと変わらないもの、変わる際の段階と順序、パラダイムシフトの前の予兆と確率、こうしたことに目鼻が利けば、それは大いなるリスクヘッジとなり、一度しかない人生を、己以外の者の思惑や気まぐれで左右される虚しさからの回避にも繋がることだろう。

監修者がはじめて通史を著して世に問うてから十数年になる。その直後から日本史は一大ブームとなり、城郭や寺社仏閣、パワースポットなど、そこから多くの流行りが派生し、今なおそれらへの注目は続いている。その間、日本の国際的な地位は相対的に下落。多くの日本人が自信を失い、在る者はそれまでの日本を否定するかのように英語を始めとする非日本製の文化にすがり、また在る者は、不自然なまでに現在の自国を持ち上げることで溜飲を下げようとしている。

そんな危機的状況にあり閉塞感に覆われた今日の日本だが、先人たちだって様々なピンチに出くわしてきた。特に幕末と敗戦という2度にわたる強制的な開国は、日本と日本人自体を喪失しかねぬほどのものだった。しかし現実はどうだ。先人たちは二度の危機的状況を見事に乗り越え、むしろそれを契機に世界の主役に躍り出ている。2度あることは3度あるのか、それとも3度目の正直となってしまうのか、歴史はその答えを教えてはくれない。しかしその答えを導くヒントは提示してくれることだろう。

後藤 武士

▼む

▼め

▼も

▼や

▼よ

▼り

▼れ

▼ろ

▼わ

は

ひ

ふ

へ

ほ

ま

み

▼ち

▼て

▼と

▼な

▼に

▼し

▼す

▼せ

▼そ

▼た

初出索引

＊初出、または特に参照するべきページ数を示しています。

❖ 写真協力 ❖

- 宮内庁三の丸尚蔵館
- 東大寺
- 奈良県立橿原考古学研究所附属博物館
- 首都大学東京図書館
- 横浜開港資料館
- 豪徳寺
- 世界文化遺産・国宝 姫路城
- 松本城管理事務所
- 国宝 犬山城
- 高梁市教育委員会
- 広島市 原爆ドーム
- 文化庁 平城宮跡管理事務所
- 鎌倉大仏殿高徳院
- 長興寺／豊田市郷土資料館
- 関ケ原町歴史民俗資料館
- 国立歴史民俗博物館
- Pixabay
- Wikimedia Commons
- 写真 AC

❖ 参考文献 ❖

後藤武士『見るだけですっきりわかる日本史』（宝島社、2007年）／後藤武士『読むだけですっきりわかる日本史（宝島社文庫）』（宝島社、2008年）／後藤武士『読むだけですっきりわかる平成史』（宝島社、2014年）／後藤武士『読むだけですっきりわかる戦国史』（宝島社、2014年）／後藤武士『図解　使える日本史』（KADOKAWA、2016年）
笹山晴生ほか『詳説日本史Ｂ　改訂版』（山川出版社、2017年）／佐藤信ほか『詳説日本史研究』（山川出版社、2017年）／詳説日本史図録編集委員会編『詳説日本史図録　第７版』（山川出版社、2017年）／全国歴史教育研究協議会編『日本史用語集　Ａ・Ｂ共用』（山川出版社、2014年）／日本史広辞典編集委員会編『山川　日本史小辞典（改訂新版）』（山川出版社、2016年）／木村靖二ほか『詳説世界史Ｂ　改訂版』（山川出版社、2017年）／全国歴史教育研究協議会編『世界史用語集　改訂版』（山川出版社、2018年）
石黒拡親『２時間でおさらいできる日本史』（大和書房、2010年）／石黒拡親『２時間でおさらいできる日本史　近・現代史篇』（大和書房、2013年）／河合敦『早わかり日本史』（日本実業出版社、2008年）／現代教育調査班編『こんなに変わった！　小中高・教科書の新常識』（青春出版社、2018年）／西東社編集部編『図解日本史』（西東社、2011年）／まがいまさこ・堀洋子『図解世界史』（西東社、2011年）／中公新書編集部編『日本史の論点』（中央公論新社、2018年）／日本歴史楽会『新しい日本史』（宝島社、2015年）／野澤道生『やりなおし高校日本史』（筑摩書房、2018年）

図説　一冊で学び直せる日本史の本
2021年11月24日　第1刷発行

編集製作 ◎ ユニバーサル・パブリシング株式会社
デザイン ◎ ユニバーサル・パブリシング株式会社
編集協力 ◎ 北田瀧／サクラギコウ／平林慶尚
イラスト ◎ うのとおる

監　　修 ◎ 後藤武士
発 行 人 ◎ 松井謙介
編 集 人 ◎ 長崎　有
企画編集 ◎ 宍戸宏隆
発 行 所 ◎ 株式会社 ワン・パブリッシング
〒110-0005 東京都台東区上野3-24-6

印 刷 所 ◎ 岩岡印刷株式会社

この本に関する各種のお問い合わせ先
◎本の内容については、下記サイトのお問い合わせフォームよりお願いします。
https://one-publishing.co.jp/contact/
◎在庫・注文については　書店専用受注センター　Tel 0570-000346
◎不良品（落丁、乱丁）については　Tel 0570-092555
業務センター　〒354-0045 埼玉県入間郡三芳町上富279-1